中国政府与政治研究系列

问责制研究：

以中国地方政府为中心

RESEARCH ON ACCOUNTABILITY SYSTEM:
BASED ON LOCAL GOVERNMENT IN CHINA

金东日 张蕊 李松林 朱光喜 著

天津出版传媒集团

天津人民出版社

图书在版编目(CIP)数据

问责制研究:以中国地方政府为中心/金东日等著
. -- 天津:天津人民出版社,2018.1
(中国政府与政治研究系列)
ISBN 978-7-201-12814-6

Ⅰ.①问… Ⅱ.①金… Ⅲ.①地方政府—责任制—研
究—中国 Ⅳ.①D625

中国版本图书馆 CIP 数据核字(2017)第 313801 号

问责制研究:以中国地方政府为中心
WENZEZHI YANJIU YI ZHONGGUO DIFANG ZHENGFU WEIZHONGXIN

出　　版	天津人民出版社
出 版 人	黄　沛
地　　址	天津市和平区西康路35号康岳大厦
邮政编码	300051
邮购电话	(022)23332469
网　　址	http://www.tjrmcbs.com
电子信箱	tjrmcbs@126.com
策划编辑	王　康
责任编辑	林　雨
特约编辑	王　倩
装帧设计	汤　磊
印　　刷	高教社(天津)印务有限公司
经　　销	新华书店
开　　本	787毫米×1092毫米　1/16
印　　张	17
插　　页	2
字　　数	250千字
版次印次	2018年1月第1版　2018年1月第1次印刷
定　　价	69.00元

总　序

朱光磊

　　呈现在读者面前的"当代中国政府与政治研究系列",是我们教研团从事中国政府与政治研究的一些心得、一些阶段性研究成果。

　　中国正经历着历史上最大规模的制度创新。如何在这样一个历经坎坷、内部差异比较大的大国,通过改革来实现根本性的社会变革,是一个世界级的难题。从某种意义上讲,这也是对人类社会发展新道路的积极探索。政治发展,是这一全面发展、进步中的最基本方面之一。留给中国的机遇并不多,中国必须不断前进,在求解难题中寻求突破,不能再有"闪失"。抓住历史机遇期,实现民族复兴的伟大理想,需要高超的政治智慧、开阔的视野、坚忍不拔的进取精神和高超的策略性行动,但更为重要的是要有一个合理的政治统治和管理模式。

　　100年来、60年来,特别是30年来,一代代仁人志士的艰苦探索,包括成功,也包括失败,已经为中国未来的政治发展提供了坚实的实践和思想平台。但是,国内外社会发展格局的剧变,也对我们所期待的那个"合理的政治统治和管理模式"提出了更高的要求。如何在唯物史观的指导下,本着"实践是检验真理的唯一标准"的原则,将马克思主义国家学说、现代西方政治思想中适宜"为我所用"的部分和中国传统政治文化中的积极成分有机地结合起来,逐步凝练出一个适应时代现代社会生产方式和社会进步潮流,符合中国实际情况、符合中国大多数人民利益和具有中华文明特点的政治思想,是中国政治学界的任务。完成这一历史使命,首先要做的基础性工作,就是科学地分析中国的国情、社情、民情和政情,分析实现中国政治发展所必需的主观条件和客观条件。

　　正是基于以上认识,从1990年前后,我开始在中国政府过程与阶层分化两个方向上进行持续、系统的研究工作。20世纪90年代中期,我与一部分从事政治学理论、区域政治、农村政治等研究方向的年轻同事组成了非正式的研究小组。2001年，开始形成团队。团队成员是南开大学政治学、行政学方面的部分年轻教师和我的博士生、硕士生（包括已经毕业的）。除以上成员外，还有部分成员在厦门大学、西南政法大学、云南大学、内蒙古大学等单位从事教学、科研工作。

成功的科学研究，其工作的重要基础是善于选择关键性的研究课题。一个成熟的、有作为的学科，总是能够发现和驾驭自己所处时代、所处社会中的最有代表性、最需要人们去回答的话题。经过多年的读书、学习、积累和体会，我认为，21世纪初中国政治发展有四个方面的课题特别重要和紧迫。①

第一，要强化对一系列重要结构性问题的研究。持续的体制改革和产业调整，必然带来社会成员结构的变化。这些变化构成了中国政治发展的社会基础。"二元社会结构"正在趋于解体，工人阶级一体化和农民阶级分化的过程在继续，"新阶层"已经出现，城市化提速在即。今后，在社会成员构成的分化和重组、收入方式和差距等方面还会继续向着多样化的方向演进。这些发生在社会生活基本层面上的变化，无疑会对整个上层建筑产生巨大影响。对这个问题的科学认识，是正确提炼时代政治生活主题的基础。毛泽东对20世纪前期政治生活主题的正确把握，就是以他对"中国社会各阶级的分析"为基础的。在21世纪初，我们对各种重要政治问题和意识形态问题的把握和处理，同样需要以深入研究各阶级阶层的实际状况及其相互关系为基础。正在进行中的社会阶层分化与组合，是一场"从身份到契约"的进步性社会运动，但是也必然伴生一些"副产品"，比如某些掌握权力、金钱和知识的人，就有可能通过形成所谓的"强势集团"攫取非法利益，可能出现有的阶层的人试图利用自己的经济优势获取非正常的政治地位、政治权力，甚至搞"金钱政治"。面对这些问题，我们并没有经验，都需要政治学理论工作者给予理论支持。

第二，要强化对一系列重要的体制性问题的研究。中国的政治体制改革不是另搞一套，而是要正确调整国家各主要政治要素之间的关系，特别是"党政关系"，使制度、体制和组织能够最大限度地满足提高工作效率、加快经济发展和扩大公共服务的需要，最大限度地调动各方面的积极性。在这方面，核心是坚持和改善党的领导，是把党的执政工作、人民当家做主、依法治国与"行政主导"等

---

① 这一部分是在我的《着力研究实践提出的新课题》一文（《人民日报》，2004年12月21日）的基础上扩展而成的。

基本因素,以适当的体制和方式结合起来。这是中国政治发展的内在逻辑所决定的,也是进一步加强执政能力建设,积极而稳健地推进政治体制改革和建设社会主义民主和法制的基础。政治学界要重点研究如何处理领导与执政的关系,研究如何进一步完善"两会机制",研究实现"党政关系规范化"的具体途径,研究宪法监督的实现形式等一系列关键性问题,并通过把对这些问题的探讨逐步上升到基本理论的高度,提高中国政治学的学科层次和学术魅力以及对干部、青年学生的吸引力。

第三,要强化对一系列重要的过程性或者说功能性问题的研究。政治发展不仅包括体制改革,而且应当包括政治过程的改善。相对于体制改革,我们对政治过程的问题以往关注得更少一点。这与我国政治学长期不发达有直接关系。比如,在美国,系统地研究政府过程的问题,从1908年就开始了。从民族特点来说,中国人不缺"大气"、勤劳、勇敢、灵活,但是应当承认,我们办事情不够精细,对过程设计、情报、档案、绩效评估、分工、应急管理等政治与公共管理环节,缺乏足够的注意,历史上积累下来的东西不多,需要"补课"。在经济发展达到一定水平以后,政治与政府管理流程设计安排粗放的问题就会逐步暴露出来,从而制约社会管理和社会服务水平的提高。例如,我国人口多,地方大,政府的纵向间层次不可能太少,对于怎么处理它们之间的关系,研究得就不够,多年困扰我们的以"条块矛盾"为代表的许多深层次问题一直没有得到解决,"每一级都管所有的事情",权力的交叉点过多,责任不清。以何种机制来处理必要的中央集权与适当的行政性分权、政治性分权、地方自治的关系的研究应当提上日程。对这些课题的研究,已超出了通常所说"中央与地方的关系"的范畴,超出了初期体制改革和传统政治学的范围,需要通过施政创新和理论创新来推动,需要开发和建设一批新的政治学分支学科和交叉学科。

第四,要强化对一系列重要的过渡性问题的研究。中国如果不经历改革开放,现在的许多问题,就不存在;中国如果不继续深化改革和扩大开放,这些问题也就解决不了。前面谈到的结构性问题和体制性问题,实际多数也同时是过渡性的问题。现在,三个时间起点不同的"过渡"都在21世纪的前20年进入了"总结期":从1840年开始的由"传统社会"向"现代社会"的过渡,从1921年开始的对社会主义事业的探索所引发的向中国特色社会主义的过渡,从1978年开始的由计划经济体制向市场经济体制的过渡。然而复杂的是,这个历史过渡的"总结期",同时也恰好是中国历史上难得的"战略机遇期"。面对这些重要而复杂的课题,当代中国的政治学,应当成为"过渡政治学""发展政治学",并且在研究这些过渡性问题和发展中问题的过程中,使学科成熟和壮大起来。

每个国家都有自己的问题。在社会转型和政治发展中,不断冒出来问题是正常的。对复杂的政治现象,不能采取简单化的态度和思维方式。不要抓住一点,不及其余;不能让错觉和偏见妨碍了对政治变革的认识;不要动辄就把问题产生的原因归结为体制,也不能笼统和大而化之地批评"政治改革滞后"。其实,很多问题往往出在运作过程和运行机制上。任何实际运行中的政府,都不仅是一种体制,一个体系,更是一个过程。因此,关于政府与政治问题的研究,除了坚持传统的体制研究和要素分析的研究方法外,还需要走向一个重要的领域——过程研究。1997年,在拙著《当代中国政府过程》中,我首次将"政治过程"研究方法应用于分析中国政府活动,力图将对中国政府的研究从"体制"层面较为系统地提高到"过程"层面。

在研究中,我们这个以"政府过程研究"为核心的学术团队,形成了一些对于中国政府与政治研究有特色的理论共识和思维方式。我们把研究重点放在中国政府与政治实际运作情况和工作程序上,旨在从动态的角度考察和研究当代中国政府是如何治理的,在此基础上试图探讨其中的规律性。

中国政府与政治的研究必须能够回应"中国问题"。中国渐进地推进改革,在运作政府等方面,确有自己一套独创性的东西,有自己的发展逻辑,需要系统地挖掘;面对中国社会的急剧变化和快速转型,以及随之而来的新问题、新现象和新矛盾,更要提出自己的解释和指导方案,不能仅仅用欧美的语言系统和评价标准解释中国政治。来源于西方的理论能够启发我们的思维,但不能简单借用在西方经验基础上形成的理论来解释和指导中国的政治发展。中国应该有基于自己实际成长起来的具有中国风格、中国气派的政治学,需要创造和使用自己的核心概念、基本范畴、理论体系和分析框架。中国到了以理论回馈时代的时候了。

在上述思维方式和学术追求的基础上,我对自己以及研究团队的定位和要求是:从中国政府与政治运作的实际和经验中提炼有价值的问题和概念,了解现实制度安排和政治现象背后的主要制约因素,进而去揭示中国政治的内在机制,形成自己的理论体系。在研究中尽可能秉持一种平和的心态和建设性的态度,理性而务实地探讨问题,对重大问题进行具体研究。我们的能力有限,这一目标或许很难实现,但我们一直在努力。"当代中国政府与政治研究系列",就是我们向这个方向努力的一个个阶段性产物。

在研究工作中,我们注意发挥团队力量。团队成员之间有分工、有合作,相互配合、相互支持。在中国政府与政治这个大课题下,该系列的每本书都有特定的研究主题和所要回答的基本问题,有自己的"一家之言"。比如,《当代中国政府过程》对中国政府的行为、运作、程序以及各构成要素,特别是各社会利益群体之间,以及它们与政府之间的交互关系进行实证性的分析、研究。《当代中国政府间纵向关系研究》以"职责同构"为理论研究的切入点,通过比较研究和历史研究,对当代中国政府间纵向关系发展作了较为深入的分析。在《"以社会制约权力"——民主的一种解析视角》一书中,提出了"以社会制约权力"条件下的民主模式,即参与—治理型民主。该书将"以社会制约权力"与"以权力制约权力""以权利制约权力"联系起来,共同构成一个权力制约理论体系。《当代中国县政改革研究》力图从财政的角度破解县的"长寿密码"。《当代中国政府"条块关系"研究》一书,在对中国政府"条块关系"问题进行较为全面和系统研究的基础上,着重探讨了职责同构的政府管理模式在中国长期存在的原因。该书提出的"轴心辐射模式"的理论分析框架有较强的解释力。

令我感到高兴的是,我们的工作得到了学术界的鼓励和认可。《当代中国政府过程》出版后,承蒙各界关爱,被许多国家和地区的多家大学用作研究生或本科生的教学参考书,多次被国内外的学者和博士论文所引用。早在1999年,《当代中国政府过程》的第一版,就获得了天津市社会科学优秀成果一等奖。2003年,经台湾大学社会科学院李炳南教授推荐,该书的姐妹篇——《中国政府与政治》在中国台湾出版。① 2005年我主讲的"当代中国政府与政治"被评为国家级精品课程,而《当代中国政府过程》就是该课程的教材。1998年以来,我和团队成员已经有十余篇论文相继被《新华文摘》转载或摘登,涉及中国阶层分化、当代中国政治的主题、中国公务员规模、中国政治学发展战略、中国纵向间政府关系、服务型政府建设、中国"条块关系"、大部门体制等多个领域。这给了我们很大的信心,也给予了我们前进的动力。

这是一个开放的学术著作系列,成熟一本,推出一本。随着研究的逐渐深化,还会在服务型政府建设、城市管理、"两会"机制、政府机构改革与编制管理、行政区划改革等领域,不断有新的作品加入系列中来。

---

① 朱光磊:《中国政府与政治》,台湾扬智公司出版,2003年。

改版之际，我们衷心感谢各位前辈、同人对团队工作的宝贵帮助和支持！作为团队负责人，感谢我的伙伴们！我深知，在我们之间的合作中，我是最大的受益者。感谢天津人民出版社对我们工作的关注和支持，感谢出版社各个工作环节上的朋友们的合作，特别要感谢盛家林、刘晓津、张献忠、王康、唐静等老师创造性的工作！真诚欢迎读者的批评与指正！

2008年7月28日

目　录

第一章

导论:考察问责制的基本视角①

一、责任问题的基本"定位"

选择行动的直接意义通常与责任概念相关,而选择的责任也是一种约束和负担。②从一般意义上说,除非人格或精神上的不成熟或者患有某种疾病导致的障碍,我们的任何社会行动都是选择性的(如"随大流"也是一种选择),而且通常的行动都会产生某种后果或影响,其包括好的、坏的和无意义(影响微乎其微)的,而对这种行动的后果或影响的判断总是与某种价值(偏好)相关。而且与责任相关的价值通常是在与此相关的问题上要达成某种共识,因为责任总是具有宽泛意义上的社会性。如果作出行动却不负相应的责任,会被社会所唾弃。无论怎样,在这里讨论的价值共识或社会性等问题上,已经包含着某种行动主体及其行为(即无论是作为还是不作为)和地位的合法性,以及根据什么来作出何种判断或评价等问题。

责任总是与选择行动和某种价值相关而且是社会性的,意味着责任是根据一定行动者所占据的位置和所承担的角色来确定,因为一定行动者离开这两点

---

① 这一章的大部分内容曾以"政府责任及其实现途径的研究视角探析"为标题,发表在《上海行政学院学报》2016年第4期,但在此有重要增补和调整及一些修改(在此,对发表时所出现的错误,即注释⑤中的——"多数剥削少数",向读者表示歉意)。

② [印]阿玛蒂亚·森著:《理性与自由》,李风华译,中国人民大学出版社,2006年,第5页。

是不可能作出某种实际社会行动。①因此在公共问题上，确定包括应该或不应该承担某种责任，及要承担多少责任等问题的依据，可以归结为一定时期一定人群所共有的价值或社会共识（如文化和意识形态等）基础上的行动者的地位、角色、具体行动及其后果。如果将这些都以法律来予以规定并遵守，而且统治者也受法律约束，即可视为法治国家。正如布雷恩·Z.塔玛纳哈所指出的那样，法治具有更丰富的含义：政府依法办事，只是法治的一个方面，但以法而治几乎没有承载对政府（主权者、国家及其官员）的法律限制之含义，而这恰恰是法治传统的必要条件。而且当法律遭到主权者或政府官员拒绝或违反时，要付出的是一些政治后果，因此法治一般包括民主、个人权利和形式合法性（虽然民主是人类设计更换政治领袖的最佳方式，但这与如何制定法律才最好这一议题没有关系）。②以上关于法治的理解或说明，应被理解为哈耶克从政治哲学的角度指出的如下观点是同样的脉络。他说，法治本身不是法律的统治，而是有关法律应该如何的规则，是"元法律（metalegal）"的学说，或是一个政治理想。③

但是，在有关行动责任的判断问题上，我们必须注意到选择是与人的意志相关，因此责任又与自由相连。以赛亚·伯林的如下论述给我们提供这方面的依据：人被理解为外在力量作用而无力抵抗而言，他们与牲畜、顽石无异，是不自由的，责任的概念完全不适用于他们。然而，如果决定行动的那些因素中存在着让意志向某个特定意图屈服的成分，进一步说，如果意志的这种屈服乃是某一特定行为的必要（不管是不是充分）条件，那么他们也是自由的。因为该行为依赖于意志力的出现，而且没有意志力，该行为就不可能发生。由于人的行为是意志行为，及行为所由以发端的品格与性情，内在于行为，而不管人们有没有意识

---

① 这种意义上，虽然本书并不是主要从哲学的高度去谈论责任，但如果需要涉及（具体的讨论通常离不开哲学层面的理论观点），还是偏向于"形式责任"（虽然并不排斥"实质责任"）。这两种责任的划分是汉斯·约纳斯的观点。形式责任是"'为'某人的行为负责的责任，不管是什么行为"；而实质责任是"'为'特殊的对象负责，这些特殊对象使行为人做出与此相关的特殊行为"，其包括一种"单向的关系"，如家长和孩子之间的单向而"垂直"的关怀关系，其是实质责任的典型。转引自[美]理查德·J.伯恩斯坦著：《根本恶》，王钦、朱康译，译林出版社，2015年，第235页。

② [美]布雷恩·Z.塔玛纳哈著：《论法治——历史、政治和理论》，李桂林译，武汉大学出版社，2010年，第74页、第119页、第130页、第142页、第147页、第150页。

③ [德]哈耶克著：《自由宪章》，杨玉生、冯兴元等译，中国社会科学出版社，1999年，第325页。

到这一点。这正是自由的含义。①关于自由与意志间关系的观点应被看作来自康德的如下思想:人类对于自己作为自由的道德行动者所做的事情,应予以充分的说明并负起完全的责任,或者履行义务,服从道德法则,或者不服从道德法则;而且完全的自由意味着:我们必须为我们的选择、决定和行动承担全部的道德责任。②阿玛蒂亚·森则更直截了当地指出,责任以自由为条件,自由对责任既是必要的,也是充分的。③而且安东尼·吉登斯在考察马克思、涂尔干、黑格尔等思想家的相关论述(吉登斯认为这三位在这个问题上的观点相近)之后概括指出,自由意味着自主,因此不受超出理性控制的外在或内在力量的驱使,这就是为什么自由是人类的天赋优势,因为只有人类才不仅有能力控制选择的形式,还有能力控制选择的内容。④

从以上所列各种观点中,稍有学术素养的人会觉察到,行动者的责任问题不仅涉及人的自由和权利,而这些概念又由于其所包含的内容,而且还与偏好、行为、制度等人类社会的诸多问题相关,责任已经是如何建设所属共同体(在此广义上使用这一概念,即包括国家、社会、组织等)的问题了。一个人实际上确实拥有的可行能力取决于社会安排的性质,这对个人自由是至关重要的,因此国家和社会不能逃避相关责任。⑤有关自由的国家责任而言,就是根据法定的权威来呵护自由权利的责任。权威的责任历来都是限制自由,但也因此而保障了自由,自由与权威除了相互限制外,更多的是各自都以对方为自己生存的前提。⑥

---

① [英]以赛亚·伯林著:《自由论》,胡传胜译,译林出版社,2011年,第266~267页。

② 康德的思想转引自[美]理查德·J.伯恩斯坦著:《根本恶》,王钦、朱康译,译林出版社,2015年,第13页、第52页。

③ [印]阿玛蒂亚·森著:《以自由看待发展》,任赜、于真译,中国人民大学出版社,2002年,第285页。

④ [英]安东尼·吉登斯著:《资本主义与现代社会理论:对马克思、涂尔干和韦伯著作的分析》,郭忠华、潘华凌译,上海译文出版社,2013年,第289页。

⑤ [印]阿玛蒂亚·森著:《以自由看待发展》,任赜、于真译,中国人民大学出版社,2002年,第288页。

⑥ [德]沃尔夫冈·霍尔、贝恩德·海特尔、斯特凡尼·罗森穆勒主编:《阿伦特手册:生平·著作·影响》,王旭、寇瑛译,社会科学文献出版社,2015年,第465页。这是刘易斯·P.欣克曼和桑德拉·K.欣克曼在解读阿伦特思想时的概括。阿伦特的原话是,关心自由的历史和进步而不关心政府形式的自由主义作家,在这里只注意到了自由程度的区别,而忽略了致力于限制自由权的权威政府,仍以自由为念,如果它对自由的限制达到了完全取消自由的程度,它就丧失了权威政府的本质而演变成暴政。见[美]汉娜·阿伦特著:《过去与未来之间》,王寅丽、张立立译,译林出版社,2011年,第91页。

责任不仅与选择意志并由此与自由相关,责任(不管是何种类型的)还与知识有关。伯林指出,知识的增长带来了道德负担的减轻,因为如果力量在我们之外、之上运作,声称我们对其活动负责或自我责备未负起这个责任,便是狂妄的假设。而且知识又会使我们更有效率并扩展我们的自由。①

以上有关责任同意志、自由、知识、权威等之间的关系又告诉我们责任的另一层面,即责任的限度或范围。换言之,如同不能存在绝对的自由一样,根本不可能存在没有限度或范围的责任。

另外,虽然讨论的角度不同,但约恩·吕森的如下观点有助于理解责任的意义(尤其是对共同体而言的):作为历史学家,与时间关联的意义上,负有对过去、对现在、对未来的责任。一般来说,历史学家对过去的责任关系到过去的成就,而过去的成就已经变成现在的生活秩序的一个不可缺少的组成部分,那么责任是通过肯定来实现,但是责任也有另外可能的形式,如与肯定相悖的批评、罪责和羞耻。例如,为自己的人民或民族过去对另一个民族所犯的罪行或恶行进行政治性的、官方的道歉,也越来越重要。因为这样的道歉成为有象征意义的对外和对内政策的一部分。②吕森所说的历史责任,实际上是构建当下和今后秩序的基础性问题。因为政策是有关行动者未来的行动取向问题,那么关于过去的认知本身意味着或至少影响对现在和未来的立场和价值定向。因此在某一国度范围内的法律体系和这里的政策倾向,以及一个民族的主要传统规范(包括道德规范在内),大体确定现代社会的基本秩序及其性质。

我们知道,任何社会领域和共同体的首要需求就是秩序。如果不履行责任或不能追究责任,就意味着相关秩序的混乱,一定共同体也将与其程度相应地受影响,甚至崩塌。为了防止这种状况的出现或维持最基本的秩序,共同体需要具备预防和惩戒威胁其秩序的机制,这就是问责制。因此反过来也可以讲,问责制是一定社会领域和共同体生存和发展的最基本的保障。

大体上,可以将社会状态分为剧烈变动和基本稳定两个时期,前者也可以看作是无序状态(即原先秩序已被破坏和新秩序尚未建立之间的状态),而后者是一定秩序基本定型并得以维系的有序状态。虽然这两种状态都是由人们(群体或个人)的行为导致或被型塑,但各自的行为依据和取向却各不相同。前一个

---

① [英]以赛亚·伯林著:《自由论》,胡传胜译,译林出版社,2011年,第129页、第28页。

② [德]约恩·吕森著:《历史思考的新途径》,綦甲福、来炯译,上海人民出版社,2005年,第212~217页。

时期的行动者主要出于对原先秩序的不满(社会心理上或利益关系上的)或者由于意识形态(思想观念或心智结构上)的原因,更多的情况下这两个原因交织在一起对各种行动者产生影响,而行动取向上是要么破坏原先秩序,要么导向某种(理想)愿景的积极建构,即这种行动要么针对"过去"要么取向"未来",对相关行动的"问责"也只能取决于现实斗争中获胜一方的价值取向。与此不同,在一定秩序定型的情况下,人们的行为要符合这一秩序下的道德、法律、制度、程序、政策取向等,因此相关行动取向于"当下",而问责主体和客体基本上是确定的,与责任和问责相关的行动也是可预见的。所谓问责制,通常是指这种情况下与责任和究责相关的机制。

有关政府及其行为的问责制,肯定与其所处的政治秩序分不开,而现实中的政治秩序虽然由具体政治行为来构成,但这种政治行动并不是随意的。一定社会领域中的行为是相关领域中的制度和机制等来型塑或引导,而制度和机制等必须符合相关领域的体制要求,这种体制要求则与意识形态或艾森斯塔德所说的"超验愿景"密切相关。在一定的共同体内必须建构某种政治秩序,而这种政治秩序是根据其关于共同体共识的价值观或"超验愿景"的认识来构建,统治者则必须承担起根据这类观念组织政治秩序的责任,由此决定统治者的特征,也发展出其共同体的权利概念。①既然统治者有组织政治秩序方面的责任,必有相应的问责制,这实际上是政治责任的问题。

以上所提及的是有关责任的主要概念(至少是逻辑上的),通过与这些概念的关系中我们粗略地了解到责任问题所涉及的大体范围,及尤其在一定共同体中所具有的意义,此乃责任问题的基本"定位"。

二、责任与承诺

道格拉斯·C.诺斯等人指出,政治秩序是公共品,而政治秩序的根源在于国家能否作出可信的承诺,政治秩序不会自动实现。当参与者认为政治秩序符合他们的利益,对其他人心存期待,并遵守成文或不成文的要求相互尊重的法律时,理想的政治秩序就出现了。降低政治风险要求国家提供可信的承诺,建立可信的承诺要求,建立一种能够改变对政治官员激励机制的政治制度,使得他们

---

① 相关内容参见[以]S.N.艾森斯塔德著:《大革命与现代文明》,刘圣中译,上海人民出版社,2012年,第49~50页。

能把维护公民的相关权利变成自己的利益。①出于本书的需要,这里有必要强调三点:由于这里包括了"不成文"法律,尤其是在讨论政治秩序之外的其他社会秩序的情况下,必须将"承诺"的对象中包括尚未废弃的信条,包括道德规范在内的且作为公共秩序参与者的大部分行动者确信不疑的行为规范,这当然包括法律在内,这里最为重要的是体现基本原则和价值观的根本规范。还有一点,"承诺"是要"可信的",如果不可信,那么毫无作为承诺的价值,反而会成为被人反制的把柄。在这种情况下,与这种根本规范相关的秩序也建立不起来。而且可信的承诺主要由国家提供,而承诺是要求相互尊重的,绝不是单方面的。

强调根本规范是很容易理解的,因为其他规范基于此而得以界定和维系(我们知道,对于现代国家来说,最大的承诺就是宪法)。通常情况下,根本规范的产生或制定是反映一定时期的时代精神,即其基本内容必然带上时代烙印。例如,到了秦汉建立起正式统一的国家并以皇帝作为国家统一的象征,而且将帝位继承权限定在嫡长子等制度的建立,恐怕与必须结束几百年的战争或无序状态的时代要求密切相关,而西方现代化时期出现的市场体制的产生和完善过程,同政治与行政的分离等过程的"同步"进程,也让我们窥探这一时期的时代精神(这一时代精神的倡导和传播当然与启蒙运动密切相关,相关内容将在后面涉及)。可以认为,时代精神是反映一定时期公认的核心价值观,至少还没有"发现"其他与之相比更能被社会广泛接受或替代它的更高层次的价值观,因此是其时代无法抗拒的观念体系。或者也可以理解为,某一时代历史的总轮廓,是人们认为的那个历史的总方向和意义。②尽管在民族文化和发展程度的不同使人在价值观上会有很大区别,但是无法否认"从纯粹的人性出发"而提出的人的基本权利的观念③就是明证。当然,如果在封闭的状态下通过某种不正当的手段来不承认时代精神,也是可能的,当今世界也不乏其例。但这是在没有与时代精

---

① [美]道格拉斯·C.诺斯、威廉·萨默希尔、巴里·R.韦恩加斯特著:《秩序、无序和经济的变化:拉美对北美》(这个是《繁荣的治理之道》一书的第二章),[美]布鲁斯·布鲁诺·梅斯奎塔、希尔顿·L.鲁特著:《繁荣的治理之道》,叶娟丽、王鑫译,中国人民大学出版社,2007年,第18~19页、第21页、第22页、第29页。

② [美]克利福德·格尔茨著:《文化的解释》,韩莉译,译林出版社,2011年,第286页。这是格尔茨从文化的视角讨论"新兴国家"(主要是指二战以后建立的国家,按他的说法,共有66个国家)在建立国家的过程中两项核心导向,即"本民族的生活方式"与"时代精神"时提出的观点。由此可见"时代精神"的重要意义。

③ [英]艾尔弗雷德·诺思·怀特海著:《观念的历险》,洪伟译,上海译文出版社,2013年,第14页。

神正面交锋("封闭"意味着回避了这种交锋,而动员不正当手段昭示自认不如时代精神)的情况下发生的,可以另当别论。然而由于无法抗拒而默许或标榜某种根本规范是一回事,是否付出努力将其落实则另一回事。

不过与诺斯等人相比,阿伦特是更早时期就发现"承诺"的价值并把它提高到政治秩序的基础位置上,实际上这是在讨论以自由为核心价值的美国的立国时阐述的观点。她说,承诺和协议应对未来,未来是充满不确定性的茫茫大海,承诺和协议为之提供了稳定性。同样,人构建、建立和建设世界的能力,主要都是为了我们的子孙后代,而不是为了我们自己和我们的时代。行动是唯一要求人的多样性的人类本领,而权力是唯一单独适用于世界性的中介空间的人的特性,在这个空间中,人们彼此相连,在以许诺和信守诺言而立国的举动中联合起来。在政治领域,这正是人类的最高本领。①必须强调指出,恪守承诺绝不是"空头支票",必须通过现实可行的途径防范违背承诺的各种可能性。这里必须强调指出,在现实中,能够撕毁承诺或协议的,肯定是"强者",而在当今时代最大"强者"就是国家权力。正是认识到这一点,美国的国父们把各种权力肢解开来(纵横两个方面的),使之不得侵犯建国的核心价值。可以说,由此才有了现在的美国。这里已经涉及如何将承诺成为可信的问题,而这一问题实际上就是如何建构包括国家在内的共同体的问题。

但是托马斯·谢林却认为,"承诺"概念至少在2400年前就出现了。谢林对承诺概念的界定及其意义的说明如下:有决心、有责任、有义务去从事某项活动或不从事某项活动,或对未来行动进行约束。承诺意味着要放弃一些选择和放弃对自己未来行为的一些控制。而且这样做是有目的性的,其目的就在于影响别人的选择。通过影响别人对已作出承诺一方行为的预期,承诺也就影响了别人的选择。不仅如此,承诺对许诺和威胁有重要影响,不论是公开的许诺和威胁还是隐含的,并且对许多讨价还价的策略技巧也很有影响。②可以说,以上有关承诺概念的关键词是约束(首先是承诺者对自己行动的约束),通过这一约束来对一些选择或未来行动予以控制,由此影响别人的选择和行动策略(这让我们自然想起商鞅变法启动时的"徙木为信")。与上引各种观点相比,这里需要注意承诺的目的性。这是一个某一行动者通过恪守承诺来获取自己所希望的对方选

---

① [美]汉娜·阿伦特著:《论革命》,陈周旺译,译林出版社,2011年,第160页。

② [美]托马斯·谢林著:《承诺的策略》,王永钦、薛峰译,上海人民出版社,2009年,第1页。

择行动的问题，反之，如果自己不恪守承诺，也指望不上自己所希望的对方的选择行动(如果是完全由强权支配的情况，则另当别论)。还有，这里虽有自私的目的性，但是在承诺得以守护的情况下，就会建立起各自所希望的某种预期，由此能够建立持续的关系或相应的秩序。

从本书主旨的角度上看，由于某种原因而没能恪守根本规范等已经作出的承诺，其责任首先要由国家承担，即这是国家有没有提供可信之承诺的意愿和能力的问题。这里的意愿中当然包括价值观等在内的心态，因此可以宽泛地将这里的意愿当作"心智结构"来理解。某种意义上，这里的心智结构在相当程度上决定相关能力的大小，而这里的能力基本上是能否为实现意愿而采取切实可行的各种制度安排并采取有效措施的问题，而其中最重要的就是强有力的制度安排。之所以强调制度安排，是因为这种客观化的制度将很大程度上决定能否"对其他人心存期待"的可感标识。这里所说的制度安排，实际上是相关议题的范围内人们能够心存期待的保障问题。

因此从实践意义上看，可信的"承诺机制"(在前引诺斯等人的文章中多次提及这一概念)问题主要有两个方面的含义：其一是，如何在国家的体制和机制层面上作出能够恪守承诺的安排，诺斯等人认为美国的宪政主义提供了这一点；其二是，如果发生了"承诺机制"被破坏或其运行不顺畅，要通过何种途径来予以补救，后一问题实际上是承诺与问责的关系问题。显然，这里的讨论已经超出了学界通常认为的政府问责制的范围，但如果我们不否认这一部分的观点和逻辑，那么至少必须承认承诺问题同问责问题的密切关联性，这根本上是我们要从什么高度上探讨问责制的问题。

三、责任问题的复杂性

无论出于统治的必要还是管理上的需要，通常的国家都采取多个层级来建构政府体系，而每个层级的政府责任当然不同。这种不同不仅来自层级的不同管辖范围，还由于不同层级政府在政府纵向体系中的不同角色定位。

在组织层次上通常分三级，即最高决策层、中间管理层、基层操作层。最高决策层对外代表组织而对内要负有关该组织生存和发展方面的责任，因此根据所处环境及不同领域的走向，不仅要负整合组织的责任，更要对组织整体的体制和机制负责，还要适当分配组织各层级和部门所需各种资源。尤其是在大规模的组织中，中间管理层要负将最高决策根据所辖部门或地区的实际情况予以具体化并责成基层落实的责任,而且把操作层所面临的问题反映到决策层以便修正或完善原先政策及相关制度等。将决策内容和相关规定予以落实的就是基层操作层,这也是解决实际问题的层次,即决策层和管理层都不负解决实际问题的责任。这并不是说决策层和管理层对基层层面上出现的问题没有责任。如果在基层层面的基本行为方式及运行体制和机制、决策内容和所提倡的导向、将其具体化的规范符合实际情况的程度、监督基层操作层的行为、发现问题并揭示解决问题的方式或主要途径等方面出了问题,那么决策层或管理层当然要负责。与此相关,如果在操作层面上出现了秩序混乱的情况,而这些问题带有某种普遍性而不是个别人的个别问题,即与制度、机制、体制、决策引导、上下沟通等方面直接相关,那么必须由决策层或管理层要负相应的责任。虽然不能把一般组织理论完全套用在政府组织上,但基本道理是相通的。从这种意义上说(即如果将上述内容适用于政府层级上),政府层级上的"上、中、下"并不是简单意义上的"高低"或"贵贱"的问题,而是为国家整体发展和提升百姓生活质量的必要分工。这种说法当然是现代的,而不是古代中国的传统观念(关于后者将后述)。

在政府层级问题上还有一个非常重要的问题,即分权,其包括政治分权和行政分权。两者的区别主要在于,政治分权是根据宪法等国家法律的地方自治(即中央和地方之间的权限划分)问题,而行政分权是法律范围内的授权幅度问题。但无论政治分权还是行政分权有一点是共同的,即两者都以法治为基础,这也是弄清各级政府责任的基本出发点。然而,由于中国采取"政治上位的政治与行政一体化"体制并带有很强的政治行政化和行政政治化特征(关于这一问题,将在第二章第五节详述),中央与地方的关系(包括分权与否等实际状况)非常复杂。但是在中央和地方的关系问题上更为现实的问题是,像中国这样的大国,其治理必须转授权力,必须依赖地方,但地方政府会滥用职权。[①]这更加重了有关问题的复杂性。

但是我们还必须面对另外一个层面的问题,即中国中央和地方之间的上述关系问题是有历史渊源的,而且该问题也不是简单地局限在政府层级间关系方面。

① ［美］弗朗西斯·福山著:《政治秩序的起源:从前人类的时代到法国大革命》,毛俊杰译,广西师范大学出版社,2014年,第279页。而从组织理论的角度上看,下级的权力依靠他们作为下级的地位,而且依靠比他们更有权力的上级的相对无能。见［德］尼克拉斯·卢曼著:《信任》,瞿铁鹏译,上海人民出版社,2005年,第117页。

孔飞力指出，如下三个根本性议题从中国清朝（晚期）开始已被提出来了：（1）政治参与的扩大如何同国家权力及其合法性加强的目标协同起来；（2）政治竞争如何同公共利益的概念协调起来；（3）国家的财政需求如何同地方社会的需要协调起来。①但其背后还存在着关键性的三道难题：第一，怎样才能使得由于恐惧而变得火烛小心的精英统治阶层重新获得活力，以对抗危害国家和社会的权力滥用？第二，怎样才能利用并控制大批受过教育、却不能被吸收到政府中来的文人精英们的政治能量？第三，怎样才能通过一套相对狭小的官僚行政机构来统治一个庞大而复杂的社会？以上问题虽然是以中国帝制晚期作为对象或为例而进行研究时提出的，但是他在《中国现代国家的起源》中所说的"现代"，指的是"现时的存在"（孔飞力语，见此书的中文版序言）。可以认为，无论以上根本性议题还是三道难题，不仅对中国现代化具有重要意义，而且至少与这里讨论的地方政府问责制都有密切关联。实际上，这种关联性可能就是由于王朝中国和当今中国政治体之间的"很大连续性"而不可避免。②这种"连续性"在政治发展上也有明显表现，如在弗朗西斯·福山提出的政治发展及其三大组件（国家、法治、负责制）中，当今中国至少在法治和负责制两项是需完善的。福山虽说中国发明了现代国家，但这是在"中央集权且等级分明的组织，在界定领土上享有合法的武力垄断"意义上的。③但我们知道，福山所说的"现代国家"应该与真正意义上的现代国家区别开来，因为福山所说的是"家产制国家"或"家产官僚体系"意义上的（韦伯的观点），这恰恰就是传统国家的主要特征。但是，关于"连续性"问题的更恰当地说明是要同样重视"非连续性"，中华人民共和国一方面是传统中国政府的一部分（如毛泽东和邓小平统治方式的某些帝王气质、法律和正式程序的相当有限的作用、个人门路和关系的重要性等），但党作为一种组织机构，中国自1949年以来的政策内容，及政治的强大力量和统帅作用，都是全新的东西。④实际上，关于连续性问题也并不是难以理解的，因为历史意识的想

---

① ［美］孔飞力著：《中国现代国家的起源》，陈兼、陈之宏译，生活·读书·新知三联书店，2013年，第2页、第8页、第118页。

② ［美］弗朗西斯·福山著：《政治秩序与政治衰败：从工业革命到民主全球化》，毛俊杰译，广西师范大学出版社，2015年，第325页。

③ 同上，第19页、第20页、第326~335页、第337~349页、第473页、第489~490页。

④ ［美］詹姆斯·R.汤森、布莱特利·沃马克著：《中国政治》，顾速、董方译，江苏人民出版社，2010年，第250页。

象力并没有离开历史经验，而是以诠释的方式深入其中，而且历史回忆（根本不存在不受美、权力、真相这三个原则影响的历史回忆，而这三者会导致美学化、历史文化的政治化和意识形态化）具有一个纯粹政治的合法化的功能，而正统性是在结构上对统治的赞同能力，历史回忆则是这种赞同的一个根本媒介。①当然，这并不是在主张受此三个原则的历史回忆都是正当的，如果要具备正当性，就必须像吕森所指出的那样（见页下的注释内容），各个原则要保持独立性并相互批判的过程中不被扭曲。不必多言，这种"不被扭曲"是以学术、言论媒体等的独立和自由为前提。

在 S.N.艾森斯塔德看来，责任问题还与文明类型密切相关。中国（儒教合法性文明）的此岸世界取向强调，现存社会框架中的世俗责任与活动的适当表现，也就是履行好在家庭、更广泛的家族群体和帝国服务中的责任，这将被看作是解决超验与世俗秩序之间张力关系和个人责任问题的终极标准。在中国，社会精英（儒士们）行使了一种超越中央的专断权，并控制了社会资源的流动，及社会和文化领域的体制和主要社会群体的导向。由于中央掌权者不断削弱不同领域或社会部门之间的自主联系，导致地方和社会缺乏自主性的状态。中央几乎完全垄断和控制了社会各部门进入中央的权利，而且还规定了针对大多数社会部门的主要的宏观社会价值导向。由于以上"此岸世界"文明中的秩序安排，在中国没有基于权利观念的地方和社会领域及公民的自主性和参与的政治舞台。②要知道，中央集权制不只是中央和地方政府间的关系问题，往往伴随着社会及其组织化的强弱问题。在中国，公民的称号是国家赋予个人的，而西方把自然人当作权利和义务的持有者，独立于国家的任何活动。③这一点与韦伯的观点是一脉相承的。在正统儒教的眼里，任何异端都是一种谋反的组织，而且在中国真正

---

① ［德］约恩·吕森著：《历史思考的新途径》，綦甲福、来炯译，上海人民出版社，2005年，第98~99页、第102页。另外，吕森的如下观点也很重要：在历史意义形成的各种不同方式的关系中，存在着一种持续不断的相互工具化的趋势，这导致了历史文化中的扭曲，导致了历史回忆在表述上出现问题。只有当历史意识的历史回忆活动在这三种方式相对独立以及相互批判和限制的前提下进行时，才能避免发生这些扭曲。从吕森的这句话中，我们可以推理出如下观点，即无论"连续性"还是历史意识，如果出现了"相互工具化的"某种现象，那么现实中肯定会出现历史文化或历史意识被扭曲的结果。

② ［以］S.N.艾森斯塔德著：《大革命与现代文明》，刘圣中译，上海人民出版社，2012年，第72~75页。

③ ［美］弗朗西斯·福山著：《政治秩序与政治衰败：从工业革命到民主全球化》，毛俊杰译，广西师范大学出版社，2015年，第333页。

的"社团"并不存在，"城市"是官员所在的非自治地区（而不是像早先的西方那样是自治的商贸中心和政治组织），而"村落"则是无官员的自治地区（由氏族的"长老"或乡绅把控），中国的城市完全缺乏由武装的市民组成的政治性誓约团体。①这是理解当今中国政权与社会之间关系的重要视角之一。

然而责任还与资源交换网络中的地位有关。②一些组织控制着对于其他组织来说十分重要的稀缺资源，这些组织会把资源作为条件，来换取对方的合作与支持。在关系网络中占据中心位置的组织，成了核心成员，他们协调其他组织的行动，来实现对其有利的政策目标。个人或组织的责任随着其在资源交换网络中核心地位的加强，会得到提高。在这个过程中，包括了对成员潜在的行动能力的主观判断：当其他成员（或组织）有可能协助核心成员建立联盟来提高其政治影响的时候，网络位置会成为有益的影响因素。核心成员（或组织）比边缘成员（或组织）作用更突出，更乐于接受信息资源，对于给定情况更积极地采取行动，因为他们有更多或更短的交流渠道来推广他们的意见。当势力不太强的成员希望与那些起决定性作用的成员建立密切联系时，就会发生相互影响。这个关系可以用二元假设来表示：一个组织在网络中的地位越居中，它对于公共政策影响的责任越大，它活动的范围也越广。我们还需要注意组织的间距（即测量组织在传播网络里的居中性的单位，而测量支持网络里的居中性使用的是强度，间距测量一定范围内组织出现的次数），因为它需要中间媒介和破坏政策传播的可能性越大。

在以上责任与资源交换网络中的地位有关的内容中，除了责任与行动者的地位、角色要求密切相关（已有论及的内容）等之外，我们了解到越是远离权力核心，其责任就会越淡化，而权力圈之外的行动者就无所谓责任问题了，这是在"推到极致"的情况下所能得出的合理结论。这里我们提出可供思考的如下问题：能否存在一种由无责任的行动者组成的社会共同体？如果能够存在这种社会共同体，这会是什么样的共同体，其秩序将又会是什么样的？关于这一问题将

---

① ［德］马克斯·韦伯著：《儒教与道教》，洪天富译，江苏人民出版，2003年，第15页、第74页、第77页、第174页、第191页。

② 以下相关内容，见Kaufman, Naomi J., "*Policy Webs: Networks, Reputations, and Activities,*"in David Knoke and Associates, *Comparing Policy Networks: Labor Politics in the U.S., Germany, and Japan*, Cambridge University Press, 1996, pp.101-122.

在第七章会涉及。

在本课题的范围内最根本的问题是,中国政治制度没有任何政治负责制的机制——没有地方选举或独立媒体,以保证官员的诚信。①虽然这里所说的中国政治制度是皇权体制下的,但在有关政治负责制的大体情况与现代有类同之处。

四、政府责任的范围

国家是一个历史的概念,在其发展演化的过程中曾经存在过不同的阶段,也出现过或还存在着各种形态的国家。但有一点是共同的,即有国家就有政府,或者说不存在无政府的国家,如果有这种国家,那只是想象(或记忆)中的或理论上的。还有,不管政府代表的是何种群体的利益,由于国家所具有的共同体的含义(这当然不是国家所具有的全部含义),政府及其行动中肯定包含着公共性,而且政府是合法地掌握国家权力的主要行动者之一。因此在一个国度范围内的公共问题上,政府负有最大的责任,这是毫无疑问的。但问题是,政府责任在不同的历史阶段和政府性质及运行方式(而这些又与所秉持的政府理念息息相关)下,不同的政府(包括不同层级的政府)所认定的责任范围和重点,履行责任的交代对象(即问责主体)及根据履行责任的情况所采取的措施等,都会有很大差别。由此将决定整个社会运行和国家发展及治理的不同状态,而一定政府所管辖的百姓生活质量也会很不相同。虽然决定或影响社会运行和国家治理及百姓生活质量的因素还有很多,但直接与政府责任相关的这些因素的影响及其重要性是不可否认的。

通常政府是由多个层级和不同部门构成的,每个层级的各个部门都是具体的行动者,这些具体行动者又由作为自然人的行动者来构成,这些各个层级的不同行动者按着稳定的行为方式构成整个政府的结构,而这种结构同每个政府部门(行动者)的功能结合在一起,产生出作为整体的政府功能,由此对社会或国家及百姓生活质量发挥上述影响。然而从组织理论的角度上看,结构的构成要素是地位、角色、权力。从政府的角度上看,其分别为职位、职能、职权。这三者是界定具体政府责任的基本依据,也是问政府责任的出发点。虽然法制化程度高低会有不同,但现代政府通常都通过法律和规章制度的形式规定政府责任,

①　[美]弗朗西斯·福山著:《政治秩序的起源:从前人类的时代到法国大革命》,毛俊杰译,广西师范大学出版社,2014年,第280页。

因此可以把这方面的责任当作是法律责任。除此之外,由于政府处在一定的社会环境中,政府及其工作人员不能游离于社会价值观和道德标准的判断范围。

但总的来说,负责制政府意味着统治者相信自己应对治下的民众负责,应将民众利益置于自身利益之上。①仅从这句话来看,不负责的政府就是对其治下的民众利益置于自身利益之下的政府。由此还可以知道,政府的利益和民众的利益不一定是一致的。而且不管统治者是否实际做到将民众利益置于自身利益之上,但任何政府都恐怕不能公开否认民众的利益高于政府的利益。政府的存在价值就在于(至少应该是)实现民众利益,这至少在当今时代是任何政府都不敢公开否认的"公理"(也可以说是前述的"时代精神")。由此我们也可以大体了解民众和政府的基本关系应当是什么样的。

为了讨论方便,上面我们使用了政府一词,但不同时期和不同国度内的政府性质和含义及构成形式却各种各样。在此我们不必一一讨论这些具体政府概念,但有必要说明,通常所说的政府主要是指承担政策执行和管理社会功能的行政府,其有别于掌握和行使统治权的当政者。

近代以来,当政者和政府的关系一般是通过宪法(成文的和不成文的)来予以确认,这就是政治与行政的基本关系。自威尔逊和古德诺提出"政治与行政二元论"的思想和概念以来,虽然有很多与此有关的不同观点(甚至否认两者间的区别),但至少从一定政策过程的角度上是难以否认两者的区别。这种区别的重要意义在于,两者间关系是界定行政府权限的主要因素,而且由此确认政府责任的主要范围。还有一点很重要,虽然因两者间关系的具体情况而会有很多不同表现,但总的来说,政治(当权者或统治者)是问政府责任的主要主体之一,因为作为决定政府主要政策导向的决策者问相关政策执行情况的责任是其权限范围内的,而且也是应负的责任。但政治和行政的关系并不是划定政府责任的唯一方面。

行政所承担的基本功能之一就是政策执行,而政策执行的对象就是社会,但社会绝不会完全被动地接受所执行下来的政策,因为社会是"活着的"且藏有巨大能量的和主要根据"自己"的感受来评判政策的众多行动者构成。而社会的

---

① [美]弗朗西斯·福山著:《政治秩序的起源:从前人类时代到法国大革命》,毛俊杰译,广西师范大学出版社,2014年,第321页。另外,福山所说的"负责制"与在本书中讨论的"问责制"虽然有不少重叠之处,但并不是完全相同的概念。福山的概念更偏向于政治问责制。

各个领域也需要相应的秩序,因此行政必须承担管理社会的基本功能。主要由于以上两个原因,行政与社会的关系又成为界定行政府权限的主要因素。

通过以上讨论我们了解到,政府的权限范围,即在于政治与行政的关系及行政与社会的关系这两条"关系线"的范围以内。在这里,政府(即承担行政功能的政府)处在政治与社会的中间位置上,如果出现没有这一中间"环节"而政治与社会直接结合的状况,将会带来与其程度相应的某种失序状态。关于这一点,在现代政府实践中有大量经验事实可举(最典型的莫过于"文革"),而且特别是由于下述官僚制所具有的基本特征而必须予以强调。

有别于古代官僚制的现代官僚制,是通常政府所采取的基本组织结构形式,是纵横两个方面合理分工的整体,是以客观性(根据法律规章来建立和运行的特征而具有)和合理性为基本特征,也是现代性的主要标识(至少在政府层面上)。

由于行政承担着政策执行和管理社会的职能,再加上"行政国家化"现象等原因,官僚制具体掌控和安排大部分国家资源,因此任何国家都严格监控官僚制及其运行过程。但由于上述有关官僚制的概念和特征,官僚制内部的责任和问责基本上是比较清楚的,这就是通过上下级关系及每个部门岗位法定的角色要求来负责和追究责任的体系,而行政要"以过程为导向"的主要理由也在于此。但是在责任与问责问题上看似清晰的官僚制有一个不可回避的重大缺陷,这就是官僚制对所执行的政策内容和由此带来的社会后果均不负责任(包括道德责任在内)。因为给官僚制赋予的基本责任之一就是专门负责相关政策的执行,而且每个官员是官僚制这一庞大机器的"零件"并抹去每个官员的人格特征(即官僚制的"非人格化"特征),其被问的责任范围只能限定在其角色要求上。这种意义上,断定组织在整体上是一个湮没责任的工具,是有道理的(与此类似的还有"组织不负责任"原则)。齐格蒙·鲍曼进一步指出,协调行动之间的因果链条被掩饰起来,而被掩饰的事实恰好就是这些行动产生效力最有力的因素。责任在本质上可以被"取缔"的事实使得集体执行残酷的行为变得更加容易了,而这些行为的参与者都相信责任在于一些"适当的权威"身上。①如果没有其他机制(特指对官僚制的外部机制)予以弥补,这一缺陷是难以克服的,而且其后

---

① 〔英〕齐格蒙·鲍曼著:《现代性与大屠杀》,杨渝东、史建华译,译林出版社,2011年,第214页。还有下面关于"必要条件"的观点,见上书第18页。他的原话是:"现代文明不是大屠杀的充分条件;但毫无疑问是必要条件"。

果很严重。实际上,鲍曼是将其视为希特勒大屠杀的必要条件。

在有关以政府为中心的责任问题上,除了已经简要考察的几个方面以外,还缺一个极为重要的方面,即政治与社会之间的关系角度。既然政府的主要功能就是政策执行(政策方向和主要内容是由政治决定),而社会是这种决策和执行过程所导致的结果的最终承受者,那么在问责制问题上不能回避政治与社会的关系。

政治负有决策责任,因此在所推行的政策基本上没有歪曲的情况下,对其政策后果必须负责(如果是成功的政策当然将其功劳记在决策者身上),不能将这一责任转嫁给政策执行者。这一点在行使人事任免权的情况下也是一样的,即如果被任命者"带病"上岗或其能力明显不足以承担相关角色要求,那么掌握和行使人事任免权的机构或相关人员必须负考察不周或举荐不当的责任。

另一方面,社会是政府产品(政策和法律及与此相关的政府行为)的消费者,理应拥有对自己消费的产品进行"品头论足"的权利。当然政府产品的生产和输出过程有时很复杂和漫长,因此"正确"评价政府产品的确有困难。但是好在社会很庞大并有各行各业,而且任何政权或政府的生命周期远没有比社会长久,社会有足够的时间和"耐力"评价任何政权或政府。无论怎样,最终决定决策者地位及拥有对当政者的最终评价权的是社会(这实际上是认可与否某种当政者的最终决定权),这就是合法性的基本含义。因为我们知道,合法性绝不是仅限于"形式合法性"层面的问题,更是与认同概念密切相关。吕森指出,认同是人与他者的关系中和与自我的关系中的关联性,它包括多种多样的观点、立场,混合了各种意识的领域以及价值、准则和经验,是一种复杂的、经常会自相矛盾的各种关系的混合体,并建立在情感、想象和认知过程之上,也是最广义的社会范围内形成集体的基本信念,应被视作政治活动的关键性的前提因素。在通过历史意识形成认同的进程和实际活动中,事件起着决定性的作用。它们以一种被回忆和被再现,以至于它们事实上的特殊性(偶然性)代表着个人或是社会的自我的特殊性和唯一性。①吕森的以上观点是在一般理论或历史哲学层面上提出的。关于认同的这种理解,在政治认同或政府合法性等方面具有重要意义。在与政府相关的问题上,无论形式合法性还是这里所说的认同,主要取决于政权或

---

① [德]约恩·吕森著:《历史思考的新途径》,綦甲福、来炯译,上海人民出版社,2005年,第124~125页、第152页、第157页。

政府的所作所为,即被统治者根据"集体的基本信念""事件"等而对政权或政府作为的评价,也是关于自己同政权或政府的关联性的判断。

从这个意义上说,不管出于什么原因①,如果社会没有履行好这一责任,那么即便遇上很糟糕的政权或政府及其行为结果,甚至承受由此导致的某种灾难性的后果(例如,由于自己的投票行为或赞同行动而产生了很糟糕的领导人,而且由此导致了某种灾难性的后果),那也是"活该"。换句话说,包括社会和当政者在内的任何行动主体的责任,终究是无法逃避的。或者说,政权或政府根本上是社会的"代理",因此在"被代理者"那里出现的问题,作为"代理"主体的责任也是无法逃避的。正如森所说:"我们所看到的发生在我们周围的可怕的事情,本质上是我们的问题,是我们的责任,不管它们是否也是别人的责任。用社会责任来取代个人责任的任何正面行动,不可避免地会在不同程度上产生负面作用,个人责任没有替代品。"②当然社会要履行好对政权或政府层面上出现的问题的"责任",并不是主张某一具体问题的责任要由社会及其成员没有差别地承担责任,尤其是在道德和法律上的责任,更不是主张通过"社会"这一笼统的实体来开脱具体行为及其后果的责任者(即汉娜·阿伦特所说的"我们都有罪"意味着为那些"真正有罪的人开脱罪行")。这种意义上的社会责任,除了作为社会成员对社会中所发生的问题负有责任之外,实际上是与政治困境息息相关,是有关"集体责任"的问题。③

综上,有关政府责任的范围可以划定在政治与行政、行政与社会、政治与社会等关系以内,以及官僚制(尤其是在行政府及其官员的意义上)及其内的法定责任。

五、解决现实问题的不同思路

以组织(包括政府组织在内)为主角的现代社会充满着各种问题,因此对现实怀有不满情绪或想法是正常的。如果满足于现状,就不可能有进步。不满足于现状,会有各种言行表现,其中最为"正常"的表现之一,就是对现实的反思并寻

---

① 我们知道这是非常复杂的问题,如文化传统的影响、相关制度的缺失、专制的暴政、社会自组织能力的丧失、"少数剥削多数"等。

② [印]阿玛蒂亚·森著:《以自由看待发展》,任赜、于真译,中国人民大学出版社,2002年,第284页。

③ [美]汉娜·阿伦特著:《责任与判断》,陈联营译,上海人民出版社,2011年,第122页。

求解决问题的可望而又可行的途径。另一方面，无论国家和社会及组织，现实表象就是有序或无序的某种状态，而有序或无序直接是由人的个体行为导致的。这是我们思考现实问题及其解决之道的基本出发点，但以此为出发点的思维走向却有很大不同。

为了在激烈的竞争中生存下来，提高各自的能力是正常的思路。为此，我们做很多相关的投资和努力，如调整心态、赋予（职务）动机、激励所属成员的士气、提高所属成员的能力和素质，以及挖空心思寻找解决问题的各种策略和方法等。[①]在个人竞技上（是否具备相关竞技项目上的天赋的问题并不在这里的讨论范围以内，如果一定要讨论，那么就是如何选拔人才的问题），刻苦训练、保持平静心态和采取适当方法和措施等会很有效。但是这种努力通常只有在"技巧性"的项目上有效，一旦超出此类竞技范围，尤其是在集体性的竞争项目中，决定其优劣的不是"雕虫小技"。以中国男足为例，广泛的足球爱好者群体、公正而透明的竞争机制和选拔人才的平台等是中国男足提升实力的基础，每个运动员的能力和技术只有与这些相结合才会发挥其价值。这是个"笨"的方法，但却是唯一正确而可行的选择。

从个人"技巧性"项目过渡到集体对抗性竞技有如此不同，如果我们讨论组织和某个行业的竞争力乃至国家治理，其区别何止这些！换言之，通过提升个人（领导包括在内）素质、能力和奇思妙想的途径，不能指望组织、社会、国家等的竞争力真正得到提升。因为随着规模的扩大，复杂性和不确定性越来越大，个人作用的局限性越来越突出，通过某些个体的发展来实现整体发展即便不无作用，但也是很有限的。此时，某种整体的发展只能更多地依赖于相关的制度和机制。

因此我们需要寻求另外一个思路，这就是"秩序—机制—体制"模式，即从作为表象的秩序出发，探寻影响秩序的体制机制层面。如果把这一层和上一段内容结合在一起，就形成如下较为完整的思路简化图景（见图1-1）：

（由个体行为构成）

"体制—机制—制度" ⟸ 秩序表象 ⟹ "心态—素质能力—方法措施"

图1-1 解决现实问题的思维走向

---

① 在个体层面和把决策理解为所面临问题的某种"决定"的意义上，这里可以包括政策。但是在大规模组织或政府等问题上，有关决策和政策执行等方面的质量主要取决于相关的体制和机制。因此在大规模组织或政府层面上的政策或决策等问题，与个体或小规模组织层面上的决定或措施之间存在着本质的区别。

可以认为,国家治理得好与坏体现在社会各个领域的秩序上,而关于秩序则可以从以上两个方向上寻找解决途径,但整体发展问题上更重要的是体制、机制和制度。这种判断的理由将在后面详细讨论,但其基本理由就是大规模组织(包括政府在内)和社会领域的运行上存在着不能归结为个体及其行动的特殊机理,即根本无法用个体层面的逻辑来说明组织和社会的生存和发展问题,更不用说国家层面的问题了。

诺斯指出,无序增加了不确定性,因为个人和组织的权利和特权很容易被攫取,这就意味着政治和经济市场上现有交换关系的中断,而且随着规范的分崩离析和(或)实施的变化,对秩序的遵守也消失了。无序可能产生于使规则的强制实施减少的变化,也可能产生于合作规范的弱化,秩序和无序植根于随着时间的流逝不断演化的制度结构之中。①诺斯所说的制度结构,可以理解为元制度、次级制度、规则(具体制度)等构成的所谓制度矩阵。②但是我们有必要分开使用体制、机制、制度等概念。关于体制和机制的含义和特征、体制与机制的关系等问题,将在后面(第三章)详述。

六、实现政府责任的途径

孔飞力在讨论中国现代国家的起源时提出了如下令人深思的看法:产生于家乡的公德,在县级范围内也许能够促成善政良治,而在全国性的环境里却会变形,最终甚至会被摧毁。③虽然这是在讨论清末的情况时提出的,但在中国具有一定的普遍性。这里的问题是,公德为什么在不同的层级上会有这么不同的"效用"? 或许是因为,县级政府为止基本上可以维持口头相传的熟人社会,尤其

---

①　[美]道格拉斯·诺思著:《理解经济变迁过程》,钟正生、邢华等译,中国人民大学出版社,2008年,第93~102页。

②　关于元制度,见[日]青木昌彦著:《比较制度分析》,周黎安译,上海远东出版社,2001年,第14~15页、第41~42页、第375页。这里所说的"元制度",相当于道格拉斯·诺斯在《历史上经济组织的分析框架》中所说的"基础性制度安排"。他说,在任何时代基础性制度安排都会构成有关市场或非市场决策的经济的基本原则。次级制度安排是符合基础性安排的协议的具体形式,它们发生变化以实现规模经济,交易费用的减少,或收入的再分配所带来的好处。相关内容见[美]科斯、诺斯、威廉姆森等著:《制度、契约与组织——从新制度经济学角度的透视》,刘刚、冯健、杨其静、胡琴等译,经济科学出版社,2003年,第22页、第316页。

③　[美]孔飞力著:《中国现代国家的起源》,陈兼、陈之宏译,生活·读书·新知三联书店,2013年,第70~71页。

是当时的人口比较少而亲戚间的关系较为密切，因此虽不如乡里那么熟悉，但可以认为，公德的约束力还是比较强的。与此相比，当今的县一级虽然人口多，因此熟人社会的性质肯定会淡化，但由于交通和通信的进步而大体上可以弥补人口多而可能产生"陌生人社会"的缺陷，因此也可以将县一级当作公德能起一定约束作用的基层社会。倒是流动人口大和农村社会的空洞化，或许是公德难以起作用的主要因素。但更重要的原因可能在于，县政以上(不含县政)是公德难以发挥实际作用的政治博弈世界，这个世界当然由政治逻辑支配。虽然这里所说的政治逻辑并不完全以贬义来使用，但由于中国"政治行政化"和"行政政治化"特征及政治文化传统等原因，在当今中国确实存在着个别负面意义上的"政治逻辑"或官场文化，如任人唯亲、"官本位"、讲排场、"唯上"、排队、明哲保身、不说真话、形式主义等。我们知道，在残酷的政治斗争中，道德只能退居为配角地位或沦落为冠冕堂皇的斗争手段之一而已。这一点应该引起我们的注意。改革开放前的中国，几乎所有的社会领域和各种组织中都以官阶来分配各种资源，即官阶是界定社会身份的主要标准，或者说以权力来编制整个社会，而改革开放以后则加上了金钱的分量，即在当今社会辨认人们社会身份"高低"的标准主要就是权力和金钱。而且这种情况和其他现象，如能够促成社会公德所必需的群体——知识界、宗教界、言论界(关于此"三界"及其意义，将在第七章详细讨论)的衰弱等现象相结合，确实会败坏公德和社会诚信。在这样的社会中，道德难以发挥作用是很自然的结果。

但是在此我们关心的主要不是"公德"为什么一超出县级范围就起不到作用或如何将公德发扬光大的问题，而是更要关注县级政府的问责制所具有的意义。从以上所涉及的内容中可以看到，政府责任及问责问题是某一国度内的国家建构乃至建设和完善公共秩序的核心问题。而县级政府在整个国家体系中的位置就是基层，其治理成效不仅具有整个国家治理的基础性意义，而且与百姓的生活质量息息相关，实际上在整个中国社会治理中占据极为重要的位置。因此我们必须寻找确实能够完善以县级政府为主的地方政府问责制的途径。

然而在通常的情况下，小的问题很容易解决，但不好发现;大的问题很容易看到，却不好解决。走出这一困境的出路或许就在于，在发现和解决大小问题的体制和机制上作出不同的安排。还有在政策问题上，并不是存在着的或被"看"到的问题都会成为政府政策议题，而是某种"权威部门或权威人物"设定(或至少被动地接受)某一问题为政府议题，其才走上政策过程。这就是说，尤其是在基层,现行的体制和机制的安排不利于解决基层层面上存在的问题。

中国大部分百姓的生活都与县级政府及其行为密切相关,但对基层政府的议题设定、基层政府行为及其后果、官员的任免和奖惩等方面却基本没有实质性的决定权。因此,在决定与百姓生活直接相关的问题上,必须增强更多"看"问题的眼睛,并寻找这些"眼睛"的主体更加专业化和增强其影响力的路径。通过这些安排,将基层社会中有关公共问题的认定权掌握在百姓自己手中,或至少对当地的公共问题发挥较强的影响,而不应该让与百姓生活有距离的"高官侯爵"们说了算,或等候"重要批示"。不仅如此,通过这一过程可以让百姓自然地参与到公共生活当中去,由此形成社会与基层政府的互动,这也是所谓"善治"的主要途径。但在这里更直接的意义在于,通过这种路径,能够指望解决"小的问题不容易发现"的问题。那么,又如何解决"大的问题不好解决"的问题呢? 在社会现象中出现的问题如果带有某种普遍性,那么其原因肯定在体制机制上。而体制机制上的问题无疑是"大的问题",必须由高层来解决,即这是高层不可推卸的责任。

在以上两个问题的解决途径上,福山关于英国负责制政府的如下说明很有启发意义:英国的县法庭由国王所创建,受由国王任命并对国王负责的治安官统辖。但它又以全体地主(这也是当时英国的"人民")的广泛参与为基础,不受世袭等级和封建地位的限制。治安官反过来又受地方民选督察官的制衡,民选督察官应代表县民利益的观念因此而获得了合法性。既有对国王的向上负责,又有对县民的向下负责,两者日益趋于平衡。[①]这里有三个非常重要的关键词需要我们牢记,即负责对象的"上下"两个主体、官僚体系外的广泛参与、不同系列官员之间的相互制衡。

由于基层政府问责制不可避免地牵涉体制机制问题(虽然是地方性的),因此如果真正推行问责制,就与中国今后国家构建的方向密切相关。如果仅将上述基本思路付诸实际,肯定会对中国政治、行政、社会管理等方面带来重大的变化。因此应该审慎对待相关问题,但必须坚决推进。其基本理由就是,当今中国基层政府及相关实践中出现的问题,基本上难以回避体制机制问题。这一点将在后面看得很清楚。

---

① [美]弗朗西斯·福山著:《政治秩序的起源:从前人类的时代到法国大革命》,毛俊杰译,广西师范大学出版社,2014年,第367页。

七、政府问责制的关键意义

尤其是在中国，无论是政治秩序还是社会秩序（特别是在这些秩序的框架方面）都是与国家政权密切相关的公共品。

虽然现代性本身充满着各种矛盾和冲突的可能性[①]，但不论以何种词汇表达，中国转型期的发展方向肯定是现代化，因为这是当代人类社会的大势所趋，而现代化首先是社会各领域及各种组织的体制和机制要达到现代化的要求。在这里，我们有必要认真思考前述孔飞力所提三个根本性议题和三道难题，并仔细推敲其现代意义。那么如何解决这些问题呢？关于这一问题的讨论将在第七章进行，但无论如何，恐怕其答案就是国家治理现代化，而其重心无疑是相关体制和机制的现代化。

上引诺恩等人所说的"国家能否作出可信的承诺"，肯定与法治的健全与否相关，但其实践却取决于能否建立包括政府在内的所有行动者的负责制。这里所说的"负责制"是"广义"上的，即包括政府及其工作人员在内的所有行动者的责任和相关责任的追究机制。那么，如何建设这种机制？

我们知道体制有整体性特征，因此其肯定对机制建设产生重要影响，这一点尤其在中国是很清楚的。但是我们还知道，体制有不同"节点"，认识到这一点非常重要。利用这一"节点"，安排不同层级的政府以不同的逻辑来运行，这可以通过赋予不同层级政府以不同职能并安排不同的运行方式来达到。县级政府恰好是理想的"节点"。在县级政府这一层级上，至少要有对上和对下双向负责对象，不同系列官员之间能够形成实实在在的制衡局面，拓宽社会活动空间（这一点至少在部分原有国家权力撤出基层社会的情况下才可以实现），并尽可能让百姓和社会组织广泛参与，让当地百姓在与自己生活质量相关的问题上拥有话语权和影响力。简言之，县级政府以上可以掌控局面以维护稳定并致力于体制机制建设，而县级政府专门负责民生且注入社会活力。通过以上安排，可以解决孔飞力提出的大部分根本性议题和难题（关于这些问题将在本书的第七章进行讨论）。

---

① 相关内容参见[以]S.N.艾森斯塔德著：《反思现代性》，旷新年、王爱松译，生活·读书·新知三联书店，2006年，第11~15页。艾森斯塔德在该书的第95页中还指出，虽然有些乐观的观点认为现代性代表着进步，但实际上现代性内在地包含着种种毁灭的可能性。

为了实现国家现代化,主导国家现代化的政府治理须要先行,至少不应该阻碍其进程。政府治理现代化首先是政府的"定性"及其行动有别于传统政府,这不仅要求政府的廉政、运行高效、具备合理性、依程序和法律规章办事等,更要具备现代化的价值观,诸如最终对公民的负责、保持对社会的回应性等。这种要求意味着先要实现责任政府,而为此就需要问责机制的现代化。

现代化的各种成果(这里主要是指经济等"硬实力"意义上的)是在社会各领域现代化秩序中产生,因此为了获取现代化的丰硕成果,首先要努力构建和完善产生这种结果的前提条件。我们知道,尤其是后发国家的现代化是由政府主导的,因此有关政府的问责制即便在现代化这一宏大课题上也具有至关重要的意义, 实际上政府责任及问责制问题处在国家现代化过程中的关键环节上。因此必须寻找真正实现政府责任及追究相关责任的现实途径。当然能否寻找到并付诸实际这种途径, 首先正视与本课题相关的领域中存在的问题及其根源。我们必须清楚地认识到,有关政府问责的体制和机制问题绝不是"技术性"的,而是属于"顶层设计"层面的问题。因此,如果我们要改变没有很好履行问责"本分"的现行问责制,或要构建和实施与以往不同的政府问责制,那么就需要"顶层设计"者们真正调整心智结构。因为未来总是开放的①,而我们所构建并试图去理解的这个世界是人类心智的建构物。②不必多言,这种心智必须要符合时代精神。

---

① [英]安东尼·吉登斯著:《现代性的后果》,田禾译,译林出版社,2011年,第73页。有必要说明,未来的开放性只是意味着建造未来的多种可能性,但未来的状态却取决于现在的行动,而现在的行动又在很大程度上取决于我们的历史意识和现在的心智结构。正如吕森所说,如果没有回忆(应理解为"集体的认同根植于通过回忆将事件现在化"意义上的,即作为具有诠释功能的"历史意识"过程),未来缺少鲜活的过去的文化元素,缺乏的是我们自己、我们的认同,没有这一块,每一个未来都会因丧失意义和活力而枯萎。为了赢得未来、和旧时代不同的和与自我的未来不同的未来,必须在时间上激活旧时代和自我。[德]约恩·吕森著:《历史思考的新途径》,綦甲福、来炯译,上海人民出版社,2005年,第152~153页、第250页、第255页。这种意义上,否定或脱离当下而只强调"古制"或"传统文化"的做法当然有害于现在的选择和生活,但割裂过去及现在而只强调"向前看"也会让我们面临很危险的未来。必须清醒地认识到,完全"一穷二白"的"白纸"是根本不存在的,割裂过去和无视现在的"崭新的世界"不能出现在人世间,其只是乌托邦。

② [美]道格拉斯·诺斯著:《理解经济变迁过程》,钟正生、邢华等译,中国人民大学出版社,2008年,第5页。

第二章

责任政府的本质与政府责任的依据

一、非责任政府

(一)非责任政府的"典型"

何谓非责任政府? 非责任政府是不是意味着不管政府行为的结果如何都不负任何责任? 与责任政府相对的非责任政府如果能够存在,那么这种非责任政府得以存在的原因是什么,非责任政府的后果又如何呢? 这些问题将有助于理解责任政府的本质特征。这里主要以中国皇权体制及其下的传统官僚制来考察这些问题。①

众所周知,在中国古代的政治和社会中,是通过以天子为顶点并以纲常教义为内容的等级制(包括古代官僚制在内)来实现统治秩序的。正如詹姆斯·R.汤森所指出的那样,少数握有权柄的精英与无权无势的民众之间的截然分明的界限是中国传统政治的一个明显特征,与此相应的是全社会的权威等级结构,它构造了尊卑关系的复杂网络,而这一权威结构与政治和经济的其他因素相结合,产生了比较复杂的社会分层体系,这一体系弥合了精英与大众的界限,并在两大社会集团中规定政治关系的方式。②

具体地说,中国传统社会是以"君君、臣臣、父父、子子"的等级秩序为前提,

---

① 有关"非责任政府及其实质"的内容,主要来自笔者的《三三问责制:责任政府的实现途径》(《学习与探索》,2008年第1期),但在此有重要补充和修改。

② [美]詹姆斯·R.汤森、布莱特利·沃马克著:《中国政治》,顾速、董方译,江苏人民出版社,2010年,第26页。

以万变不离其宗的儒教为意识形态的基本内容(从实际运作来讲,又有很多法家内容),通过向一般百姓(原则上)开放仕途之路的科举制来建设官员队伍(即从上而下的官僚制),来实现一统天下的稳定秩序。①李侃如清楚地概括了儒教的主要特征:它是一种极为保守的统治思想,它的首要目标是维持秩序,而不是着眼于未来;儒学崇尚政治和社会领域的尊卑次序;儒学的核心是人们应当理解每一种关系所要求的正确"礼仪",并尊而行之,因为这提供了一个和谐社会的关键。②应该从这种意义上去理解杜赞奇所说,统治人民的系统不是源于上界或俗世,而是源于天人合一的官僚体系。③这种统治的合法性来源于"天"而不是法(即皇帝在"替天行道")④,但这种假托于"天"的合法性是靠实力(包括武力在内)来证明的,因此有了无数王朝的更迭。但是这里有必要注意,这里所说的"天"不像西方宗教中具有人形人性的神祇,而是更近似于历史与命运的结合。⑤关于历史的依靠在现实中总是表现为以"古人"或"圣贤"为楷模或向他们寻求智慧,而命运则往往带来无奈的态度。但无论哪一种,都不是着眼于未来的积极建构(而关于"命运"的问题,将在本书的"结语"中还会涉及)。这种缺"法"的体制(即它的建立机制与运行方式主要不是"依法",而这里所说的"法"就是马克斯·韦伯所说的"理性的客观化"⑥),只能靠"人"(实际上就是皇帝及各级"官员")才能实现,这就导致人们所熟悉的"人治"状态。这是导致官僚制运行的"精神"在中国与西方之间根本区别的主要原因,即在中国缺乏"理性的客观化"——法制,而理性主义在中国是"政治的理性主义"(韦伯之语),而在西方主要是工具理性和程序理性。在西方基督教、伊斯兰教、印度教(这几个文明的共同点是,法律并不来自政治权力,它的源泉既独立于统治者,又比统治者更为崇高)等世界中,法律的守护者都是与政治当局截然分开的社会群体,而法律对统治者专

---

① 当然科举制也有值得肯定的方面:如至少在理论上肯定了"士"的道德与知识的价值高于贵族的世袭身份和商人的财富。见[美]余英时著:《中国思想传统的现代诠释》,江苏人民出版社,2006年,第23页。

② [美]李侃如著:《治理中国:从革命到改革》,胡国成、赵梅译,中国社会科学出版社,第7~8页。

③ [美]杜赞奇著:《文化、权力与国家:1900—1942年的华北农村》,王福明译,江苏人民出版社,2010年,第106页。

④ 王亚南著:《中国官僚政治研究》,中国社会科学出版社,1981年,第24页、第54~56页。

⑤ [美]李侃如著:《治理中国:从革命到改革》,胡国成、赵梅译,中国社会科学出版社,第10页。

⑥ [德]马克斯·韦伯:《儒教与道教》,洪天富译,江苏人民出版,2003年,第44页、第72页、第181~197页。

制权力的限制,取决于法律宗教等级和政治等级在制度上的分离以及两个集团自身统一或分裂的程度。①在古代中国,法律只是国家的工具而已,而且法律和其他的强制性工具一起是由缺乏法律知识的官员(即非专业人员)去执行。②众所周知,中国没有出现政教分离的局面,而且中国社会和百姓没有可以进入国家或中央的自主权和参与权(根本没有此概念),法律只是适用于各级官吏和百姓的手段。人治和法治的区别,就已注定这两种状态下政府"负责制"的截然不同走向。

由于上述中国以皇权为顶点的等级安排和缺乏法治以及由此导致的人治特征等,如果最高统治者胡作非为或在重大问题上的错误抉择而即便导致灾难性的后果,也难以问其责。因此在与负责制相关的问题上如果要以和平方式解决问题,只剩下一条路,即道德教化最高统治者牢固树立"爱民如子"的观念。好人,而不是制度化的限制,才是好政府的保证,或者说,为官者的个人素质而不是规则或体制结构,才是确保政治决策的公正和明智的可靠指望。③正如福山指出,在中国制度中确有负责制,这就是通过皇帝接受教育来深感对人民的责任,即儒家试图教育君主,缓和他的激情,使他深感对人民的责任,换言之,这种负责制不是正式或程序上的,而是基于皇帝自己的道德观念。④如果最高统治者做到了这一点,算百姓的幸运,但从统治者的角度上看,即便做到这一点,也主要是为了维护或巩固自己统治地位而为之的,因为"民可载舟,亦可覆舟"。出发点不同,其结果(更不必说过程)可能会有很大差异。

(二)非责任政府的实质与特征

福山认为,中国历代皇朝并不以严酷统治著称。在有关产权、征税及为重塑传统社会风俗而进行干预的程度上,中国国家遵守明确的限制。皇帝受到天命后,其权力实际上是无限的,因此暴政永远可能,但往往不是现实。福山举出以

---

① [美]弗朗西斯·福山著:《政治秩序与政治衰败:从工业革命到民主全球化》,毛俊杰译,广西师范大学出版社,2015年,第147~148页、第326页。

② [美]吉尔本特·罗兹曼主编:《中国的现代化》,国家社会科学基金"比较现代化"课题组译,江苏人民出版社,2003年,第86页。

③ [美]詹姆斯·R.汤森、布莱特利·沃马克著:《中国政治》,顾速、董方译,江苏人民出版社,2010年,第32页。

④ [美]弗朗西斯·福山著:《政治秩序的起源:从前人类的时代到法国大革命》,毛俊杰译,广西师范大学出版社,2014年,第113页、第123页、第284页。

下三点限制：第一，缺乏诱因来设置庞大的行政机关以执行命令，尤其是征收较高的税赋。第二，如果没有如战争所引起的急需，仅仅征税可应付正常需要的税赋。第三，权威的转授，而这种转授带来的是代理人以专门的知识(是关于行业上的或地方实情的知识)向委托人反制的权威。①令人疑惑的是，福山为什么不指出任何皇朝如果实施严酷统治将给统治带来的危险。而且我们不知道福山考虑过没有，皇帝及其政府大兴土木、通过各种途径掠夺百姓、老百姓的实际生活状况或百姓对官方征税及徭役的应承能力等问题。但在本书研究范围内，这里可以撇开严酷统治与否的史实情况如何等问题，却可以引申两个可供讨论的重要问题：其一，支撑这种皇权政治的官僚制能否成为负责任的政府，如果可以，那么这又是一个什么样的状态呢？其二，防止地方政府官员滥用权力和腐化堕落的责任究竟在哪里，又如何追究这一责任？

关于皇帝权力的限制，从君权与相权关系的角度所做的说明给我们提供另外一个思路，而且与福山的观点相比深刻得多。在中国对君权虽无形式化或制度化的限制，但仍有无形的、精神上的限制。②其一，儒家一直想抬出更高的力量来约束君权，汉儒的"天"和宋儒的"理"都显然具有这样的含义。同时，儒家又不断企图用教育的办法来塑造皇帝于一定的模型之中。其二，自秦汉一统帝国建立以后，君权本身逐渐凝成一个独特的传统，因而对后世的君主多少有些拘束力③，当然变法的一个阻力也来自于此。其三，传统的官僚制，这一限制是最大的。从历史上看，君权可以随时削弱以至废除相权，但它不可能毁灭整个官僚制。在中国传统政治实践中，君权和官僚制的关系更是一部不断摩擦、不断调整的历史。在此，相权问题必须当作整个官僚制的一个枢纽部分来处理，而在历史上君主必须一再重复地起用私臣、近臣来取代品位高的相权，这正说明官僚制

---

① 以下有关弗朗西斯·福山观点，见其著《政治秩序的起源：从前人类的时代到法国大革命》，毛俊杰译，广西师范大学出版社，2014年，第262~263页、第274页、第277~279页。

② 以下关于君权与相权的关系，以及"反智政治"等观点，见[美]余英时著：《中国思想传统的现代诠释》，江苏人民出版社，2006年，第80~93页。

③ 这一点应该理解为正反两个方面的镜鉴效应，如《春秋》("春秋"是编年史册的代称，见赵伯雄著：《春秋学史》，山东教育出版社，2004年，第4页)、《史记》等"史官"的记述及尧舜等贤明君王之楷模和"昏君""暴君"等负面形象。所谓"孔子成《春秋》而乱臣贼子惧"，即历史或后人的评价警告或威慑作用。关于这一点，孟子说得更清楚："世衰道微，邪说暴行有作，臣弑其君者有之。孔子惧，作春秋"(《孟子·滕文公下》)。

本身具有相当强韧的客观化倾向。从权力结构来看，应该将君权和官僚制区别开来。这一区别非常重要，因为以反智而论，君权的传统才是反智政治的最后泉源，而官僚制的传统中倒反而不乏智性的成分。但官僚制是一部机器，本身不能决定运行的方向。其实相权原由君授，君权扩大在制度史上的含义便是破坏官僚制的自主性和客观性，而相权从低落到消失则反映的，就是反智政治发展的最清楚的指标。官僚制瘫痪于君权的巨大压力之下，政治不能走上合理的轨道是必然的结局。

请注意，这里已经涉及政治与行政的关系。有必要指出，由私臣转化为公职是历史上官僚制度发展的形态之一，这一点在中国的秦汉为止和英国都基本相同。但是与中国不同的是，英国的相权独立之后便没有受到王权的干扰，这是由于英国的王权遭到封建贵族的对抗，封建贵族要求与英王有同样控制政府的权力。①这里所涉及的政治与行政间的关系，无疑是国家构建上的核心内容之一，关于这一重要话题将在后面专门讨论。但在这里，我们可以部分回答上段提出的问题，即在皇权政治下，防止地方政府官员滥用权力和腐化堕落的责任就在于皇帝那里（皇帝不仅是至高无上的统治者、首席大法官、最高祭司，还是政治统治的真正体现②），但其根源却在政治与行政的关系上，这是个体制问题。因此，历史上的任何皇帝及任何朝代都没有、也不可能尽到这一责任。因为以皇帝为首的政权体制，将宰相及传统官僚制置于工具的地位（即皇帝手中的工具），而这些行动者又是这一体制的主要承载者，而且古代王朝整个体系是以"社稷"为核心建构的。根本的问题在于，如何将这种"社稷"和百姓利益联系起来，而真正的困难在于，庞大的官僚制（即有别于现代官僚制的，而且是封闭性很强的等级制）能否将承担协调或联系"社稷"与百姓利益的功能，而且自己还能恪守廉洁有效的要求，并且通过何种现实途径才能保证这一要求？看来通过这种体制的承载者来解决这一体制所固有的本质问题，实际上是不太可能的。

如果支撑皇权政治的官僚制是负责任的政府，那么可以指望这种政府能够带来其时代所要求的某种社会秩序，这也可以称为对皇权政治及黎民百姓负责任的政府。如果按原来的"设计"，即所有的人都"安分守己"（尤其是皇帝和官员等"职业"岗位上的角色和道德要求），那么使人们安居乐业应该是可以的，而统

---

① ［美］余英时著：《中国思想传统的现代诠释》，江苏人民出版社，2006年，第86页。
② ［美］陆威仪著：《哈佛中国史：秦与汉》，王兴亮译，中信出版社，2016年，第3页。

治者的地位也由此更加有保障。但问题在于,这是一种将所有的身份(尤其是统治势力的地位和身份)予以固化在这一秩序上,因而只有利于既得权益者却愈加僵化的体制。而且这种体制下的秩序维系只能依靠道德自律,及从上而下的监控方式(也有"依法",这当然与今天的"法治"有本质区别)。"安分守己"是这种秩序的基本保障,但这是以等级制为前提,越是上层其所占资源越多,因此人人都要往上走。即便有比较公正(至少表面上向社会开放的科举考试或选拔人才等机制)的社会流动机制,但这只有在公开、透明和技术性较强的行业等情况下才行得通。还有在这种官僚体系下,越是高层,所要具备的并不是行政能力或技术水平,而是对统治者或上级的忠诚。这是中国官场上盛行排队及由此导致党派之争或关系网等官场文化的重要原因。实际上,僵化、腐化、内耗、停滞不前等是这一体制注定难以克服的问题。正是由于以上原因,这种状态下的官僚制即便有某种负责任的政府味道,也只是向上而最终向皇帝负责的,而给百姓带来的某种"好处"也不是出于责任,相反,充其量只是为保住"社稷"而必要的"副产品"。即便百姓生活陷于"水深火热"之中,也没有一个皇帝自动"引咎辞职"就是明证。从本书主旨上看,更为根本的问题是,百姓和社会被排除在问责体系之外。

由于皇帝是这一体制的"总负责人",防止地方政府官员滥用权力和腐化堕落的责任理应归皇帝,但没有一个皇帝自己能够承担国家的统治和管理行为,他必须"转授权力"。由此又产生一系列的问题。中国政治体制根本上是一个某一家族势力为核心构筑的。在中国,自商汤革命(即"易姓革命")以来基本重复着如下模式:当前朝腐败无能或秩序混乱时,以某一领袖(开国君主)为核心的政治势力推翻前朝统治或攫取政权来建立和巩固自家政权。①由此不可避免地产生每一代王朝的腐败,因为为巩固皇权只能任人唯亲并强调"效忠"(从异族统治者——元朝和清朝抬高儒教及孔子的地位中可以看出"忠孝"的真正价值),而能力(这主要是指管理能力,而不是统治能力)和清廉与否则不可能成为任官或选官的主要标准,或者说,选官的主要标准就是对统治者地位有用与否。这里皇帝负责的是所谓"宗庙社稷",实际上就是家族政权的巩固和延续的问题。其负责的方式有如发生某种自然灾害时发布"罪己诏",或问罪相关大臣或寻找替罪羊以平息民愤。大臣则负有辅佐皇帝,并制定(当然要得到皇帝的最终

---

① 所谓"易姓革命"属于一种政治势力征服原有政权,但也有一些在宫廷政变或禁军反戈的基础上建立自家政权的。从这里所讲的政权性质的角度上看,政权交替的这几种模式间的这些差异倒可以予以忽略。

裁决)和执行及监督法律和政策的落实。大臣中自然有对自己的职务负责的,也有一些冒死进谏者,但纳谏与否则取决于皇帝,而且大臣没有进谏的义务,皇帝也没有必须纳谏的限制,进谏与纳谏从来都没有制度化。[1]这种模式一直复制到每一行政层级,只是将皇帝向"宗庙社稷"负责改为下级向上级负责,最底层的百姓即"治于人"者只能盼着"明官"或"清官"的出现。这就是说,整个政府组织下级向上级负责,而社会或老百姓则没有问其统治和管理行为(这时当然没有明确地区分政治与行政)的责任的正当权利。即便某一统治或政权再怎么暴敛、无能、腐败,也只能盼望"真龙天子"出来改朝换代。正如阿克顿所说,不负责任的权力也要付出代价。[2]这时所问的责任是有没有资格统治的责任,这实际上就是政治责任问题。

这里有必要说明,艾森斯塔德所说的中国社会精英(儒士们)掌握和行使一种超越中央的"专断权"(第一章第三节中的引用),应该理解为奠定政府运行的基本原则或框架,或者说是坚持和发展儒教作为普遍价值观的,即该群体所承担的社会功能地位的意义上的。[3]这就是说,儒教教理及历史上逐渐形成的惯例和道德是传统中国政府运行方式的依据,因此其也要对上述"中国式负责制"及由此带来的弊端予以"负责"。但这些是比较"虚"的,因为没有现实的守护机制安排。稍有中国历代王朝相关知识的人都知道,大部分皇帝和权力斗争中的"大臣"们都把这里的教理和道德规范随意践踏,掌权或登基过程中的不道德行为谁曾在正常程序的范围内负责过或被问过其责任?"只许州官放火,不许百姓点灯"基本上是此时政府运行的真实写照。这就是说,依靠赤裸裸的权力来维持某种统治地位及与此相关的秩序就是非责任政府的核心,这也是非责任政府得以维持的根本原因。

总之,与责任政府相对的非责任政府并不是不负任何责任的政府状态,而是

---

[1]　刘泽华著:《洗耳斋文稿》,中华书局,2003年,第28~29页。

[2]　转引自[美]肯尼斯·阿罗著:《组织的极限》,万谦译,华夏出版社,2006年,第77页。

[3]　有关中国社会精英(在艾森斯塔德那里称为"文士")的社会功能方面的深入分析,见[以]艾森斯塔德著:《帝国的政治体制》,沈原、张旅平译,江西人民出版社,1992年,第339~341页。艾森斯塔德指出,"作为精英群体,文士的存在取决于统一帝国理想的保持;其活动与官僚及行政机构密切相关。然而,另一方面,文士的特殊地位使他们能影响统治者和主要阶层人士的政治取向和政治活动。文士是意识形态,即通过坚持共同的社会文化等级秩序的理想来施加此种影响的,此种理想既约束统治者,又约束主要阶层"。在艾森斯塔德看来,文士实际上在中国的"适应性变迁"方面起到了关键性作用。

以皇权为顶点并下级对上级负责,又是社会实体(百姓及民间组织)没有具备正当权利和途径可以问政府责任的状态。如果说中国古代政府是与现代责任政府相对的非责任政府,那么这种政府得以存在的原因就在于强制权力,而儒教教理和道德及惯例只是这种责任制的辅助基础。缺乏能够问政府责任的社会实体,即除了体制内的主体之外,实际上不存在以和平的方式能够对政府及其行为问责的主体,这是非责任政府的本质特征。可见,任何政府的存在和运行意味着履行某种责任,当然也实行与此相应的问责制。问题在于政府履行的是什么责任,由谁来并以何种方式追究这种责任。

(三)非责任政府的后果

上述非责任政府的后果极为严重。站在功能性的角度上看,不负责任的权力根本上的不足是存在犯不必要的错误的可能性。[①]从政府组织整体的角度上看,由于这种状态下的问责体系是以从上而下的方式来构建,任何下级都是被动和消极的,因而不可避免地带上封闭、保守的特征,并随着时间的推移必然走上僵化状态。或许这就是"设计"这一制度的"社会精英"所期待的,也是统治者所盼望的。由此导致普遍的"唯官""唯上",而"愚民政策"(即余英时所说的"反智"政治传统)恰好符合这一体制的需要。与此相关,这种状态下的官场只能是腐败的,因为决定问责与否及其程度的是上级或皇帝,而这种决定主要是政治性的。政治性的判断除了统治或"社稷"及为此所必需的"效忠"这一绝对标准之外,再没有其他客观而社会普遍接受的价值标准,因此其"随意性"很大。由此产生"官官相护"(实际上是为"自己"政治势力的利益)、"权权交易""权钱交易""一人得道,鸡犬升天"等见怪不怪的"惯例"和官场文化。

因此,非责任政府必须向责任政府过渡。

二、向责任政府的"过渡"

(一)欧洲的"传统国家"及其主要特征

在欧洲(尤其西欧)的中世纪,国家的概念是很模糊的,社会的基本单元是领地。在领地上,一国的贵族可以在另一国里拥有土地,领主不讲究国籍。欧洲大地因此被分割得支离破碎,基督教是把西欧连接起来的唯一力量。在这个基督教的世界里"国家"并没有实质性意义,它更多的只是一种地理概念,而很少

---

① [美]肯尼斯·阿罗著:《组织的极限》,万谦译,华夏出版社,2006年,第78页。

表现为政治实体。①而安东尼·吉登斯认为，传统国家的本质特性是它的裂变性，其政治中心的行政控制能力有限，以至于政治机构中的成员并不进行现代意义上的"统治"，传统国家有边陲(frontiers)而无国界(borders)，而民族国家是拥有边界的，而且是现代时期的最杰出的权力集装器，他甚至把民族国家与社会学家所说的"社会"都画等号了。②

　　实际上，这里所说的国家是作为替代教会势力而成为统治势力的主体(在文化层面上同时也是替代僧侣文化的世俗文化)，即为国家。③这当然主要是根据欧洲的情况(而且是带有强烈"民族国家"性质的近代特征)而言的，因此我们不能由此理解为所有传统国家都具备这些特征，也难以由此推理出现代国家的本质特征。阿伦特甚至否定美国和欧洲"民族国家"之间的同质性。她说，美国现在不是欧洲意义上的民族国家，并且它从来都不是。④如果说阿伦特的观点有道

---

①　钱乘旦：《世界近现代史的主线是现代化》，《历史教学》，2001年第2期。

②　[英]安东尼·吉登斯著：《民族——国家与暴力》，胡宗泽等译，生活·读书·新知三联书店，1998年，第4页、第145页、第213页。还需要附带说明，吉登斯所认为的民族同我们通常理解的民族概念有很大差距。他在该书的第141~144页中说，"民族"是指，居于拥有明确边界的领土上的集体，此集体隶属于统一的行政机构，其反思监控的源泉既有国内的国家机构又有国外的国家机构。而他将"民族主义"这个词看成是心理学的现象，即个人在心理上从属于那些强调政治秩序中人们的共同性的符号和信仰。由此看来，他的"民族主义"概念更接近于我们所理解的"民族"概念。吉登斯关于"民族国家"和"民族主义"的概念界定，还可以参见[英]安东尼·吉登斯著：《批判的社会学导论》，郭忠华译，上海译文出版社，2007年，第118页。即在吉登斯看来，"民族"是当国家对其主权范围内的领土实施统一的行政控制时，才得以存在。吉登斯的这种认识可能是由于从欧洲"民族国家"出发而产生的。在此我们不必深入讨论民族的概念，但必须指出，吉登斯的这种认识有一个明显的缺陷，即它难以回答如下问题：以色列人(即建立以色列国家之前散居在欧洲的一群人)是否排除在了"民族"范围之外，那么这一人群又应该称为什么呢？

③　[英]罗素著：《西方哲学史》(下卷)，马元德译，商务印书馆，1988年，第3页。罗素在同一本书写了一段有趣的观点(第287页)：在罗马帝国，皇帝被神圣化了，国家因此也获得了神圣性质；但是中世纪的哲学家除少数而外全是教士，所以把教会摆在国家上面。但自近代以来，颂扬国家是从宗教改革开始的。由此我们既可以看出所谓"民族国家"的欧洲性，也可以理解国家性质的时代性。

④　[美]汉娜·阿伦特著：《责任与判断》，陈联营译，上海人民出版社，2011年，第163页。在有关民族国家的问题上，杜赞奇认为："现代民族国家的领土性的主权形式是由全球性的民族国家体系及其话语所塑造的"。[美]杜赞奇著：《从民族国家拯救历史：民族主义话语与中国现代史研究》，王宪明、高继美、李海燕、李点译，江苏人民出版社，2009年，第81页。虽然有很多进一步讨论的余地，但仅在主权国家体系的意义上，应该将这里的"民族国家"理解为现代国家体系的范畴之内，但这是在前者是后者的雏形的意义上才可以这么理解。在笔者看来，现代的主权国家体系虽然是民族国家的基础上发展起来的，但两者之间存在着一定的距离。这一点在下述的"绝对主义国家"等内容中也可以得到一些佐证。

理,那么难道我们要否定美国的现代国家性质? 而且于 19 世纪发展到顶峰的民族国家政府,在世纪演变过程中使民族性成为公民的先决条件(法律上的平等观念也由此成立),使全体居民的同质性成为政体的显著特点。①

众所周知,中国早在两千多年前就开始建立起行政控制能力极强的政治中心,在这个意义上福山认为,中国早就建立了现代国家。②但是我们不能同意福山的这一观点。虽然在本书中也引用了不少福山的观点,但令人怀疑他是否了解"现代性"的基本含义。在一个国家的族群成分上,无论古代中国还是现代存在着的国家中有很多是多族群共同体,也曾存在过很多统一政治中心下的官僚系统,因此现代国家与否不应该简单地根据是否有统一的政治中心、官僚系统、民族国家等。至少在概念的涵盖性或可以广泛接受的理论层面上,前现代国家与现代国家的区别,主要体现在是否具备"现代性"这一点上。③

所谓"现代性"是一个很大的话题,在此不可能也没有必要详细讨论。但有一点可以肯定,韦伯首次将现代与西方的理性主义联系起来,并揭示资本主义企业与官僚国家机器中的功能主义意义上的,在经济行为和管理行为中的目的理性和制度化特征。④虽然关于"现代性"有很多不同理解和解释,但韦伯的观点无疑是较为完整意义上的"现代性"的"初始"内容。戴维·约翰·法默尔则认为,现代性是指有关人类主体和人类理性之力量和本质的各种假设和独特核心,是这些东西构成了西方最近五百多年主导的心灵模式,也意味着对传统的权力和

---

① [美]汉娜·鄂兰(即阿伦特的不同译名)著:《极权主义的起源》,林骧华译,时报出版公司,1995年,第55~56页。

② 福山还说:"很熟悉中国的韦伯为何把中华帝国描述成家族国家,这是个谜"。他的这种想法和他所认为中国国家的现代化特征等内容,见[美]弗朗西斯·福山著:《政治秩序的起源:从前人类时代到法国大革命》,毛俊杰译,广西师范大学出版社,2014年,第117~127页。

③ 在中国的断代(即古代、近代、现代)问题上,通常以1840年为止称之为古代,自五四运动开始是被理解为现代。这是有道理的。因为无论在物质和精神等方面,古代是基本延续着几千年的传统,而从五四运动开始努力实现现代化(至少提出了现代化的目标),近代则意味着古代和现代的"断裂",也是品尝西方的"现代化"之震撼,因此作为从古代到现代的一种"过渡"阶段。或许,这就是西方在概念上不划分"近代"与"现代",而在中国必须区分两者的原因。马尔图切利指出,不同的描述都试图解释在某个时期,在过去和当前世界之间形成的根本性断裂,而一个开创性事件(如法国大革命、工业化的开端等)被认为能解释现在和过去之间的断裂。[法]达尼洛·马尔图切利著:《现代性社会学:二十世纪的历程》,姜志辉译,译林出版社,2007年,第2页。

④ [德]于尔根·哈贝马斯著:《现代性的哲学话语》,曹卫东译,译林出版社,2011年,第1~2页。

状况的反抗。在现代性中，理性的运用被认为能产生不受限制的人类进步，其中的一个主旋律就是理性化，而公共行政学是现代性的一个范式典范。①从这种观点上看，将两千多年前的中国官僚制当作现代国家的看法至少是不能接受的，也很难理解福山不能理解韦伯观点的原因。

话又说回来，上述关于国家的讨论在这里具有重要意义。随着商品经济发展，特别是海路的开通，西欧逐步出现了一些实力日益强大的王朝。这些王朝为了扩大领土，发动了持续不断的战争，由此产生了民族国家。②战争促使国家的产生，看来是不少学者比较统一的看法，福山对中国国家的产生和建设也持同样的观点。这种观点具有一定的道理，战争需要集中权力，为此又需要建立与"零碎"的领地管理机构完全不同的中央政府，两者之间存在着某种因果关系。吉登斯认为，欧洲的绝对主义国家包括如下主要方面：行政力量的集中和扩张，新的法律机构的发展，财政管理模式（主要是指被派出的地方行政长官和直接对国王负责的当地行政长官）的交替运用。只有伴随着民族国家的产生，中央集权的行政权力机构才得以"普遍存在"。欧洲国家模式首先牵涉产生了一种新型的能反思性地得以监控（是指为了行政目标而对信息进行的核对和整理，它与作为直接督管的密切关联，即这种监控意味着行政管理体系的产生）的国家体系，而这无论本质上还是概念上，都与国家主权的发展相关联。③

以上考察说明（至少是欧洲的），民族国家产生的主要原因就是战争，而这以行政管理体系的产生为标识，这种国家政府的产生是讨论政府责任制的前提。

与中国等东方国家不同，欧洲国家有其重要特征，这就是政教分离。政教分离的标识性事件就是围绕叙任权而展开的斗争，这为后来世俗国家的兴起打下了基础。④所谓叙任权斗争是指，从 11 世纪晚期开始，主要以格里高利及其继承

---

① ［美］戴维·约翰·法默尔著：《公共行政的语言——官僚制、现代性和后现代性》，吴琼译，中国人民大学出版社，2005年，第5页、第50页、第62~63页。

② 关于战争与民族国家（尤其是欧洲的民族国家）之间关系的了解，可以通过查尔斯·蒂利的《发动战争与缔造国家类似于有组织的犯罪》（［美］彼得·埃文斯、迪特里希·鲁施迈耶、西达·斯考克波著：《找回国家》，方力维、莫宜端、黄琪轩译，生活·读书·新知三联书店，2009年，第五章）来加以深化。

③ ［英］安东尼·吉登斯著：《民族——国家与暴力》，胡宗泽等译，生活·读书·新知三联书店，1998年，第14~15页、第56页、第118页、第121页、第126页。

④ 有关这一时期叙任权斗争的内容，见［美］弗朗西斯·福山著：《政治秩序的起源：从前人类的时代到法国大革命》，毛俊杰译，广西师范大学出版社，2014年，第239~242页。

者为首的天主教和罗马皇帝(亨利三世、亨利四世、亨利五世)之间展开的权力斗争。这一斗争最后双方达成了协议(1122年的沃尔姆斯宗教协定),即皇帝基本上放弃叙任权,而教皇承认皇帝世俗事务上的权力。其结果对欧洲后续发展影响重大:它允许天主教会进化成现代的、等级制的、官僚化的、依法而治的机构;精神领域和尘俗领域明确分离,从而为现代世俗国家铺平道路;教会在阐述系统性的教会法规方面取得了合法性,而且创造了建制化的精神权威的单独领域。这里的重要意义在于,在政治秩序之外,公正法律的最显著来源就是宗教,所谓"法治"也以此来得到解释,即法治就是社会产生共识,其法律是公正和既存的,能够约束其时统治者的行为,而且享有主权的不是统治者,而是法律,统治者的正当权力只能来自法律,方才享有合法性。①不仅如此,即便是绝对主义国家时期,国王仍不得不定期既同牧师集会,又同地方王国的精英进行磋商。②

无论上面的教会还是集会或磋商,意味着欧洲的"绝对主义国家"并不是像中国那样的绝对王权。实际上,根据吉登斯的说明,绝对主义国家与(欧洲)传统国家的断裂,并形成与非个人的行政权力观念相联系的主权概念及一系列与之相关的政治理念,就已逐步成为现代国家的组成部分,是从传统国家向民族国家的过渡性的,即欧洲所谓的绝对主义国家被看成是权力向君主手里的集中过程(即专制王权的形成过程)③,因此肯定是与"完成型"的中国传统国家有区别的。

有必要说明,这里所说的绝对主义国家和"民族国家",是以清晰边界为标志和行政管理权力在这一边界内的有效管辖而言的,因此从"断代"的意义上是"近代"的,而不是现代国家。

(二)"民族国家"与民主政治

在欧洲"民族国家"或绝对主义国家向现代国家的转型过程中,三大"历史事件"具有决定性的重要意义,这就是英国的"光荣革命"、美国的创建、法国的"大革命"。

17世纪的"光荣革命"推翻了专制统治,并通过《权利法案》对王权进行了限制,使英国建立起了真正的君主立宪制,为英国资本主义道路扫清了障碍,在政

---

①　[美]弗朗西斯·福山著:《政治秩序的起源:从前人类的时代到法国大革命》,毛俊杰译,广西师范大学出版社,2014年,第237页。

②　[英]安东尼·吉登斯著:《民族——国家与暴力》,胡宗泽等译,生活·读书·新知三联书店,1998年,第119页。

③　同上,第4~5页、第122页。

治制度领域推动了传统国家向现代国家转变的进程。美国和法国紧跟其后，也用不同的方式实现了政治变革。美国独立战争催生出一个新的国家，并首次以成文宪法的形式限定立法权、行政权、司法权并使之制度化（还有纵向的分权及公民的各种自由和权利），实现了人民主权理论。此后的法国大革命摧毁了法国君主的专制统治，使自由民主的进步思想广为传播，并在世界范围内产生了深远影响，所有这些都为一种新的文明创造了前提。旧的观念逐渐被主权在民、权力分立与制衡等思想所取代，自由、平等、民主的信念从此开始深入人心。

至此，以民族国家和民主政治为根基的现代国家开始以越来越清晰的面貌出现在了世人面前，在这一过程中，西方国家走在了国家构建之路上的前列，经过数百年的发展，逐渐形成了以公民自由和权利为核心，以法治和民主问责为基础的现代政治体制。

上述关于欧美主要国家历史的简要"回顾"，是为了考察过渡到责任政府的条件究竟是什么的问题。也就是说，如果我们"比较"一下前述"非责任政府"和这里提到的责任政府，那么就会理解从前者过渡到后者需要哪些条件。

（三）向责任政府过渡的前提

前述叙任权斗争是政教两个世界的权力斗争，其结果是专制王权之外还有与其并行不悖的"精神世界"及其权力体系，而且其又是世俗王权合法性的主要来源。这里，王权不可能像中国皇帝那样拥有至少"理论上"的绝对性。这种限制的来源是政府之外的，而且是实实在在的力量。因此政府的权力不能膨胀到"无所不能"的程度，由此才能获得其存在的价值，至少要得到这一限制"主体"的认可（即为合法性）才能维持其地位，这就根本上限制了成为"非责任政府"的可能性。因此可以认为，统治者（王权）的权力受限制（不管来源是教会的还是议会的）是负责制政府的关键。或者用现在的话来表述，非责任政府是全能型政府，而责任政府是有限政府。我们很难想象没有法治或其他合法性来源的负责制政府。因为在没有法治的情况下政府权力不受任何限制，即便这种政府深感对百姓和"社稷"的责任，也是以自己权力地位为前提考虑所面临问题（而且只能如此，因为保不住自己的地位在很大程度上意味着没有守护好"社稷"，而孟子的"民为贵，社稷次之，君为轻"则从来没有一个皇帝真正追求过，更不必提朱元璋是从《孟子》中把这句至关重要的话干脆就删了①），更没有现实途径对其"非责任"行为予以追究。而这里所说的合法性来源是指，可说明某种政府的存在和行为的正当性根据，而这种正当性根据必须是以"治于人"者的广泛共识为基础，而不是虚无缥缈的"天"当作最后依据。如果存在着没有现实政治势力制约的"独占"国家权力的政治势力，那么在有关公共事务或国家的问题上不仅排除其他政治势力上场的可能性，更有可能产生"非我有谁"的傲慢和无所顾忌并为维持和延续自己政权采取不择手段的专横，由此将导致以和平方式问政府责任的可能性近乎等于零的状况。

如上所述，无论是叙任权还是英国的"光荣革命"以及后来的法国大革命，都表明向负责制的过渡是以广大教众的支撑或实际力量为基础。看似例外的美国实际上也不例外，因为美国正是根据广泛存在着的社会权力为基础，并以其时盛兴流传的公民自由与权利为核心设计了纵横两个方面的分权为主要内容的国家体制。可见，迫使政府接受负责制的社会力量的存在，是向负责制政府过渡的一个前提条件。这种力量深藏于神圣不可侵犯的宗教信条或法律条款（或启蒙时期的"天赋权利"）中，而在后者基础上建立起来的，就是在法国大革命中牢固树立的"公民国家"。"臣民"是附属者又不具有法律赋予的独立人格，故不可能自主地问政府责任，而公民是自立者和具有被法律赋予的独立人格，凭借自己的当然之权利来可以问政府责任。

当然，只有"公民"及其国家还不够，尚需建立这种公民权利得以实现的途径。这方面，我们有必要认真考虑前述福山关于英国负责制政府的说明及负责对象的"上下"两个主体、官僚体系外的广泛参与、不同系列官员之间的制衡等三个关键词。虽然因国情不同会有不同的表现形式，而且此三点也不是充分条件，但如果要真正实现责任政府，此三条是必不可少的，即它们是问责制的必要条件。

我们知道，在古代中国"一统天下"的状态中，不可能有"上下"两个负责对象及其现实的相关机制，相反，只有"下"对"上"的负责体系；体制外的（其他主体如"地主"或民间组织等）任何主体也不可能广泛参与（包括下级对上一层的和社会对"官方"的，这里并不奢望百姓参与中央核心层及其决策等问题）公共

---

① 朱元璋到了孔庙见到孟子像，就要拆掉，因为孟子说"君为轻"。在朱元璋时代，《孟子》被删改有近百条之多。［美］余英时著：《中国思想传统的现代诠释》，江苏人民出版社，2006年，第104页。

事务,尤其是百姓只有"喊冤"的份;虽有一些不同官员之间制衡味道的安排(如分割相权),但我们知道这是为强化皇权而作出的安排,因此与治安官和督察官的制衡等相比,是有本质的区别。

以上关于"非责任政府"向"责任政府"的"过渡",说的是逻辑上的过渡,而不是严格意义上的帝制中国传统国家与欧美国家的"比较"。

三、政府责任与责任政府的基本含义

(一)政府责任的主要类型

20世纪80年代末,责任政府和问责制问题逐渐受到中国学界的广泛关注①,可以认为,其原因在于学界逐渐认识到了随着改革开放的深入和经济社会的转型,原计划经济时期的政府运作方式愈益明显暴露的弊端。实际上,责任政府问题中包含着与经济社会转型交织在一起的一些重大理论问题,如政府运作方式的发展走向或今后政府改革的方向等。

关于如何理解政府责任的问题上,中国学界一般认为,政府责任都有政治责任、道德责任、行政责任、法律责任等四大类型,其具体内容概括如下:②

政治责任是政府机关及其工作人员行为合目的性（即合乎人民的利益、权

---

① 在我国,研究责任政府的学者都有冯志斌(1989年)、陈庆云(1994年)、王成栋(1999年)、张成福(2000年)、李景鹏(2003年)、王邦佐和桑玉成(2003年)等。从学者们探讨的内容来看,在责任政府是以现代民主政治为思想基础这一点上达到了共识,而在责任政府的概念中,包含着宪政及民主理念、政府体制、价值倾向、政治原则、公民自由、责任心、积极责任和消极责任等。也有学者提出,从"权力行政"向"责任行政"的转变,包括从"全能政府"向"有限政府"的转变和"政府本位"向"社会本位"的转变两个方面来理解责任政府(刘祖云,2003年;2006年)。

② 相关文献参见景云祥:《论责任政府与政府责任》(2001年);高秦伟:《论责任政府与政府责任》(2001年);杜钢建:《论政治问责制》(2003年);刘祖云:《论公共行政责任的实现》(2003年);周亚越:《行政问责制的内涵及其意义》(2004年);谭功荣:《问责:责任政府最基本的实践形式》(2004年);侯琦:《民主问责制:政治文明建设的重要途径》(2004年);蔡放波:《问责制的构架是责任政府建立的关键》(2005年);毛寿龙:《引咎辞职、问责制与治道变革》(2005年);刘厚金:《我国行政问责的多维困境及其路径选择》(2005年);吕炜、王伟同:《发展失衡、公共服务与政府责任——基于政府偏好和政府效率视角的分析》(2008年);杨雪冬:《社会变革中的政府责任:中国的经验》(2009年);周志忍:《推动政府从权力本位转向责任本位》(评介,2010年);王和平、陈家刚:《论责任政府的宪政基础》,(2011年);施雪华:《当前中国行政问责文化的主要问题与解决思路》(2012年);陈国权、谷志军:《非竞选政治中的决策问责:意义、困境与对策》(2014年),等等。

利和福利)、合理性,其决策(体现为政策与法规、规章、行政命令、决定或措施)必须合乎人民的意志和利益,行政机关首长对所属部门及成员不正当或失职行为所负的连带责任,政府机关的行为或规则严重违宪,或与党、国家政策严重不符等。

道德责任是政府及其公务人员因公务行为有悖于社会善良道德风俗、轻微违法失职或官僚主义等情形必须以公开赔礼道歉、引咎辞职等方式承担责任,同时政府应承担起促进良好的社会风气,引导高尚的公共道德的责任。

行政责任与法律责任的区分不明确,有些学者认为行政责任就是行政法律责任。但有的学者把两者区分开来,如行政责任就是政府机关及其公务员在行使法定行政权力的过程中,必须合法合理地履行行政职责,否则就会受到制裁,承担惩戒性责任后果,其核心是依法行政。而法律责任是对行政主体及其公务人员在履行职责的过程中因侵害行政相对人的合法权益,失职渎职、滥用职权、贪污腐败等情形时依法应承担的制裁。也有学者认为,行政人员一旦进入特定的岗位,就被赋予了特定的责任,即岗位责任。

近年来,有不少学者将有关政府责任和责任政府的问题拓展到更广泛的领域,并联系中国政府实践来探讨了政府责任问题,如将政府责任问题与中国发展失衡问题联系起来,并提出变革体制性因素,也有观点指出了政府责任内容"泛经济化"和责任实现机制的"泛政治化"问题。有些观点指出,在政府责任问题上要处理好政府与人民之间的关系,而且政府要从权力本位转向责任本位,并探讨了责任政府的宪政基础,认为法治、民众参与和责任追究是宪政基础的三项基本内容,而且应该把政府责任问题同公共服务和对社会的回应性等问题联系起来。

在以上的内容中确实有值得借鉴和参考的观点(尤其是上一段的内容,其中的不少内容将在后面涉及,在此不做详述),如岗位责任、责任政府与公共治理的相关性等,但有些观点不敢苟同。例如,如何判断和追究违背"人民的意志和利益"的责任?究竟如何理解政治责任和行政责任,这两种责任又是一种什么关系,尤其是在中国现行的体制之下? 而且,将合理性归属于政治责任的范畴(如果其并不是专指政治合理性的话),显然是不合适的。还有中国学者们在探讨政府责任时,最大的问题是把政府看得过于笼统,即至少在理论上没能从横向上和纵向上区分不同政府的责任,也没有明确地将公民的自由和权利提升到公民问政府责任的根本依据,更没有从理论上梳理和界定"机制"的含义并在此基础上将问责机制同国家治理现代化联系起来。

（二）政府责任的复杂性

在上述学者们提到的几种政府责任类型中，法律责任及其追究者都最为明确，因此只要法律得到尊重及司法系统确实依法办事，追究政府的法律责任是最为容易的事情。与法律责任相比，要追究道德责任则比较困难。道德根本上是调整人与人之间关系的，其标准因文化传统、社会地位、受教育程度等的不同而有所区别。也就是说，与法律条文的客观明确的特征不同，道德标准在人们的心中，人人都可以作道德判断，而道德责任的追究者又是不确定的，因此相应地减少追究道德责任上的确定性。况且根本不存在伦理上的事实，而且道德有两个层面：一方面它是和法律相似的社会规定。另一方面，它又是关于个人良心的事情，而能够问道德责任的，实际上是相关的舆论作为手段。①然而法律和道德毕竟是调整人们行为的规范。法律问题和道德问题是有区别的，但两者有一点是相同的：它们都关乎具体的人，而不是各种制度或组织。②因此严格意义上说，道德责任（仅就违背社会道德规范而负的责任）和法律责任（即并不是作为行政法层面的行为主体的意义上的）并不是政府责任（这并不是说政府没有在维护道德方面的责任，笔者关于这一问题即作为行为主体的政府责任的观点将在后面详述，尤其是在第八章集中陈述），这是基于完全不同性质的负责主体而言的。就有关法律和道德相关的责任者是公务员的意义上，如果政府有责任，就将发生在如下两种情况：一是，政府负有选拔和任命及教育自己成员的责任；二是，为维护自己的"形象"，如何对道德或法律的责任者进行惩戒。这两种情况实际上都是作为集体的政府如何自我管理的问题，而不是政府作为集体行动者对社会或国家负有何种责任的问题。

与道德责任和法律责任相比，政治责任则复杂得多。虽然在关于政治是什么的问题上众说纷纭，但由于后面会专门讨论政治及其与行政的关系，这里不妨简单地将政治理解为与公共利益相关的领域。然而这里所说的"公共"一词是相对的概念，在什么是"公共利益"的问题上也没有绝对正确的客观标准。由于公共领域的公共性特征，任何参与其中的行为都带有公共性特征。换言之，公共

---

① 有关权力和道德等内容，见［英］伯兰特·罗素著：《权力论：新社会分析》，商务印书馆，2008年，第161页、第167页、第175页。

② ［美］汉娜·阿伦特著：《责任与判断》，陈联营译，上海人民出版社，2011年，第45页。

领域中的任何违规或不当行为,均当视为有害于公共利益的行为,而所谓利益,简单地说,就是偏好之物、缺乏之物、期望之物等①,利益体现的实质上是围绕这些"物"而形成的人与人之间的关系。实际上,可以将公共利益看作是除了"纯"私人利益之外的,维持和维护公共领域所必需的基本需求,这是公共利益的"底线"。虽然不同国家和地区的政府形式多种多样,但是所履行的基本责任是一致的,就是运用国家权力主体所赋予的公共权力管理公共事务,履行法律赋予的职能和义务,保障社会经济生活的有序运行。当然,由于历史沿革和文化传统的不同,国家结构和经济发展阶段、社会内部关系和外部因素的影响使得政府责任的侧重点和履行手段等问题上都有差异。

还有,在把所认定的公共利益上升到政府政策的过程中,必然掺杂着权力关系,在权力关系中的政治行为更难以用合理而确定的尺度来衡量。而且作为政府行为主要内容的政策,是以现有的政治理想、价值观、知识、经验及事实等为根据选择的一种假设。②这种假设就是通过所选政策的实行使其共同体人们的各方面生活得到改善,但这种美好的状态是未来的。更为重要的是,由政治的本质特征决定,任何政治行为都标榜社会能够接受的高尚理想,而且越是高层的政治行为往往越带有神秘性、权威性、操作性(美化粉饰意义上的)等特征,因此很难对政治行为作出合理的判断,这也是追究政治责任的困难所在。由于以上原因,在问政治责任的方式上通常采取舆论表达、消极抵制、通过法定程序的选举,甚至暴力反抗等,其核心是对执政地位认可与否的问题。在这几种方式中,当然是舆论和选举(应以理性讨论为主要内容,但必然带上感情及感觉)是最为可望的。因此,在追究政治责任方面重要的问题有以下几个方面:即程序能否满足合理性的条件③、相关信息的获取和利用及言论等方面是否有合理合法的保障,及追究政治责任的行为合理合法与否等。另外,我们应该知道,对于一个

① 这是阿玛蒂亚·森的观点,转引自[美]詹姆斯·G.马奇、约翰·奥尔森著:《重新发现制度:政治的组织基础》,张伟译,生活·读书·新知三联书店,2011年,第120页。

② "政策是假设"是认识论的意义上对政策概念的界定。这是威尔达夫斯基在《向权力吐露真实:政策分析的艺术和工艺》中提出的观点。该书最后一章的简介,见[韩]吴锡泓、金荣枰编著:《政策学的主要理论》,金东日译,复旦大学出版社,2005年,第273~278页。

③ 程序合理性取决于要解决的问题性质,而能够使程序合理的条件大体上有批判的制度化、程序的公开性、程序的公平性、程序的适当性。这是金荣枰的观点。见[韩]吴锡泓、金荣枰编著:《政策学的主要理论》,金东日译,复旦大学出版社,2005年,第12~15页。

组织而言，政治责任是决策者的地位（即合法性问题）和在其位置上所作出的基本发展方向的问题，而对国家政府来说，能够承担起而且必须承担政治责任的，只有有权决定国家大政方针的最高决策层。

另外阿伦特讨论的集体的和代理的责任问题，使得政治责任问题更加复杂。阿伦特关于"集体责任"的说明如下："集体责任"总是政治性的，无论它以哪种更古老的面目出现，即共同体把其成员的无论何种事情的责任都揽到自己头上，还是一个共同体被要求承担以其名义犯下罪行的责任。每个政府都有承担其前任功绩和罪行的责任，而每个国家也都对其历史行为负有责任。但是，无论从道德上说还是从法律上说，我们当然对他们（指我们父辈）的过失没有罪过，我们也不能把他们的事业归为我们自己的功绩。她还说，一个共同体的成员被要求对他没有参与但却是以他的名义作出的事情负责。①这种不参与可以有许多原因，例如国家根本不允许公民参与公共事务、公民不想参与（如选举）、作为抵抗的行动（如拒绝越战）。以上问题的复杂性是由于很大程度上是把论题的范围扩大到政府责任以外（即与共同体相关的个人责任方面）而引起的，但我们也无法否定这些问题与政府责任的关联性。在这里，每个人至少要对自己的"名义"负责，而且也不能否认让一个"共同体"不问自己意愿的情况下任意使用自己的"名义"或甚至采取与自己意愿相悖的行动，那么这的确是共同体成员对"自己"及共同体不负责任的"行为"。阿伦特的下一段话，或许给我们提供理解政治责任的某种启示。她说："这种对那些我们不曾做过的事情的后果的毅然承受，是我们为这个事实付出的代价：即我们不是独自生活，而是和我们的伙伴们一起生活，并且，作为最卓越的政治能力，行动的能力在一种人类共同体的形式中得到实现，尽管人类共同体的形式事实上是多种多样的。"那么，作为掌握一定共同体正式权力的政府为承担起这一责任需要哪些条件？或者说，在政府承担这一"集体责任"的前提下，这里所涉及的公民和政府又应该是什么样的关系？而"集体责任"最终将取决于什么？希望以后（尤其是第七章）的讨论有助于理解这些问题。

如果话题限定在本书的讨论范围以内，由于以下两个原因，政治责任与行政责任密切相关：其一，行政活动的主要内容是围绕着决策者制定的政策；其

---

① ［美］汉娜·阿伦特著：《责任与判断》，陈联营译，上海人民出版社，2011年，第123页、第126~127页、第129页。

二,行政首长是由决策者或权能者任命的,或者在政治领域中至少在权能者认可的条件下被任命并履行其责任。然而,如果我们理解什么是行政,尤其是根据中国的现实情况来考虑行政责任,那么行政责任几乎与政府责任是同一个概念。

行政根本上是执行政策的活动,但在政策执行活动中也有决策行为,即行政决策行为。大体上,这种决策包括威廉·N.邓恩所说的确定计划的优先次序,明确目标群体和受益人;预算、财务和采购等问题;人事、人员配备、员工福利、休假时间、工作时数,以及操作程序标准和制度规范等问题。①当然,邓恩关于行政决策的这种解释是作为比较"纯"的或"古典"的行政出发而做的,因此有必要扩展其含义。从本书的主题上考虑,可以追究行政决策责任的方面有如下:

（1）理解和把握上级的政治理念和政策方向的正确与否;

（2）在决策过程中是否保障充分的理性讨论;

（3）决策过程是否遵守程序和法律规范制度,以及岗位角色要求;

（4）行政决策者的价值取向或偏好及理性化程度和人文素养等是否符合社会普遍认可的"公理"及上级政策要求;

（5）把握政策问题的性质和特征的能力是否达到社会普遍认可的程度;

（6）是否假公济私或以权谋私;

（7）行政活动的效率是否达到了合理的标准等。

在政策执行活动中,判断是否履行责任的主要根据就是相关法律规章制度和角色要求及上级指示。由于公共组织不同部门的性质和过程各有自己的特殊性,因此最了解政府组织成员行为的就是在组织中处在能够掌握相关信息的人,即组织部门的领导以及专门负责监察政府行为的机构。还由于公共组织通常采取等级制性质很强的官僚制形式,下级处在上级的严密控制和指挥之下,因此上级对下级的过错具有不可推卸的责任。

但是又由于行政活动产生某种后果,因此其行动相对主体从自己的切身利益（即在合法合理的范围内）出发,对行政过程和行为进行评价或问责也是很正常的权利。因为,无论是在一个国家或社会及组织中,如果私利受到无端的侵害,其受害者通常动员可能的途径尽力挽救,这是人之常理,也是因为受害者最清楚其疼痛。但是,在公益受到侵害时情况有所不同。在这种情况下,至少有以

---

① ［美］威廉·N.邓恩著:《公共政策分析导论》,谢明、伏燕、朱雪宁译,中国人民大学出版社,2002年,第161~163页。

下两点区别：一是受害的是不特定多数，受害的伤痛及相关信息没有像私利受害时那么清晰可见，而且"集体行动的逻辑"也可能发挥作用，即有可能出现"少数'剥削'多数"①或"搭便车"的现象；二是在公共利益上要发出自己的声音，大部分情况下需要具备正义感、热情、相关信息、专业知识等，大部分普通老百姓，尤其是作为单个的个体通常难以具备以上条件。正因为如此，在与公益相关的问题上(肯定与政府责任相关)需要专业化的和组织化的社会组织必须发出自己的声音。

综上，政府责任既包括上述"古典"意义上的行政责任，也包括国家法律、规章制度和岗位角色要求，最重要的就是对社会公益的根本责任。

以上讨论的行政责任是广义上的，尤其是在中国，所有政府机构(特别是地方政府)都可以囊括到这一范围之内，而不同层级和不同系统(如在地方层次上的党务系统和政务系统等)，在责任的重心和轻重及范围等问题上当然有区别。

(三)责任政府的基本含义

众所周知，现代国家意义上的责任政府是从英国开始。由于洛克是最温和又最成功的英国"光荣革命"的倡导者②，这里主要根据洛克的政治思想来说明英国的责任政府问题。在洛克看来③，国家有立法权、执行权、对外权。其中，立法权当然是最高权力，其余一切权力都是而且必须处于从属地位。但是立法机关是由公众选举和委派的，立法机关及其任何部分都是由人民选出的代表组成。如果人民发现立法行为与他们的委托相抵触时，人民享有最高的权力来罢免或更换立法机关，因此人民始终保留着最高权力。

从负责制的角度上看，除立法机关以外的任何国家权力和机关都向立法机关负责，而立法机关最终向人民负责。后来英国的负责制定型为，通过选举产生议会下议院，由占多数的政党组成内阁即政府，政府对议会负责；而在美国，实

---

① "少数'剥削'多数"是指如下现象，"实际上，除非一个集团中人数很少，或者除非强制或其他某些特殊手段以使个人按照他们的共同利益行事，有理性的、寻求自我利益的个人不会采取行动以实现他们共同的或集团的利益"。见[美]曼瑟尔·奥尔森著：《集体行动的逻辑》，陈郁等译，上海三联书店、上海人民出版社，2004年，第2~3页。

② [英]罗素著：《西方哲学史》(下卷)，马元德译，商务印书馆，1988年，第133页。

③ 这里主要根据洛克的政治思想来说明英国的责任政府问题。关于洛克的思想，见[英]洛克著：《政府论》(下篇)，瞿菊农、叶启芳译，商务印书馆，1986年，第82~98页。

行的是总统制,因此公民分别选出国会议员和总统,但均对选民(即被法律赋予"天赋人权"的公民之自由和权利)负责。实际上,当今世界的绝大部分国家都采取以上两种形制,当然在是否将其核心内容落到实处上有很大区别,以至于有些国家接近上述"非责任政府",而有些国家接近较为纯粹的责任政府。导致这种差异的主要原因,就在于问责制的不同,而问责制的不同则根源于关于国家政府的定性或根本理念。

关于责任政府的问题,可以通过以下讨论的政府责任的基本依据与全面性来加以深化。

四、政府责任的基本依据与全面性

(一)政府责任的基本依据

个体自由只能是集体活动之结果,其安全与保障只能是集体性的。[①]这里的逻辑是:由于 A(集体活动)引起 B(个人自由),因此与 B 相关的各种责任(包括安全与保障)必须由 A 负责。虽然没有这么简约,但这里的逻辑与本书一开始就提出的观点是一样的:确定包括应该或不应该承担某种责任、要承担多少责任等问题的依据,可以归结为一定时期、一定人群所共有的价值或社会共识(如文化和意识形态等)基础上的行动者的地位、角色、具体行动及其后果。这里的"共有的价值或社会共识"是不同时期和不同共同体人们认识有关责任问题的前提,而"地位、角色"是界定某种具体行为及其后果应该承担何种责任的具体依据。以上逻辑同样适用于有关政府责任的讨论。

有关政府责任的社会共识问题,是同政府存在的价值或意义相关,如当代很多国家的政府存在价值上的理念,基本上奠基于启蒙运动时期的思想观念。不过,有关政府责任的共识问题要分如下两种具体情况。

一种情况是,"治于人"者的"共识"和共同的需求,这反映一定时期的具体情况,如长时期的失序状态对秩序的渴望、因经济衰败而对经济发展的追求、政治腐败而形成的对清明政治的向往、对异族统治的厌恶而争取族群主权的愿望,以及共同的历史传统和价值观(如宗教影响仍很强大或政教没有完全分离状态的一些国家中的普遍价值观)等。如果用中国古老的语言表达,这就是"民心"。这种"民心"是一国政府基本政策的方向标,顺之者昌,逆之者亡。由于各种

---

① [英]齐格蒙·鲍曼著:《寻找政治》,洪涛、周顺、郭台辉译,上海人民出版社,2006年,第6页。

现实原因而在具体国家中虽有一些曲折，但在大的历史潮流的意义上基本如此。

另一种情况是，建国者根据人性的深入探讨和时代精神的深刻理解而凝聚的坚定信念，并据此而奠定的建国原则。某种意义上，这也是"民心"，但与上述"民心"不同，它是建国者们积极建构并扩散的结果。这种情况下建立的国家典型，就是美国。在为修改《邦联条例》的会议上却制定出新宪法，而在各州批准该宪法时面临两种截然相反的立场（拥护和反对），在这种情况下通过"舆情调查"等来弄清"民心"并顺之，显然是不现实的，尤其是在当时的通信及其他社会条件下。通过《联邦党人文集》我们看到，联邦党人们虽然积极主张要建立中央集权的强大联邦政府，但并没有产生像建立中国历代王朝那种专制统治王朝的观点。这只能解释为受到此前一百多年开展"启蒙运动"（而启蒙运动与反愚昧、反禁欲的文艺复兴运动之间又有密切联系）而相关思想深入人心（至少对美国的国父们来说）之结果。如罗素所说，洛克的政治学说及孟德斯鸠对其思想的发展，深深地留在美国宪法中①，艾尔弗雷德·诺思·怀特海也指出，像杰弗逊和富兰克林这些人物的精神是法国的，他们有自己思想的故乡。②联邦党人们认为，为了考察政府的真正性质，可以结合以下几点来考虑：政府建立的基础、其一般权力的来源、这些权力的行使、权力的范围、政府将来进行变革的权力等。他们强调，国家或政府应该保障人民的自由和财产，而政府还要管理基于利益的党争。他们指出，正义是政府的也是人类社会的目的，即政府的目的和人类社会的目的是统一的。然而他们并不认为国家或政府拥有甚至垄断解释什么是正义的权力，相反，强调一种权利意味着一种矫正办法，而且公民的智慧最能辨别国家

---

① 关于这一观点，见［英］罗素著：《西方哲学史》（下卷），马元德译，商务印书馆，1988年，第23~24页。还有启蒙运动与文艺复兴运动之间的关联性，可以将罗素的如下一段话作为依据："新柏拉图主义者、阿拉伯人、经院哲学家们，对柏拉图和亚里士多德的形而上学抱有热烈兴趣，但是却根本不注意他们的政治作品，原因是城邦时代的政治制度已经完全绝迹了。在意大利城邦制的成长与文艺复兴同时并起，因此人文主义者便能够从共和时代的希腊人与罗马人的政治理论有所收获。对'自由'的爱好，及'约制'与制衡说，由古代传给文艺复兴时期，又主要从文艺复兴时期传给近代，固然近代也直接承继了古代"（同上书，第134页）。

② ［英］艾尔弗雷德·诺思·怀特海著：《观念的历险》，洪伟译，上海译文出版社，2013年，第29页。当然，这并不是否认艾森斯塔德所说的在制度和文明方面的美国创新。他说，美国的模式是源于欧洲，如清教思想、洛克的政治取向、启蒙运动的政治意识形态等为基础，但在美国发生了根本转变。见［以］S.N.艾森斯塔德著：《反思现代性》，旷新年、王爱松译，生活·读书·新知三联书店，2006年，第109页、第118页。

的真正利益所在,由拥有这种权利的公民构成人民,而人民才是权力的唯一合法泉源。在讨论中,汉密尔顿还提到很有意思的公理:手段必须与目的相称,期望通过自己的作用达到任何目的的人,应该具有用以达到目的的手段。[①]可以将这里的权利理解为实现"一切权力属于人民"的手段,没有前者,后者就会落空。政府责任也一样,如果要让政府履行好自己的责任,必须安排好促使履行这一责任的现实途径,这里最重要的,就是政府没有履行责任时可以追究其责任的问责制。

如果我们比较一下以上两种情况,似乎后一种情况(美国的例子)下更倾向于"精英"的作用,而前一种情况下更顺乎民意。但是除了一些明显的情况(如长期的失序状态等)以外,"民心"究竟何在的问题主要由统治者(政府包括在内)或所谓"精英"们负责解读和说明(当然,在当今社会通过公民投票或"舆情调查"也可以了解民心所向),这有可能违背"民心"甚至僭越或操作民意,如在政府强大并垄断"话语权"的情况下。而在后一种情况下虽然以秘密的方式开会并制定宪法(这可看作是那些国父们读懂了当时的"时代精神"——启蒙运动时期的各种进步学说),却由于将表达民意的途径真正予以落实(通过言论自由和各种选举以及制衡政府的各种机制安排等),因此政府责任的决定权仍然牢牢地掌握在人民手中。

可见,统治者或政府的责任问题,实际上是取决于其性质、其地位、其权力来源的问题,更是如何真正去落实的问题。

(二)政府责任的全面性

关于政府责任,我们必须从更加宽泛的角度去理解,这就是政府责任的全面性问题。在第一章我们提到,行政要"以过程为导向"(这一点将在下述的行政与政治的区别中也可以看到)。与之相比,这里所说政府责任的全面性问题是更加宽泛的视角,但对于政府责任而言非常重要。全面性视角是借用阿玛蒂亚·森在研究社会选择、选择偏好、博弈、正义等重要问题时提出的观点,即要区分"终极结果"和"全面结果"的观点而来。这实际上是如何看待上述"一定时期一定人群所共有的价值或社会共识基础上的行动者的地位、角色、具体行动及其后果"中的"后果"的问题。

---

① 以上观点见[美]汉密尔顿、杰伊、麦迪逊著:《联邦党人文集》,程逢如、在汉、舒逊译,商务印书馆,1982年,第6页、第46~47页、第49页、第115页、第195页、第223页、第257页、第266页等。

　　森关于这一问题的主要观点如下①：全面结果包含选择的过程、采取的行动、所经历的过程以及最终的结果，而终极结果只是把关注的焦点放在某种选择带来的最终结果上。森以总统选举为例说明了两种结果。他说，一个总统候选人认为重要的不是赢得选举而是要赢得公平公正，那么这就是一种"全面结果"，这种结果包含了一系列的考虑，而不仅仅如"终极结果"那样只是为了赢，并不在乎用什么手段。终极结果不具有全面结果所具有的作用，一个人不仅有充分的理由去注意到某个具体选择将会带来的后果，而且有充分的理由从一个充分宽广的角度来看待由之产生的社会现实，即社会现实的概念（这实际上就是视角）要求以更广的角度来看待结果，注意行为、关系、主体性。对现实的全面界定本就应该包括导致最终状态的完整过程。这里所说的结果是事物的一种状态，这种状态来自我们关注的所有影响决策的因素，如行为、规则、倾向。换言之，这里的"全面结果"包括了所采取的行为、相关的主体性、所经历的过程等，以及被视为与过程、主体性和诸多关系无关的简单结果。因此我们必须有必要考察那些制度基础究竟产生了什么样的社会结果，"全面结果"是包括取得"终极结果"的过程，包括谁拥有什么行动自由。由于个人的自主性问题，个人也许拒绝所给予他的"最优"选择，似乎任何事情都不能打动他（即这种选择是他自主性的表现）。而且从实践的角度上看，只要选择行动具有意义，全面结果分析就会广泛涉及经济、政治和社会行为，如承担了责任之后选择行为的本质也影响了（相关领域的）行为。选择过程的重要性至少反映在两个方面，分别称之为"选择行为评价"和"选项评价"，前者是指与选择行动相关的赋值，而后者则反映了个人在选择行动中的选项所具有的范围和意义。过程相当重要，通过监督契约和强迫服从来控制私人生活并不等于通过自愿选择而取得的同一终极结果。当然过程虽然重要，但它绝不可抹杀那同样重要的机会（尤其是因为"自由的机会"）的意义，而且程序也绝非可以脱离偏好而独立存在。在检验选择过程时，注意力主要集中在谁作出实际的选择，及什么样的选择。个人的选择自由本身就是一个重

---

　　①　在《理性与自由》中翻译成"综合结果"和"顶点结果"，在此统一使用"全面结果"和"终极结果"。有关"终极结果"和"全面结果"的观点来自[印]阿玛蒂亚·森（Amartya Sen）：Consequential Evaluation and Practical Reason, *The Journal of Philosophy*, No.9, 2000, Vol.97, pp.491–492；《理性与自由》，李风华译，中国人民大学出版社，2006年，第8~9页、第13~14页、第18~19页、第76页、第152页、第163页、第204页、第290~291页、第294页、第367页、第550页、第585页、第589页；《正义的理念》，王磊、李航译，中国人民大学出版社，2013年，第18页、第74页、第201~204页。

要的机会,它不同于各种有价值的选项所反映出来的机会。总之,基于后果的推理对于全面地理解责任这一概念是必需的。

从以上森关于"全面结果"的观点中,除了全面结果和终极结果的区别及相互关系等清晰可见的基本观点之外,我们还有必要强调如下五点(有关行为的问题在前面已有所涉及,在此排除在外):

其一,关系性问题。森所说的"关系"是因行动主体和行动客体之间因某种行动影响而形成的关系(即便是"无意"的)包括在内。任何行动者的行动不管是有意还是无意,或无论其程度如何,肯定会产生某种影响,因为行动只能在社会中进行,而关于这种行动的意义也只能在社会中才能得到合理的解释。关于这种关系性的解释,当然要从该行动者在社会中的上下左右关系中的位置、具体行动的目的和强度、由之受影响(不管是好的还是坏的)的方面等来具体界定。这里应该包括某种行动所产生的客观影响和与这一行动相关的各行动者的主观感受。

其二,行动者的自主性问题。虽然任何人都不会否认行动者之间关系的普遍性,但是同样也不能否认任何行动者所具有的相对自主性(即相对于绝对自主性,虽然有强弱的区别,但在社会中绝对自主性是不可能存在的),不然其行动本身就难以得到解释和理解。就本书的主旨而言,自身主体性是讨论某一行动主体之责任的前提。如果一个行动者的自主性弱(不管是什么原因),意味着该行动者的行动与其程度相应地受影响,而且缺乏独立的责任感,这也是产生"平庸的恶"的重要原因,其行动者的自由和行动自主范围(宽泛意义上的所有选择行动范围)也由此决定,因此与该行动者行为的相关责任也就转换为其他客观原因或主体身上了。"平庸的恶"(或"恶的平庸性")是指,那些广泛存在的恶行现象,其不能归因于罪犯的特别的邪恶、病态或意识形态。这些不邪恶的普通人从不思索他们在做什么,他们没有特殊的动机,却因忠顺、面对暴行的冷漠等而作出"无限的恶"。这也是最大的恶,因为"它能够到达无法思虑的极端并席卷整个世界"。这是在反思纳粹暴行时提出的,阿伦特是以此概念来指责从不思考且对自己的行动后果不负责任的"恶行"①。不进行独立思考,习惯于"执行",这是缺乏自主性的人或自由受到严重限制的人的特征。由此可见,无自主性或缺乏自由,是非责任行为的重要原因。

---

① [美]汉娜·阿伦特著:《责任与判断》,陈联营译,上海人民出版社,2011年,第94页、第130页、第153页。

其三,关于选择行动的评价所涉及的两个方面——"选择行为评价"和"选项评价",无论在所含内容和特征,还是各自的影响因素,以及所具有的意义都明显不同。尤其是在上述两种"结果"在责任问题上的不同意义,需要我们特别关注,因为这将成为判断责任时要"以过程为导向"还是要"以结果为导向"的重要依据。这里所说的"选择"可以理解为宽泛意义上的"决策"①,而决策和执行是政府的主要活动内容。如果我们在评价政府决策活动时只根据"选项",那么就根本不可能将决策的依据、意图、符合程序及法律规章与否等重要方面纳入考察的范围以内,而这些对政府的整体性评价具有重要意义,更不用说对百姓生活质量所具有的价值。这也是只依据所谓"技术指标"的量化概念或数据出发评价和诱导(或驱使)政府行为,及"以结果为导向"评价政府的危险所在,而政府过程必须公开、透明的理由也在于此。在此必须强调技术责任的危险性,这就是技术责任忘记了行动是达到行动本身以外目的的一个手段。②由于这一点,明显是给社会带来重大影响的政府官僚制及其官员的行为,如果只是从"技术指标"来衡量其行为及其后果,那么会导致忽略其本质的危险。我们必须记住,技术合理性不能证明行为目的的正当性。

其四,过程包括很多内容,在其繁杂琐碎的所有"过程"中,如果必须寻找影响这一过程的主要因素(或也可称为关键词),那么肯定有偏好和自由。偏好涉及几个不同的目标,包括精神满足、欲望、选择、价值观(它们彼此之间存在着很大的区别),其能够解释行动取向,但只有在行动主体的自由得到保障的条件下(因为"自由赋予我们以机会来追求我们的目标",也是"个人手中握有的控制杆")③,在这一范围内的行动主体才能为实现偏好而付诸实际行动,由此才能产生过程的多样性和丰富性,以及终极结果的各种可能状态,而丰富多彩的人类社会生活及其进步由此才得以显现。

其五,制度性基础。在"全面结果"中虽有行动者的行为,以及上述的自主性、关系性、偏好与自由等重要问题,但有一个问题的重要性绝不比这些问题的

① 西蒙认为:"管理过程是决策的过程:把组织成员决策当中的某些因素分离开来;建立一些规范的组织程序,用以选择和确定那些因素;就这些因素同有关组织成员沟通信息。"见[美]西蒙著:《管理行为》,杨砾、韩春立、徐立译,北京经济学院出版社,1988年,第10页。

② [英]齐格蒙·鲍曼著:《现代性与大屠杀》,杨渝东、史建华译,译林出版社,2011年,第135页。

③ 有关偏好的解释和这里自由的价值,见[印]阿玛蒂亚·森著:《理性与自由》,李风华译,中国人民大学出版社,2006年,第284页、第458页、第539页。

重要性逊色,这就是制度性基础。这里所说的制度是广义上的(关于这一问题将在下一章详述),其之所以这么重要是因为,制度是行动者赖以生存和作出行动的平台和框架。

在此,我们将以上讨论中的"一个人"(即森在哲学层面上讨论相关话题的行动主体)转换为政府并思考相关问题。虽然个人和政府之间存在巨大差异,但在讨论作为行动者的责任,这种转换并不是不可接受的逻辑跳跃,因为森的上述观点明显具有一般哲学层面的意蕴。

在"以 GDP 论英雄"及绩效评估热潮席卷全国地方政府之际,我们目睹了环境的急剧恶化和腐败风气的迅速蔓延。虽然我们知道环境恶化和严重腐败等问题是由众多原因促成的,但不能否认与施政方针"以结果为导向"有关,而且这种结果是以"看得见,摸得着"的"终极结果"为中心(最典型的就是"政绩工程")。根据对一些现实中存在的问题和不正常现象的反思及理论思考,笔者认为,政府责任必须是全面的。虽然我们也并不否认"终极结果"的重要性,而且有些政府部门需要"以结果为导向",但作为整体的政府必须承担全面责任,而不是简单的后果责任。但是提出这种观点的更大理由却在于,迄今为止的"全能型政府"和"急功近利"的传统与特征,以及现代政府不能不讲究"人道成本(Human costs)"[1]的要求。由于是"全能型政府",在其管辖范围内的任何政府行为均广泛影响所辖百姓的生活,而且还包括政府公务员的生活在内。[2]由于是"急功近利",只重视眼前利益而看不到产生某种结果的深层原因,再加上政府过程的透明性低和媒体的"喉舌"定位等原因,难以探究现象表面问题的根源。所谓"人道成本"的要求,是指在做公共项目时不应该只是从简单的"利益/成本"(即 B/C 分析方法)出发分析和评价(尤其是国民生产总值数据),更应该要充分考虑为此项目而付出的"人道成本"。只要我们回忆起因"三年困难时期"和"文化大革命"及近些年严重的环境污染和腐败等所付出的"人道成本",其含义与意义是不难理解的。

这里讨论的政府责任的基本依据和"全面性",也是说明政府责任问题所涉及的范围的问题。

---

①　[印]阿玛蒂亚·森著:《理性与自由》,李风华译,中国人民大学出版社,2006年,第515页。

②　如有些地方所谓"创新"口号——"五加二,白加黑",这种看似表明政府非常努力工作,却侵害了公务员的权利,而且是很不人道的"响亮口号"。

五、具体政府责任的基本框架

(一)政治与行政的区别与联系

以上主要考察的是如何看待统治者及其相关政府的一般责任及基本依据等方面的问题。如果把话题转到某一国度内的具体政府，那么政府在一定国家体制中所占地位决定其角色要求，才是责任定位的主要决定因素。

在上面的讨论中虽然有所涉及，但那是为了说明责任政府的本质而讨论"非责任政府"，因此有些地方交互使用了国家或政府责任等概念。如果是所谓"三权"不分的情况下，政府的责任只能由这种体制下的最高统治者们负责，这基本上与上述"非责任政府"相似。我们知道，在实行三权分立及责任政府的国家中，政府指的是行政府，这是很清楚的。但在比较典型的"非责任政府"与三权分立的国家之间，有很多介于其间的政府状态。问题在于，如何理解与以上两种状态不同的国家中的政府责任，为此有必要了解这里所指的政府是处在什么样的位置上。这需要理解政治与行政的基本关系。

关于中国的政治与行政的区别与联系，笔者曾经在《行政与现代化：以中韩两国为例》一书中比较详细地考察过，将其以"政治上位的政治与行政一体化"体制来予以概括，并与以"行政上位的行政与政治一体化"体制为特征的韩国做过比较。我们知道，邓小平曾经极力主张"党政分开"①，因为党政不分所带来的弊端实在太多。这是在实践工作的经验总结基础上提出的。但在理论上，中国的党政关系就是政治与行政的关系。

实际上，正如在前面已经指出的那样，政治与行政的关系是国家构建的核心内容之一，这一点无论中国还是西方都有可举例证。在艾森斯塔德看来，官僚活动和官僚组织的自治倾向主要表现在两个方面：一是官僚通常都建立并维系某些一般的服务惯例或服务规则和标准，而这些多少是考虑居民的一般利益，而且这便于顶住那些旨在为自己利益而不断或间歇改变此种考虑的人们（如君主或特殊阶级）的压力；二是大多数这样的官僚往往形成一种把自己视为国家或共同体的公仆，他们并不认为自己只是统治者的私人奴仆。②而君权（在此应

---

① 参见邓小平：《关于政治体制改革》(《邓小平文选》第三卷)、《党和国家领导制度的改革》(《邓小平文选》第二卷)等。

② ［以］艾森斯塔德著：《帝国的政治体制》，沈原、张旅平译，江西人民出版社，1992年，第285页。

被视为与行政实体对应的"政治"的实体)扩大在制度上的含义,便是破坏官僚制的自主性和客观性。①

正如众所周知的那样,英国首先分离了政治与行政(而其他很多国家也随之做到这一点),而在中国没有将两者分开,这里还要对政治与行政的区别进行说明。

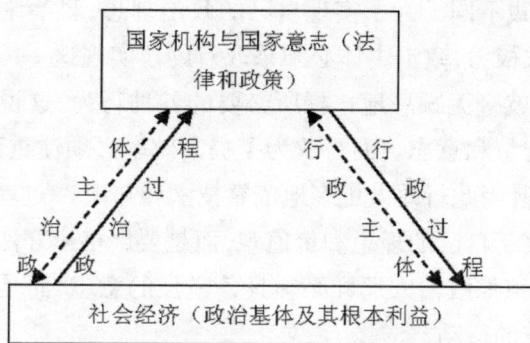

图2-1 政治与行政及社会经济的关系②

在图 2-1 中的所谓政治基体,是指在某种共同的基础或一定的社会条件下自然形成的(即并不是人类有意活动的产物),并在一定历史条件下虽然具有根本利益却不能作出实际政治行为的群体。由于政治基体的利益必须得到实现但其本身并没有具备能够做出具体政治行为的能力,因此必须由具备政治行为能力的政治主体(即政治组织和政治人)维护政治基体的利益。

概括地说,政治与行政的主要区别如下③:

首先,活动的根本动因和运行方向不同。政治追求的是理想,而行政追求的是效率。政治是从下而上的运行方向,这是把政治基体的利益上升为国家意志(以法律和政策为主要形式)的过程;行政则是由上而下的运行方向,是将国家意志付诸实际的过程。这是政治与行政的根本区别。

其次,行为的基本手段——权力来源不同。根本上说,政治权力是政治主体

---

① [美]余英时著:《中国思想传统的现代诠释》,江苏人民出版社,2006年,第92页。

② 金东日著:《行政与现代化:以中韩两国为例》,天津人民出版社,2004年,第280页。

③ 以下关于政治与行政的关系及政治行政化和行政政治化等内容,另有注明之外,主要来自金东日:《中国政府过程的体制症结探析:以政策过程为中心》(《学海》,2008年第2期),但有不少重要补充和修改。有必要说明,由于"两化"问题至今仍是"进行式",而且对中国地方政府问责制方面具有重大意义,在此引用的比较多一些。

通过各种手段和努力而争取到的影响力，因此政治主体必须谙熟或擅长于权术；行政权力则不同，它是被赋予的，即行政权力是掌权者或权能者为贯彻自己的决策内容而赋予必要的行政岗位或授权给行政管理者的，因此行政主体必须守本分（即相关的法律制度及岗位角色要求等）。

再次，行为方式不同。为了实现自己的政治理想，政治主体必须"热情"和"执着"。为了争取权力，政治主体必须采取有助于实现这一需要的种种方法和措施，如有"必要"就毫无顾忌地选择所必要的各种行为，这说明政治主体或政治人更多地依靠智慧和意志。而行政为了提高效率必须注重秩序和程序，其活动还要尽可能合理，因此行政人更多地依靠技术和知识。[①]这就意味着行政不应该像政治那样热衷于自己的理想和价值观，而是要严格遵守法律规范和角色要求；行政人也不应该像政治人那样必须具备坚强的意志，而是要善于作出合理的判断及与此相应的行动。

最后，基本行为倾向不同。在评价其活动的有效性时，政治注重的是诸如实现自己所代表的政治基体之利益的程度，以及掌握或维持政权与否等。具体地讲，由于以下诸多原因，政治行为主要以结果为导向：决策者对行政的具体过程缺乏了解，或者政治人必须给自己所代表的政治基体有个交代（即负责），或者为实现政治理想及公开的承诺或政治目标，或者作出显著的"业绩"来满足巩固自己地位的需要或为此所必要的政治资本，或者通过显示自己的"能力"或所做事情来证明自己政治地位的正当性，或者决策者主要考虑政策对社会的影响等。但是为了提高效率，行政活动必须具备一定的秩序和程序，而这只有遵循法律和规章制度才能形成。为了有效地实现决策内容，行政还必须动员各种知识和技术。以上说明，尽管不同的行政部门有不同的业务要求（如处理危机状态的部门必须注重结果），但大部分行政不能不以过程为导向。可见，在基本行为倾向上，政治重结果，行政重过程。

当然，政治与行政之间存在着必然而明显的联系，这种联系主要表现在以下三点：一是二者是一个完整政策过程的两个基本方面，因此政治与行政是互为前提或条件的，但行政具有明显的工具性（即在政治与行政的关系上）；二是为了保证贯彻政治领域中决定了的政策内容，政治至少在一定程度上对行政进

---

① 马克斯·韦伯的原话是："官僚制的行政管理意味着根据知识进行统治，这是它所固有的特别合理的基本性质"。参见［德］马克斯·韦伯著：《经济与社会》（上卷），杭聪译，商务印书馆，1998年，第250页。

行权力控制；三是正如赫伯特·西蒙所论述的那样①，在实际过程中政治与行政是复杂地交织在一起的。尽管笔者不敢苟同完全否定政治与行政之间区别的主张②，但从这些反对意见中足以看到政治与行政之间的密切关系。

（二）政治行政化和行政政治化

但是在当今中国应该强调二者的区别，因为中国采取的是"政治上位的政治与行政一体化"体制，由此导致中国政府过程中的政治行政化和行政政治化特征，而这两个特征对中国政府的责任问题产生极为深远的影响。

所谓政治行政化，是指政治组织及其过程带有明显行政化特征的现象，而且政治同时承担着行政功能的状态。从前述政治概念来考虑，政治没有必要也不应该采取如同行政的组织结构形式与活动方式，如为提高政策执行效率而建立以等级制、专业化及与此相应的资格要求和规范程序等为特征的官僚制。官僚制是行政组织所采取的主要结构形态。这就是说，如果政治组织太过靠近官僚制的理论模型或具有过多的官僚制特征并承担行政功能，那么就可以判断其行政化了。在此有必要强调指出，政治行政化是实行"政治上位的政治与行政一体化"体制或"党的领导"体制固化的必然结果③，而不是像汤森所说的那样"使官僚机构政治化的成功却产生了出乎意料的使政治官僚化的副作用"④。

---

① 相关内容参见[美]赫伯特·西蒙著：《管理行为》，詹正茂译，北京经济学院出版社，1988年，第57~58页。

② 否定所谓政治与行政二元论的观点强调，行政机关和官僚们参与政策的形成和实施、所行使的裁量权、参与到一般政治过程（既要与上司打交道，还要应对各种外部的群体和公众）等。有关内容参见[英]格罗弗·斯塔林著：《公共部门管理》，常健译，上海译文出版社，2003年，第46~79页。但是，我们必须分开基本政治过程中的行政和基本行政过程中的政治。如果不这样做，这个世界只能被看作是混沌的状态。

③ 以"党的领导"为核心的政治制度，是战争年代的"动员型"或"夺权型"组织随着全国性胜利，"自然地"过渡到动员和控制社会并巩固政权而继续存在的。这种政治制度确实为建立新政权并迅速恢复社会基本秩序等方面起到了积极作用。"党的领导"是中华人民共和国成立初期就已经很明确地建立起来的。例如，中央人民政府内的党组织是根据中华人民共和国成立后不久（1949年11月）中共中央作出的《关于在中央人民政府内组织中国共产党党委会的决定》和《关于在中央人民政府内建立中国共产党党组的决定》而组建的。还有，1951年10月18日，董必武在写给毛泽东的信中提出：各级党委对各级政权机关的领导，应经过在政权机关中工作的党员来实现；其中如有党员三人以上，应组成党组以保证党的领导；党直接做政权机关的工作是不好的。关于这一点，参见洪承华等编：《中华人民共和国政治体制沿革大事记（1949—1978）》，春秋出版社，1987年，第12页、第50页。

④ [美]詹姆斯·R.汤森、布莱特利·沃马克著：《中国政治》，董方、顾速译，江苏人民出版社，2010年，第228页。

在当今中国,政治行政化的具体表现或主要例证有以下几个方面①:

众所周知,在中国,除宗教以外的几乎所有社会组织,尤其在公共组织中都设有党组、党委、支部等。这种组织安排不仅成为聚集和动员社会力量并作出决策的政治核心,同时也承担贯彻执行上级指示的执行组织(除中共中央以外)的功能。也就是说,从整体上看,这种安排下的党组织确实是承担投入、利益聚集与调整等功能的政治组织,但因其所处的体制环境而必须承担执行上级政策的功能。换句话讲,对本部门或所辖范围而言,党组织及其领导具有决策权并作为政治组织存在,但对上级党组织来说却是执行组织。这一点同中央集权制(无论是党组织还是狭义上的行政组织)和党的一些组织原则(如"下级服从上级"原则等)结合在一起考虑,那么作为政治组织的党组织的行政化性质是不难理解的。

中国的官员基本上以县团级、师局级干部等来定位,即便是党组成员或党委委员也都已经成了一种行政级别,并享受相应待遇,即中国政治组织的相关人员都以国家人事行政管理模式来进行管理。与上述党组织的结构与功能相结合来看这一情况,那么党务工作人员应该被看作承担至少部分行政功能的国家公务员。

还有,作为政治组织,党组织(尤其是其核心)当然要作出决策,但为此首先要维护其权威,还要从事利益聚集、政治动员与控制、政治沟通等活动。因此,本质上讲,政治活动的主要内容及其依据理应与行政活动及其依据不同。然而由于除了核心部分以外的大部分党组织所要做出的决策具有政策执行性质(包括"对口部门"对相关行业领域政策内容的决定),因此,党组织的很多工作带有明显的行政化特征。

所谓行政政治化,是指行政组织及其运行严重丧失自己固有特征,并与政治的关系上严重从属于政治的状态。由于行政根本上是执行活动,必须将组织打造成有效的组织结构,因此大部分行政组织采取等级性很强的官僚制组织结构。官僚制的精神实质就在于合理性和客观性。客观性是通过法律规范制度来获得的, 而合理性是在现有知识体系下能够得到相关人普遍共识的公理及法

---

① 为了简化说明,下面的讨论将把人大、政协及其他政治组织(如共青团、妇联等)排除在外,而只是以党组织为重点来进行讨论。但是,众所周知,在当今中国,其他政治类组织行政化的情况也比较严重。这些组织也承担着部分行政功能,其待遇等方面也以行政化的方式来进行管理。

律,以及以此为基础逻辑推理的精神过程,即通常所指的合理性是合乎逻辑。[①]
这里的合理性和客观性都是为排除公共权力运行过程中的主观随意性(在中国
尤其是基于主观好恶的"长官意志")和假公济私等行为所必需的,也是有效地
执行政策的必要条件。因此,如果行政明显淡化这两项本质特征,并且过分热衷
于政治理想、领导人的价值倾向、权力斗争等,或者被政治所左右,或主要以政
治逻辑来运行,那么就应当视其为政治化了。

行政政治化的主要原因就是"政治上位的政治与行政一体化"体制。在该体
制下,由于行政处在下位而与政治一体化,因此其受政治的强烈影响并在构成
和运行上带上政治化特征是必然的。行政政治化的表现在改革开放之前则不用
说,此后也随处可见。例如,较为重要的问题通常以"政治任务"来标签、评价行
政业绩和官员晋升方面的政治标准、政府公务员的党员资格、动员型的行政方
式、运动式的工作检查、无视程序及规范的行政决策和政策执行行为、行政部门
中的"排队"现象,等等。

笔者曾经概括了行政的三大特征,即追求效率、尽量做到符合理性、强调秩
序和程序,还指出了行政的如下主要意义,即政策执行、直接向社会提供公共品
(政策产品和服务)、稳定社会秩序。[②]但如果行政政治化了,那么必将使其受政
治的强烈影响,因此行政既不能固守自己的特征,更难以充分实现其应有的正
面意义。

金耀基根据中国香港的经验认为,"政治的行政化"的另一面是"行政的政
治化"。[③]政治行政化与行政政治化都是由于政治与行政之间的关系过于密切而
出现的状态,即由于这种密切关系而使得政治和行政各自对象化了的体制状
态。也就是说,应该将政治行政化与行政政治化看作是政治与行政一体化体制
的两个表现状态(依据其程度也有靠近这两个状态的各种状态)。但必须注意,
这两者之间的关系绝不是简单地可以互换位置的关系。从一些国家和地区(包

---

① 阿马蒂亚·森在《理性与自由》(中国人民大学出版社,2006年)中将理性(rationality,此英文名词也可
以翻译成"合理性")"宽泛地解释为将个人的选择——行动、目标、价值和优先条件——置于合理审查之下的
方式"(见第4页),他在该书的其他地方还说"理性选择指的是选择与个人推理及其推理质量的对应问题"(第
223页),也多次使用"合乎逻辑"等概念。就这里的讨论而言,关于合理性的上述表述应该说是可以成立的。

② 金东日著:《行政与现代化:以中韩两国为例》,天津人民出版社,2004年,第30~39页。

③ 金耀基:《行政吸纳政治:香港的政治模式》,邢慕寰、金耀基合编:《香港之发展经验》,香港中文
大学出版社,1985年,第3~19页。

括中国香港和笔者曾较为详细考察过的韩国,特别是民主化以前的韩国)的经验来看,政治行政化的另一面是行政的政治化。但是其反面,即行政政治化的另一面,却不一定是政治的行政化,如果情况严重就导致无序状态。这是为什么呢?

政治的行政化和行政的政治化意味着政治和行政在一定状态下各自固有性质的淡化。从中国香港和韩国的情况来看,政治行政化是政治功能由行政来履行,或即便存在政治(如民主化之前的韩国国会及政党)也是处在以总统(或在中国香港的情况下是总督①)为首的官僚制的控制或阴影之下。也就是说,政治的行政化意味着原来意义上的政治主体软弱无力,或被控制得难以发挥自己应有的功能,因此整个社会的政治功能由行政来承担,由此产生行政政治化。在这种状态下,由于政治的特征淡化而行政的特征盛行,必然促使形成有序且讲究效率的社会。这种政治行政化是被行政"化"去政治性质和功能的状态。然而中国的政治行政化却是政治积极作为的结果,是以行政化的方式建构政治组织并以行政方式来管理其成员的结果,并且由政治干预行政甚至以政治逻辑来代替行政功能的结果状态。从实践逻辑来看,这是党领导的武装斗争而建立国家,而这种战争时期的模式自然移植到建设时期的结果。在这种状态下,由于行政过多地受政治的影响,或行政处在政治的过度控制之下,以至于导致政治的特征过盛而行政的特征却淡化的状态,因此行政失去自己的固有性质和特征。正因为如此,行政政治化的社会难以建立完善的法制或规范体系,至少与其程度相应地阻碍法制化进程,因此其社会将容易失去应有的秩序。

可见,尽管从现象上看政治与行政的过分密切关系导致了政治行政化和行政政治化,但政治行政化和行政政治化的原因各不相同,其各自的结果和对社会的影响也不一样。导致这种迥异状态的根本原因,就是政治和行政在过分密切的相互关系中的不同地位。

(三)"两化"的主要影响

由于政治与行政是公共领域中最为积极且具有很大能量的两个领域,因此政治与行政之间的关系给公共领域框设了最基本的体制基础,也是给宽泛意义上的负责制设定了基本框架。那么,这种框架对政府责任和负责制都有哪些影响呢?

第一,"政治上位的政治与行政一体化"体制必然产生由政治逻辑支配的强

---

① 此处总督指,香港英国殖民地时期(1842年—1997年),由英国派驻香港的英王代表。

大政权。由于政治原本就强调"忠诚",而这种体制下的行政又紧跟政治,由此将带来整个社会都带上政治化倾向的特征。在这种情况下,不仅会导致严重的政权"吸纳精英"效应,而且会产生社会的相对弱化状态和政权组织的全面掌控局面,在这一过程中必将伴随政权的封闭性和整个社会以权力编织身份等级的状态。"官本位"很强的文化传统和政治逻辑占支配地位的社会中,等级身份的价值左右整个社会的价值体系,恐怕又是一个广泛接受的状态。其严重的负面后果在于,不仅会促使这种政权的逐步僵化,而竞争将主要表现在"体制"内(而在这里能够得到有权人士支持的,即有"背景"的人获胜的可能性很大),而其竞争胜负并不取决于社会或广大公民的评判。

第二,与上一点相关,由于政治行政化和行政政治化,上级和特定部门是有权决定各级官员仕途命运的"上帝",由这种体制决定的选拔和奖惩官员的相关机制,促使官员们的具体行为将百姓利益放在次要的位置上。这是一个"责任颠倒"的问题,即与对社会或百姓的责任相比,更倾向于强调对"社稷"永固的责任和"对上"的责任。

第三,由于上述的"一体化"和"两化"特征的影响,还造成垂直分权的缺失。政府层级上的分权的缺失,意味着难以分清责任。这一点同上述第二点结合在一起来看,对任何一级政府及其官员的错误或过失,至少其上一级主管部门无法逃避相关责任。

第四,由于政治行政化,与从上而下的制度安排意图不同,各部门和各行政区上层党的决策机构所作出的决策主要基于本部门和本地区的实际情况与利益,乃至为自己(如在"行政"级别上的升迁等)的利益,至少是在上级的决策内容与这些相结合的基础上重新作出本部门本地区的决策。这就是说,虽然由于行政政治化及党的高度统一性使中央的政策方针能够在一定程度上或至少表面上是贯彻下去,但由于以上原因,行政化了的政治及其组织在政策执行方面的积极性和有效性只能大打折扣,这就是"上有政策,下有对策"的原因。这一点尤其是在地方政府过程的层面上或导致决策责任和执行责任相互冲突的局面,从而会产生其过程不畅通或者复杂化的情况,或至少需要大量的协调活动才可以捋顺，或许这就是"文山会海"的主要原因。①

第五，与行政政治化的程度相应的法制和规范及决策过程中的合理性和政策执行中的程序等要求也将遭受破坏。还有，被行政化的政治在政策执行中所能够采取的主要手段并不是法律，而是上级党组织的指示和党的纪律；并不是程序合理性，而是政治动员和仕途上的荣辱（或官阶上的升降及相应的待遇）。这一点同时说明，官僚制的专业或技术标准在政策过程中的作用，至少在中国受其政治化程度相应的影响。因此，在中国的官僚制问题上，至关重要的问题是如何保证其法制范围内的相对独立地位和客观性的问题，及其职能如何定位的问题。要知道，尤其是在行政过程中，对法律、制度及岗位角色要求的责任是相关公务员的基本责任。撇开这一点（当然这还不够）而单独通过道德灌输、学习、教育、"杀一儆百"等途径来要达到吏治的效果，是不太可能的。

第六，在政治行政化和行政政治化的情况下，由于决策者与执行者之间关系密切，即便发现政策过程的错误也会顾忌"政府形象"或追究领导人的责任，因此难以对政策过程或政府运行中出现的问题进行客观而合理的评价。而且在政策监控和评估标准的问题上，由于政治占上位而更多地关注结果而不是过程。我们知道，这种倾向充斥在近些年盛行的绩效评估热之中。在行政中如果忽略过程，必将导致践踏法律及程序的后果，由此导致破坏环境和侵害百姓利益的行为，还给腐败行为提供可乘之机。

第七，由于政治行政化和行政政治化，地方党组织及其负责人实际上承担行政决策者的功能，而且对同级政府主要官员的晋升方面具有举足轻重的权力，但国家法律并没有明确规定实质性的相关权利和义务。这将导致以下两个方面的不利后果，一方面有碍于政府活动的法制化进程（作为"权力机关"的人大地位也难以真正得到提高），同时"权力机关"也不大可能有效追究政府及其主要领导人的责任。

第八，当今中国各级政府（这里特指实际承担政策执行和管理辖区公共事务的"党政班子"）通常采取"委员会"的组织形式，而在委员会中，通常是书记负

---

① 李侃如指出，改革尚未改变的中国体制中的一个重要特征，是在国家机构所有层次上的党政结构的复制。它产生了一个导致管理上的严重问题的纵向和横向权力的极其复杂的矩阵。尽管中国的政治体制具有高度的集权性质，但在大多数情况下，实际的权力却是分散的。因此在中央以下解决一个问题通常需要在一批相关的干部之间建立共识。这样，中国的决策特点是，干部之间为使合适的人选参与其中而进行大量的讨论和协商。[美]李侃如著：《治理中国：从革命到改革》，胡国成、赵梅译，中国社会科学出版社，2010年，第188~194页。

总责而其他委员分工(如经济、党务、纪检等)负责。这种组织安排始终存在着三个难以回避的危险:一是需要树立书记的权威,因为如果书记没有权威,总负责人会落入"架空"的境地。其结果很容易出现政府公务员因忙于排队而脱离或漠视岗位角色的现象。二是由于分工负责,其他委员很难插手干预"他人领地",由此产生"山头主义"等弊端。如果是在没有强有力的监督机制的情况下,更是如此。但强有力的监督机制又可能打破权力平衡,会造成专业领域的业务偏离正常轨道的情况,甚至会导致整个专业部门及其相关人员的萎缩。因此,必须将这种监督机构的活动置于严格的法律范围以内,并其运行尽可能做到公开、公正,即其也要受到社会及舆论的监督。我们知道,制约握有强权的监督机关,是自古以来政府实践的老大难问题。三是由于这种"班子"实行集体领导又分工负责的方式,而且这一"班子"实际上是党代会选举和上级党委的批准(或某种程度的干预)相结合的产物,如果在党纪国法明确规定的以外问题上出现了问题(如在辖区内的公共事务问题上的重大决策出现错误等),就很难追究责任,而辖区百姓只能承受其后果。前引鲍曼所说的"组织在整体上是一个湮没责任的工具",完全可以适用于这里的情况。

另一方面,由于政治与行政合二为一而形成相对于社会的超强政权,还由于政权广泛吸纳"精英",政策制定过程中利益群体与政权之间的"自然"连接相应地发生断裂。由此造成"官民"之间更深的鸿沟,即在这种情况下既难以实现政策过程中的利益协调功能,也难以形成"官民"之间的和谐关系。由此可能带来如下三个结果:其一是社会难以或无力问政府责任,其二是政权难以"接地气",其三是助长"官本位"的盛行。关于此三点,将在第七章还会深入讨论。

从图2-1的整体画面上看,社会问题的解决主要取决于政治根植于社会的程度和行政对社会的回应性,以及政治与行政之间的有效互动。但这一切又以这些各领域及其相关主体的相对独立性为前提,因为不在这一前提下不可能形成有效的互动,反而会形成一个强势领域及其主体与弱势领域及其主体之间的扭曲或不正常的关系。由此导致主动主体的行动逻辑过分张扬而被动行动主体及其领域逻辑的病态萎缩的状态。

如果我们谈的是政府的责任,从上图2-1中可以直观地看出,上述的政治与行政的关系(即行政对政治负政策执行的责任)和行政与社会的关系(即行政落实决策内容并管理社会的责任,以及政府对社会的回应性)一起,给政府限定责任框架。这应该是理解和解释政府责任的基本视角。

第三章

问责机制及其改革方向

一、机制与体制间关系及制度变迁

(一)研究机制的必要性

大部分学者认为,"问责制"就是"追究责任"的机制和制度。在这里,机制和制度是什么关系,或者说,两者间关系是不是可以并列? 学界基本没有讨论这一问题。在笔者看来,机制和制度是两个不同层次的概念,即机制概念高于制度概念,因此应该使用"问责机制"概念。当然,由于"问责制"已经是约定俗成而广泛使用的概念,一般情况下也可以与"问责机制"交替使用。但并列使用机制与制度确实有不够严谨之嫌。还有,自新制度主义兴起以来,不少学者纷纷采纳新制度主义研究方法,但在制度这一概念中掺杂着太多的内涵,以至于出现了概念使用上的混乱状态,在"机制"一词的使用上也有类似情况。因此,本章的讨论将以机制的一般概念开始谈起。①

对于当今中国而言,有必要对机制进行严肃而深入的学术讨论,其必要性主要来自实践方面,特别是在全球化时代以中国各级政府运行的实际情况来看,这一点尤为迫切。例如,为了促进发展,中国各级政府纷纷引进在其他国家及政府运行中已经证明行之有效的相关规章制度或管理方法。但是如果我们稍加思考改革开放四十年中国的变化就会发现,尽管中国在发展经济方面取得了举世瞩目的成就,却在政府效率、官员廉政、政策制定的合理性、社会秩序及

---

① 以下关于"机制"内容,主要来自金东日:《论机制》,《广东社会科学》,2014年第5期。在此有所修改和补充。

化解冲突等方面还存在问题。这就不能不令人怀疑这种只停留于制定相关规章制度或引进管理方法等做法的有效性。因此,有必要深入探讨这些"舶来品"起不到所期作用的原因。如果在国外已经证明行之有效的各种具体制度或管理方法及名称相似的一些机构被移植到中国,之后却失效或被扭曲,意味着与这些相似机构和具体制度及管理方法相比,更强有力的某种力量在"作祟"。虽然对这种力量究竟是什么的问题上会有很多观点或解释,但难以否认在这些力量中至少有体制和机制的作用。

还有,或许体制改革太过"敏感"或其改革存在重大的"不确定性",因此回避相关讨论也许可以理解。那么退而求其次,能否通过完善机制来解决现实中存在的各种公共问题? 关于这一问题的可能答案有两个方面:一是如果不能,就只能从改革体制入手作出改善现实状况的努力;二是如果可能,那么就有必要讨论其可能性有多大,或者说不改革体制且只调整相关机制而有效地解决现实问题的范围及程度究竟有多大,以及其关键路径有哪些? 这些问题的解决依赖于机制与体制的概念界定及相互间的关系问题,而这实际上就是机制的功能地位问题。在笔者看来,这绝不仅仅是如何看待机制的问题,实际上与如何看待国家建设的问题密切相关。机制处在各种组织(包括国家①)建设的中心位置上,因此机制及其建设原本就是国家建设的一个重要方面。

然而机制这一概念的确存在一些难以捉摸的部分,如作为同计划经济相对应的概念使用的是"市场体制",而在其运行的完善与否等问题上则采用"市场机制"一词。机制究竟是什么,以至于与体制的关系如此纠缠不清?

机制一词是"舶来品",而在西方的学术著作中通常不怎么划分制度、机制、体制、文化模本等,而是将这些都放置在制度这一"大箩筐"里。如理性制度主义所认为的制度是短期的规则和程序,历史制度主义所认为的制度是指长期的正式的和非正式规则, 社会学制度主义所认为的制度是指长期的规范、规则、文化。②而且有些学者认为制度是正式规则、非正式约束和实施在内的复杂的制度框架,并在这里包括不同级别的规则——宪法、成文法、普通法,甚至是一些法

---

① 根据"国家是组织的特殊形态"的观点([美]曼瑟尔·奥尔森著:《集体行动的逻辑》,陈郁等译,上海三联书店、上海人民出版社,2004年,第121页),在这一部分中除了必要的个别情况以外,将组织概念当作涵盖国家政府的概念来使用。

② [美]马克·阿斯平沃、杰拉德·施耐德著:《政治科学的制度主义转型及其对欧洲一体化的研究》,何俊志、任俊峰、朱德米编译:《新制度主义政治学译文精选》,天津人民出版社,2007年,第312页。

规章程等。①而有些观点将在中国通常翻译成"政体"的 regime 概念解释为这里所理解的"机制"内容②，而克拉斯诺也是在 regime 概念下提出了与笔者所理解的机制相近的定义：在国际关系研究中，regime 被界定为"一套或明确或模糊的原则、规范、规则和决策程序，在某一给定国际关系领域的行动者的预期通过它们而得以汇聚到某一共同点上"③。

鉴于以上实践上的必要性和学术上没有及时回应实践的需要，甚至在相关概念上的混乱情况等，笔者认为关于机制问题有必要进行多学科、多视角的学术讨论。

（二）机制的基本含义与主要特征

机制一词作为从生物学等理工类学科（机理及机械装置或安排等意义上）引用到社会科学领域的概念，具有一个明显的特征，就是其"人为性"。这种"人为性"是指，为满足人类生存和发展需要而在反复出现的事情（一定社会领域或组织中的）上，根据已经掌握的知识和某种偏好而作出的安排。换句话说，这里所说的知识是人们对某种因果关系的认识，并在此基础上为避免负面影响或更好发挥正面影响而作的安排，就是机制。因此，这种人为性中包含着人们对客观规律的认识和主观愿望。由于关于客观规律的认识和人们的主观愿望必然带上时代特征，关于某种特定机制的价值判断不可能一成不变。

人类社会中非自然性的成分实在太多，因此有必要把这里的讨论范围予以限定。某种意义上，文化也是机制。如詹姆斯·G.马奇和约翰·奥尔森所说，在决策中仪式性、象征性、确证性等制度内容对文化或愿景进行发展，而这些文化和愿景则成为有效行为、控制和创新的基础性机制。④由于文化概念中的重要含

---

① ［美］道格拉斯·C.诺斯著：《制度、制度变迁与经济绩效》，杭行译，格致出版社、上海三联出版社、上海人民出版社，2008年，第81页、第86页。

② 国内通常将 regime 翻译成"政体"或"体制"，但也有将其理解为至少接近于本文所理解的机制。如 Peter J. May and Ashley E. Jochim，Policy Regime Perspectives，Politics，and Governing 中将 regime 理解成，为解决问题而由观念、制度安排和利益分配交互作用构成的治理安排。其文见 *The Policy Studies Journal*，Vol. 41. No.3，2013.

③ 转引自［美］沃尔特·W.鲍威尔、保罗·J.迪马济奥著：《组织分析的新制度主义》，姚伟译，上海人民出版社，2008年，第9页。

④ ［美］詹姆斯·G.马奇、约翰·奥尔森著：《重新发现制度：政治的组织基础》，张伟译，生活·读书·新知三联书店，2011年，第48页。在这个问题上我们需要分开民族文化（包括政治文化等）和组织文化。显然，后者比前者具有更大的可塑性。

义——行为方式，一定的人群共享着在人际交往、决策、政策执行、思维等方面类似于机制的模式。更有甚者，在有些学术观点（如社会学制度主义）看来，文化模本就是制度的重要内容之一。不可否认，文化时常强烈地影响人们的现实行为，而且文化的确是人为的，至少具有被历史上的某一群人选择而留存并传承的性质。但是，由于文化已经成为现实中一群人的生活方式而成为"自然而然"的行为方式，即长期历史积淀而习惯成"自然"的行为模式，因此与通过当代人的改革或建构并期望它有效运行，且有助于解决现实问题的机制是有区别的。在现实中，探讨机制的主要原因就是通过相关努力来要完善它，使得组织及社会领域更好地满足现实需要。这又说明，机制至少与文化相比具有更为明显的"可操作"成分，而正是这一点使之具有与文化相比更大的现实效用性，因此对急于解决现实问题的人们具有更大的吸引力。

在可操作性或人为性的角度上，社会领域中最明显的莫过于制度。这里所说的制度，仅限于规章或规则的层面，即通常所说的理性制度主义意义上的制度，不包括历史制度主义和社会学制度主义等学派的"路径依赖""文化模本"等层面。虽然这种意义上的具体制度是为约束或规范具体行为而制定，而这些被规范的一系列行为联系在一起会形成一定的秩序和过程，但其调整的直接对象是具体行为（如侵犯人的生命或财产的行为等），即属微观层面。问题是，在学界通常理解的机制不同于这种具体制度，其重要区别之一就是两者的层次不同，机制是属于中观层次或至少高于具体制度的概念。机制的作用对象是同类的行为而不是自然人的具体行为。这里所说的同类的行为，是指围绕维系和运行组织或社会领域所必要的沟通、协作、识别和界定问题、决策、执行、应对各种危机、运行轨道和方式等而产生的行为（即这些都是属于某一方面的不同类型），可以将这一区别于自然人的行为简称"类行为"。

由于类行为只是参与反复出现的某一类过程中的行为，也不预设特定的行为结果（调整自然人行为的具体制度规范通常预设特定结果及相应措施），因此无法通过具体规范予以约束。具体规范意义上的制度，仅限于规章或规则的层面，即通常所说的理性制度主义意义上的制度，其显然不同于历史制度主义和社会学制度主义等学派的"路径依赖""文化模本"等层面上的制度。换句话说，自然人的行为通过法律和道德规范及具体制度可以调整，但是在类行为上很难适用这些制度规范，因为类行为通常是组织行为，组织内的复杂过程和组织间的互动过程具有不能归结为其成员的性质。在个体行为和组织行为的关系问题上，虽然组织行为由个体行为构成，但个体行为不能自动形成有序的组织过程，组织是通过复杂的安排(所希望的行为轨道和程序)汇聚个体行为并导引形成所希望的秩序，这就是机制。

还有，一定的社会领域是围绕其领域核心价值而形成的人与人之间关系的总和，人们为这种社会领域运行更加顺畅而作出各种各样的安排，在这些安排中最具代表性的就是组织。组织确实具有较强的机制性质。帕森斯指出，在高度分化的社会中，通过发展组织这种基本机制，人们才有可能完成任务——实现目标，由此可以达到对个人而言无法企及的目标。①换言之，组织无疑是人们为更好地生存和发展，或为达成某种特定目标而作出的安排，因此对于这里的人们而言，是机制。

但是，当我们视一定组织为机制时，我们并没有同时把该组织本身当作在这一机制上行动的实体，换言之，我们必须区分机制和以此为依托作出某种行动的行动实体。由此可以得出一个命题：机制非实体。

想象一下有一个空间，其中有一个组织，而这个组织必须有某种平台才能作出某种行动。在这里，这个平台只能是机制，而不是这个组织。换言之，在这个空间中，不可能出现一个组织既是行动者同时又是机制的情况。这当然是假设或想象，但却告诉我们组织与机制的不同特征和功能。换言之，我们在说组织是机制时，与此相对应的行动者是为追求某种特定目的的人(即作为自然人的个体)，对于这些人而言，组织是行动平台——机制，而此时机制的主要内容是组织内的。而组织作为具有相对独立性的整体行动者（即作为实体来看的组织）时，机制的主要内容是组织外的或组织间的，即为这种行动者(即组织)的行为及相互间的各种互动行为的顺畅而作出的安排。

"机制非实体"意味着，必须分开机制或制度同行动者。如诺斯在说"本书分析的重点是制度与组织之间的互动"时，显然把组织排除在这里所说的"制度"之外。诺斯在这方面更明确的表述是，要把制度和组织区分开来，前者是博弈规则，而后者是博弈者。②这就意味着，机制"涵盖"(在机制的作用所波及的范围的

---

① [美]帕森斯著：《现代社会的结构与过程》，梁向阳译，光明日报出版社，1988年，第34页。

② [美]道格拉斯·C.诺斯著：《制度、制度变迁与经济绩效》，杭行译，格致出版社、上海三联出版社、上海人民出版社，2008年，第6页；[美]约翰·N.德勒、约翰·V.C.巴克奈著：《新制度经济学前沿》，张宁燕等译，经济科学出版社，2003年，第18页。

意义上使用此概念)组织及其部门或自然人等行动者,而且这些行动者是使机制具备动态性的根本原因,但机制本身不能等同于这些行动者。因此,广义上的社会及其各个领域和组织等无疑是为人类更好地生存和发展而作出的安排,因此对于这里的人类而言是机制,但在现代社会组织确实作为行动者来发挥重要作用。因此,我们必须区分机制和以此为依托作出某种行动的行动实体。

另外,机制的一个重要特征就是目标导向。也就是说,机制是人们在组织或一定的社会领域内为某种目的而作出的安排。如管理机制,是为管理过程更加顺畅而作出的安排;应急机制,是为更加有效地应对危机状况并做好善后处理而作出的安排,等等。正因为机制的这种目标导向特征,在讨论机制时不能避开其目的性或构建机制的基本动机。可以将机制所具有的这种目标导向看作是人们赋予机制的"意向性功能",而且被赋予的地位功能依赖于人们的同意、接受或其他形式的集体意向性作为创造这种地位的必要的和充分的条件。①社会所具有的双重特征(客观的事实性与主观意义)使得它的"现实是自成一体的"②。这就说明,虽然影响具体机制的特征及其有效性等方面的因素会有很多,但其中最大的因素就是这种安排机制的基本动机,以及与之密切相关的知识结构和心态。

以目标为导向的机制,是在运行中才可以体现自己的存在价值,这也是机制的动态性特征。问题是,究竟什么因素推动机制按预定轨迹和目标运行,或者说,机制是如何具备动态性这一特征的? 这一问题引向我们探讨机制的构成要素问题。

(三)机制的构成要素

显而易见的是,为了使组织或社会领域中的机制按一定轨迹或向某种目标运行起来,只有通过调整组织或自然人等行动者的行动才能做到。而且,这种机制一有相关问题出现就能启动,但能够做到这一点,需要赋予行动者以合法性及责任或义务,而社会对这种合法性及责任或义务有某种共识,从而能够接受相关行动。除了这些共识之外,还有必要制定相应的制度,以此来形成连续性的行动,最终达到机制所预设的目标。这种规则是根据以往经验和其他相关知识而制定(这一过程当然也受各行动者基于各自信仰和利益出发而展开的角逐的

---

① [美]约翰·R. 塞尔著:《社会实在的建构》,李步楼译,上海人民出版社,2008年,第21页、第45页。

② [美]彼得·伯格、托马斯·卢克曼著:《现实的社会构建》,汪涌译,北京大学出版社,2009年,第16页。

影响），其完善程度要以能够实现所设机制目标的有效性作为判断标准，而且根据这些知识等要不断地修正和完善规则。当然，这种修正和完善制度的活动要严格依据相关程序进行，即要排除出于个人私利的恣意行为，不然会损害其作为制度的权威。据此，我们可以确定这里所提及的制度是机制的构成要素之一。

制度作为机制的构成要素之一，并不是指约束和引导行动者具体行动的那种制度（即具体规则），而是作为非自然人的行动者——一定组织及其部门（如政府机构）的地位和角色要求。通过地位，这些机构确定与其他行动者之间的关系，通过角色要求确定并履行自己的职能。这种地位和角色同程序相结合，揭示一定组织和社会领域运行的轨道。

我们不能机械地理解社会机制，因为行动者并不会完全按照上述规则所安排的那样行动，而且规则也不可能涵盖所有的相关行为。这就意味着，不仅要通过规则来约束和引导行动者，还要赋予行动者以动机，使之按机制所定方向行动。然而，我们不应该将动机直接理解为机制的构成要素之一，因为动机所包含的基本含义是个人的心理过程和精神层面，它不能说明组织等非自然人的行动，而且也难以在与上述制度和即将后述的权力相匹配的层次上当作机制的构成要素。

对于现实中的行动者而言，还需要诱导其行动的驱动力，这就是利益。这里所说的利益并不仅限于经济利益，而是指广义上的，其包括所追求的理想、社会地位的提升、影响力的增强、公众的好评，甚至多年以后的历史评价等，即为之作出某种行为是"值得"的，至少不应该有损于这些价值。行动者对自己利益的认识，是通过复杂的计算并根据自己的偏好而作出的判断，因此利益具有很强的主观成分和可塑性。实际上，利益是客观需求与主观判断以及所处环境等之间互动而产生的复合体。不管怎样，可以肯定的是如果没有利益的诱导，上述制度将由于行动者的消极行为而起不到所期作用，因而机制也会运行不畅。因此，利益无疑是机制的又一个构成要素。

在利益问题上，切身感受最强烈的是个体层面（如维特根斯坦所说，痛苦是一种自我感受）。[①]尽管个体层面的利益肯定受到机制乃至体制的影响，但无论机制还是体制不以个体层面的利益作为其作用的主要对象，因为如上所述，机制的调整对象是类行为，而类行为本身并不体现具体利益。因此在讨论机制层

---

① 转引自[印]阿玛蒂亚·森著：《正义的理念》，王磊、李航译，中国人民大学出版社，2013年，第266页。

面的利益时,可以将个体层面的利益排除在外。还有一种利益堪称"真正公益",因为这种利益远远超出行动者的范围,这就是前述"政治基体"的利益。但是,政治基体不能作出其整体性的行动来维护自己的利益,而是必须由政党组织、政府及其相关机构、非政府组织等组织及其机构,以及政治家等作为自然人的行动主体来代表并予以实现。因此,这种"真正公益"并不是作为一定机制构成要素层次上的利益。由于"真正公益"是原本意义上的政治的出发点(这也是任何政治主体都从这种"真正公益"中寻求自己存在和行动的合法性根据的原因,如很多政党或政治领袖常常以"人民的代表"自居,或者直接以"人民"作为前缀来命名自己的组织),却必须由行动者"代理"才能维护或实现,因此"真正公益"就转化为这些行动者的利益问题。因为只有在这些"代理者"获得为实现或维护"真正公益"所需地位(这也是利益,而其中最重要的就是权力地位)之后,才有望实现"真正公益"。而完善机制的必要性,正是通过这种努力来有助于解决不能归结为个体利益的公共问题(有关内容参见图2-1)。

由于制度对行动者的依赖性(即相关领域的行动者不断再生产相关制度所必要的行动时,其制度才能继续维系下去)和利益的贪婪倾向(主要是指追求者对利益的"多多益善"倾向),机制仅靠制度和利益不足以正常启动和运行。制度需要保障其不变形的力量,而利益要在合理合法的范围内得到满足,即制度和利益都需要各自不被扭曲或落空和不过分膨胀的力量支撑和约束,这种力量就是权力。权力因其关系性等特征而黏合各种地位和角色,又因其强制性而有力地促使行动者走向机制轨道。

权力的实质就是依据各种资源而拥有的地位(也就是《韩非子·功名》中所说的"势"或"位"①),由此具有强制性,但其载体却是组织。虽然我们经常使用"人民的权力"或"阶级的权力"等,但这种用法只具有象征性或结构性的含义,实际掌握或行使权力的是能够做出具体行动的行动者。还有,即便作为自然人登上权力场,也是以其背后组织中的某种身份作为其资本。毋庸置疑的是,如果讨论的范围限制在公共领域,那么组织及其部门肯定是权力的主角,除非以"公益"的名义将公权严重私有化,但这是另当别论的话题。可见,这里所讨论的权

①　"夫有材而无势,虽贤不能治不肖。故立尺材于高山之上,则临千仞之溪,材非长也,位高也。桀为天子,能制天下,非贤也,势重也;尧为匹夫,不能正三家,非不肖也,位卑也。千钧得船则浮,锱铢失船则沉,非千钧轻锱铢重也,有势之与无势也。"

力是上述制度和利益同一个层次上的概念，又与这两个要素具有密切的关系，因此是机制所不可或缺的构成要素之一。但是权力也有"贪婪倾向"，这种倾向绝不亚于利益，而且权力又是活生生的力量。因此如果没有足够的力量予以遏制，必将危及一定组织或社会领域的健康发展。为避免这种状况的出现，需要建立相关机制，如制衡机制、监督机制、问责机制等。

为达到某种目的而构建一定组织和社会某一领域的机制，意味着人们相信通过以上三个构成要素及相关举措可以达到所期目标，而这里的安排和所期目标之间存在着（至少人们相信）因果关系。从这一角度上看，所有的机制都以因果关系为主要内容①，因此机制实际上是人们在社会领域或组织等公共领域中将不确定性转化为确定性的努力，亦即追求合理性的表现。这是属于认识论范畴的问题，因此有必要注意以下两点：一是要尽可能动员相关知识，不予充分考虑相关知识是机制不完善的重要原因；二是由于人类理性的有限性②，任何机制安排都不可能做到完美无缺的程度。因此，我们有必要始终保持警惕机制安排上存在错误的可能性，并做好予以修正的准备。

（四）机制与体制的关系

体制是规定社会组织或领域的基本运行方式和性质的概念，其具有整体性、同基本理念（或意识形态）和权力的密切关联性、象征性、自我强化的倾向等特征，在其机制层面上的构成要素有制度、利益、权力。③但是除了机制层面以外，体制的构成要素还有意识形态（在汉语中经常与"基本理念"或"观念形态"等词汇交替使用）和体现这一体制性质的行动者系列等层面，由这些一同构成较为完整而现实的体制。从这个意义上，我们也很难否认意识形态同特定团体利益的关联性。④

---

① "社会机制——在一般范围内反复出现的因果顺序。"见[美]查尔斯·蒂利著：《身份、边界与社会联系》，谢岳译，上海人民出版社，2008年，第78页。

② 有必要说明，这里所说的有限理性既包括赫伯特·西蒙所说的因信息及其处理和沟通上的局限性而产生的局限性，也包括J.福瑞斯特的结构性和系统性的以及不必要的歪曲而导致的有限理性，如因法制化的分工原则而发生的信息不对称、在组织间沟通上所导致的有限理性、交换上的垄断性歪曲和要求的垄断性表达、阶级和权力结构的影响而导致的有限理性等。参见吴锡泓、金荣枰编著《政策学的主要理论》，金东日译，复旦大学出版社，2005年，第228~235页。

③ 金东日：《论体制及其先进性》，《学海》，2012年第1期。

④ "意识形态经常以团体形式呈现，因其特殊的理论成分可以导向团体利益。"[美]彼得·伯格、托马斯·卢克曼著：《现实的社会构建》，汪涌译，北京大学出版社，2009年，第102页。

　　"意识形态"一词,是 1796 年由德斯蒂·德·特拉西作为观念科学而提出的①,但是自马克思和恩格斯在《德意志意识形态》中确立其学术地位之后,就成为经常在社会科学研究上使用的重要概念。按汤普森的分析,在马克思那里意识形态是一种疾患的征象,不是一个健康社会的正常特点,马克思从未谈到"社会主义意识形态"或"无产阶级意识形态"。汤普森对拿破仑、马克思、列宁、曼海姆等人使用意识形态概念的种种含义之后指出,意识形态这一概念的中心内容是,"研究意识形态就是研究意义服务于建立和支撑统治关系的方式",这里的统治决不仅限于所谓"阶级统治",因为意识形态与阶级统治之间的关系是偶然的而不是必然的,而统治的种类还有男女之间、民族之间等。汤普森认为,意识形态可以从三重层面上去理解,即意义的观念和统治的概念,以及意义可以服务于建立和支撑统治关系的方式。意识形态运行的一般模式有如下五种方式,合法化、虚饰化、统一化、分散化、具体化。然而根据阿伦特的解释,就其词源而言,意识形态是"一种观念的逻辑",而且是一种解释工具,而倾向于解释的并非"是什么",而是"变成什么",因此意识形态思想独立于一切经验,它从这些经验中学不到任何新的东西。意识形态思维将事实都组织进一种绝对逻辑过程,这种逻辑过程从公理上接受的前提开始,从中推理一切事物,一旦确定了它的前提和它的出发点,经验就不再干涉意识形态思维,它也不能由现实来教导。②

　　由于意识形态为掌权者提供其地位的正当性或合法性,接受同类意识形态的人越多就越有利于掌权者,因此笔者也基本上接受利昂·P.巴拉达特关于意识形态的政治性、行动导向等特征的概括。③但是这里的讨论范围不仅限于国家,还包括社会领域和组织,因此有必要对意识形态概念做些必要的调整。也就是说,这里所说的意识形态是在国家或社会及一定组织中占统治地位的观念。

---

　　①　[英]约翰·B.汤普森著:《意识形态与现代文化》,高銛译,译林出版社,2012年,第30~36页。以下汤普森的观点,主要来自该书的第50~75页的内容。

　　②　[美]汉娜·鄂兰著:《极权主义的起源》,林骧华译,时报出版公司,1995年,第645~648页。

　　③　在当代,意识形态通常包括如下几层含义:政治性的,而且是对现状的看法,又是行动导向和群众取向的,因此通常以简单词汇来表述。参见[美]利昂·P.巴拉达特著:《意识形态:起源和影响》,张慧芝、张露璐译,世界知识出版社,2010年,第9页。

而所谓观念，是在某一时间进程中形成的意义的集合，其能够引导行动。[①]在这里，我们也可以将意识形态理解为"意向性行动"中的意向的"高级形态"，所谓"意向性行动是指'为什么？'这一问题的特定意义得以适用的行动"[②]。也就是说，意识形态在组织或社会领域(即已经超出了个人层面，而且经过精心的梳理和选择而被某一共同体采纳为"集体意向"，因此是"高级形态")中，为其存在或作出某种集体行动提供可接受的理由，由此获得意义或正当性。就"意向"而言，其基本上是具有"愿景"的含义(其提供意义)，而且要与某种行动相关(如果只停留在"意向"层面，就不具有作为"意向"的价值)。因此当我们以体制为中心概念进行讨论的时候，可以将意识形态理解为赋予一定的体制以意义或其存在的价值，并揭示一定组织和社会领域发展方向的概念。尽管在意识形态问题上会有分歧，或者存在由于与之相关的利益等原因而可能操作舆论乃至以意识形态为借口追求自己私利等可能性，但如果现实中存在着一定体制，那么可以肯定在其中掌握核心权力或接近权力中心的是接受这种意识形态的人。由这些人主导一定组织及社会领域的运行，并根据自己的意图建立机构并推行政策，为此确定机构的地位及与此相关的角色要求和相应责任，还赋予机构以必要的权力，而机制就是为这些过程和机构运行顺畅而作出的安排。

可见，正是由于体制和机制的上述含义和特征，在两者所关涉的构成要素上存在诸多相通性。这种相通性不仅具体体现在体制和机制中的价值取向和"活跃粒子"的基本一致方面，而且虽然层次不同却"共享"一些要素，如上述的制度、利益、权力等。这里所说的不同层次是指，在体制层次上制度(这里的"制度"是在或清楚或模糊地达成的共识的意义上使用)的主要内容是有关组织或社会领域的性质及基本运行方式(如通常在宪法上规定的民主制、共和制、市场体制等)，而在机制层次上则规定有关该体制下各组成部分的地位和角色要求及相应的权限范围；利益在体制层次上反映的是业已形成的基本格局及价值分配的基本方式和原则，而在机制层次上则反映落实这种基本格局和分配方式及原则的主要程序和轨道；权力在体制层次上反映整体格局上的定型化(如高度集权或通过宪法的分权与制衡的状态等)，在机制层次上则反映运行方式和主要途径。这种相通性，正是机制和体制纠缠不清的原因。

---

① [德]约恩·吕森著：《历史思考的新途径》，草婴译，上海人民出版社，2005年，第11页。

② [英]G.E.M.安斯康姆著：《意向》，张留华译，中国人民大学出版社，2008年，第13页。

　　在机制与体制的关系问题上需要注意的是，由于意识形态的排他性特征，在比较稳定的一定组织(当然,在其不同层次上则另当别论)或社会领域中通常只有一种体制,但机制却有多种,而这些不同机制和体制的关系也会有不同的表现形态。也就是说,并不是组织或社会领域里的所有机制都与体制以同等程度紧密相关。例如,政策执行机制同体制的关联性就弱于决策机制同相关体制的关联性程度 (这也是不同性质的国家在执行组织上通常都采用官僚制的原因),有关政治性较强的群体性事件的应急机制同体制的关联性必将远高于有关自然灾害的应急机制与相关体制的关联性程度(其技术合理性程度远高于前者),等等。其原因就在于机制同意识形态和权力核心及其利益的关联性程度不同。但可以想见,即使这种程度的关联性很低而可以用内在逻辑构建相关机制,但以不阻碍体制的核心价值为底线。一般情况下,假如有一种机制的运行方向完全与体制的性质相反,那么在秩序层面上将表现出与其程度相应的混乱或不适。为了解决这种混乱或不适,有必要完善相关机制,或者改革体制(如在大部分机制之间存在冲突的情况下)。这就是说,在不改革体制的前提下只通过机制的完善能否有效地解决现实中存在的诸多问题,要看这些问题的性质与体制的关联程度,以及体制是否反映时代精神等。

　　在机制和体制的关系问题上,不同领域或高或低的分化程度也会产生重要影响。如果社会不同领域之间的分化程度高,那么各领域的运行所必要的机制就会不同。相反,如果领域间的分化程度不高(如较为典型的计划经济体制下),那么社会领域依靠相似机制也可以运行,而这种相似机制很可能是粗糙的等级制。之所以说是"粗糙"的,是因为这种等级制主要通过赤裸裸的强权来运行。而且,机制种类少意味着秩序中出现的各种问题很容易集中到体制上,因为没有其他机制可以分担这些问题及相关责任。

　　可见,体制显然是机制的上层概念,但体制的性质和要求必须通过机制才能体现在相关秩序上。因此,机制的功能地位正处在体制和秩序的中间地带。[1]

---

　　[1]　虽然讨论的主旨与本书不同,但在机制和秩序的关系问题上以下观点有助于我们理解上述观点:"每一个行动领域,都可理解为是一种'具体的行动系统'维系的领域。这一系统运用一系列的'游戏规则'来建构行动领域,就是说,它运用一系列的机制来建构行动领域,这些机制界定'问题'与'风险赌注'的相关性,围绕'问题'与'风险赌注',各种各样的相关行动者能够让自己行动起来。"见[法]埃哈尔·费埃德伯格著:《权力与规则——组织行动的动力》,张月等译,上海人民出版社,2005年,第154页。与机制相关的类似观点还可以参考该书第85页的内容。

从以上关于机制的讨论中可以看出，在一定的机制运行有效时，与此相关的秩序就可以持续稳定。换句话说，机制是生成和维持一定组织和社会领域秩序的主要因素。对于一定领域中的两者关系而言，机制是因，秩序是果。因此，失序或秩序不畅在很大程度上是由相关机制的无效导致的。

最后，以上虽然探讨了有关机制的基本问题，但有些问题虽有涉及却没能深入探讨，其主要有以下既相互联系又相对独立的两个方面：一是以上讨论是以在一定组织或社会领域中假定存在较为"典型"的某种体制为前提，但正处在转型过程中的组织或社会中体制是否会有两种，而且会不会有相互冲突的体制共存并发挥作用？关于这一问题实际上已经有答案了，这就是中国改革开放刚开始的几年中曾经存在着的计划经济和市场经济的并存状态，由此出现了商品价格上的"双轨制"，这就是所谓"官倒"的产生基础。然而，这虽然是两种体制间的关系，但实践中会表现为机制（即不同体制所要求或"允许"的不同性质机制，因此是两种类型的各种机制）间的关系问题。还有，除了体制和重大外力冲击等原因之外，机制间的关系很可能是某一机制发生变化的主要原因，因为机制间的不适应或不协调，会给组织或社会领域带来诸多不便，因此从长期的角度上看，机制间关系将采取协同进化或退化的方式。当然，这需要更深入的研究之后才能弄清楚。与此相关，还有一个重要问题是判断机制的价值基准问题。二是机制的变化问题。在这一问题上应该重点解决如下问题，如何把握机制变化的方向，如正向还是反向，其判断的基准是什么？机制变化的影响因素都有哪些？机制变化的关键路径是什么？关于制度变化问题，诺斯指出"个人和组织的学习是制度演化的主要动力"[①]。那么，为了促进个人和组织学习，需要什么条件？机制在个人学习和组织学习中又起何种作用？也许有些读者已经看出来了，这是与制度变迁理论密切相关的研究课题。这些无疑是重要的学术问题，对于正处在转型期的中国而言，更是具有重大意义的实践问题。希望在以下有关问责机制的探讨有助于得到这些问题的一些答案。但在这里，先做有关制度变迁理论的简要考察，也为后面的讨论做理论铺垫。

（五）制度变迁

关于制度变迁，我们可以从以下四个方面来把握：制度形成或产生，这是从

---

① ［美］道格拉斯·诺斯著：《理解经济变迁过程》，钟正生、邢华等译，中国人民大学出版社，2008年，第58页。

一种社会无序状态中退出,或者从各种非生产性的行为模式中退出,或者从以行动为基础的再生产模式中退出;制度发展或完善,这体现的是制度的持续性而非一种退出———一种制度形式内部的变迁;去制度化,它体现的是从制度化状态中退出,而走向通过重复行动的再生产,或者走向非再生产的模式,或者走向社会秩序的恶化即失序;再制度化,它体现了从一种制度形式中退出,而进入根据不同的原则或规则组织起来的另一种制度形式。①

制度和组织是有区别的(请注意,以下所引观点中的制度是含有具体制度和机制等内容的"广义"上的概念)。制度模型描述的是人们施加给人与人交互作用的约束,规定着社会的激励结构;而组织模型描述的是社会组织的结构、治理和政策。尽管个人是参与者,但是个人作为组织的一部分,能够作出决策,从而改变博弈规则。而"制度矩阵"是"机会集合",因此它的改变会产生各种变化的可能性。新的或者已改变的机会可能是由外部环境中的外生变化引起的,机会也可能是政治和经济组织之间的内生竞争引起的,这种竞争使知识不断增长,从而引发创新。当竞争"很难发现"(不管由于什么原因)时,组织没有动力对新知识进行投资,从而也就不会引起迅速的制度变迁。这时会出现稳定的制度结构。因此组织的激烈竞争(关于竞争的重要性将在第七章还会涉及)会引发迅速的制度变迁。而且个人拥有的知识存量是经济、社会绩效的潜在决定因素,因此知识的变化是经济演化的关键。个人作出选择的关键是他们的感知,也就是人脑理解所接受信息的方式。个人形成的能够解释和理解周围世界的心智结构部分是从他们的文化遗产中产生的,部分从他们面临并且必须解决的局部的(local)日常问题中产生,还有一部分是非局部学习的结果。②这里的知识和感知等是心智结构,其中应该包括偏好或价值观等在内的心态,因此后面的制度安排的意图、目的等也是这一概念的应有之意。

制度是一个社会的博弈规则,是一些人为设计的、型塑人们互动关系的约束。制度变迁决定了人类历史中的社会演化方式,因而是理解历史变迁的关键。制度将过去、现在与未来连接在一起,从而历史在很大程度上就是一个渐进的

①　[美]沃尔特·W.鲍威尔、保罗·J.迪马吉奥著:《组织分析的新制度主义》,姚伟译,上海人民出版社,2008年,第166页。

②　以上内容主要来自[美]道格拉斯·诺斯著:《理解经济变迁过程》,钟正生、邢华等译,中国人民大学出版社,2008年,第55~59页、第71~72页。

制度演化过程。制度约束界定了政治与经济之间的交换关系，从而决定了政治—经济系统的运行方式。可见，制度是理解政治与经济之间的关系及这种相互关系对经济成长（或停滞、衰退）之影响的关键。当前的政治、经济和军事组织形式及其最大化的取向，是从制度结构所提供的机会集合中衍生出来的，同时制度结构本身也在渐进地演化。而制度变迁的方向是由制度与组织的交互作用决定的，作为结果的制度变迁路径取决于如下两点：其一，由制度和从制度的激励结构中演化出来的组织之间的共生关系而产生的锁入效应；其二，由人类对机会集合变化的感知和反应所组成的回馈过程。①

在以上诺斯的观点中，我们有必要强调如下两个方面：一方面，制度的演化过程是理解社会某一领域变化的关键，而在这里有必要特别关注重大变迁的时刻。重大变迁意味着社会秩序的基础发生变化，而且在这一变化过程中各种利益集团尽力表达自己的立场并尽可能影响即将形成的制度格局，这是一个原先的秩序被打破而新的秩序尚未建立起来的阶段，也可以说是重新"洗牌"的过程。正如凯瑟琳·西伦和斯温·斯坦默从历史制度主义的角度指出的那样，在制度矛盾中既可以找到制度变迁的根源，也可以找到抵制制度变迁的根源：制度是一个自变量，在稳定时期能够用其对政治产出进行解释，但是当其崩溃之时，它就变成了一个因变量，制度本身的塑造就取决于制度崩塌后释放出的政治冲突。因此有必要关注以下两点：其一，因为人类通过制度选择和设计来塑造对他们的互动构成约束的那些因素，所以尤其有必要注意到这些制度变迁的时刻。既然更为广泛的政策轨道能够跟随着这些制度选择，那么围绕着制度而展开的冲突就暴露了隐蔽的利益和权力关系，其结果就不仅仅是反映，而且还放大并强化了胜者的利益。其二，制度选择能够塑造人们的观念、态度，甚至偏好。也就是说，在制度变迁中，包含着利益和权力的冲突。②这一点同各种制度之间密切关联的情况相结合，导致难以指望通过某一具体制度及其变化在实践中发挥重要作用。或至少告诉我们，在制度变迁问题上我们不能仅限于制度（这里主要是指具体制度）而无视利益和权力等因素。而这一过程"消停"下来之后将逐渐进

---

① 这一段关于制度及其意义的内容，见［美］道格拉斯·C.诺斯著：《制度、制度变迁与经济绩效》，杭行译，格致出版社、上海三联书店、上海人民出版社，2008年，第3页、第9页、第154页、第162~163页。

② 何俊志、任俊峰、朱德米编译：《新制度主义政治学精选》，天津人民出版社，2007年，第160页、第163页、第172页。

入稳定的阶段,因此再次遇上"重大变迁"的某种契机之前(要么是无法预期的外力影响,要么是从上而下的重大改革),很难发生制度格局的变化。由于上述的"锁入效应"和由回馈过程等促成的"路径依赖"机制的作用,在稳定状态下发生重大变化的可能性并不大。

但另一方面,制度及其变迁(应该包括机制体制)是与一定的秩序密切相关的。这种秩序当然是由参与其中的行动者的行动构成,这种行动者是在制度的约束和所提供的激励(即所谓"机会集合")下作出各自的行动。而这些行动者能够作出决策,并同组织的治理与政策等之间形成复杂的关系,这种复杂关系在一定条件下可以改变博弈规则。换言之,强调制度和机制的影响并不否定行动者能动性的价值,以及行动者及其决策对制度的"反作用"。当人们发现新的或已改变的机会,就会通过以下两个方式引起制度变迁,一是改变规则(通过直接改变政体,或者通过经济或社会组织对政治组织间接地施加压力);二是有意(有时偶然地)改变规则的实施方式和实施力度,或者改变行为规范的实施力度以及其他非正式约束的实施方式。①实际上,这两种方式在中国改革开放的过程中,以及在现实中都可以充分观察到。与此相关,处在制度变迁中的组织,尤其是对处在激烈竞争状态的组织而言,知识很重要,也就是说,制度设计和制度选择(广义上也是政策选择)同选择者的心智结构密切相关。而且行动者的目的和意图也对制度变迁或变形产生重要影响。特别要强调,个人和组织学习是制度演化的主要动力。

虽然通过竞争、学习、合意等各种努力,完善某种特定的制度或机制是可能的,但我们同时要警惕与制度变迁(在其基本上是"正向"的演化过程的意义上)相反的制度状态或演化过程,即"制度之熵"。所谓"制度之熵"是指,在没有诸种外来的干预或干扰的情况下,一个领域的结构趋向于保持并强化它自身的诸种特征、特性和均衡状态,通过诸种自我维系的机制的行动,它变得没有弹性和头重脚轻,与此同时,这也是行动领域结构过程的自动化的征象及所付出的代价。②所谓"熵"是指,在任意封闭的系统中,全部能量总数是恒定的(热力学第一定

---

① [美]道格拉斯·诺斯著:《理解经济变迁过程》,钟正生、邢华等译,中国人民大学出版社,2008年,第55~56页。

② [法]埃哈尔·费埃德伯格著:《权力与规则——组织行动的动力》,张月译,上海人民出版社,2005年,第121页。

律）；但是无用能量的总数，也就是熵，也是不会减少的（热力学第二定律）。而且当热量从一个温度较高的物体传至温度较低的物体时，熵还可以增加。简单地说，熵就是不能转化为运作的能量。

上述意义上的"制度之熵"在社会领域里不可能出现其严格意义上的典型状态，但其基本含义而言的表现还是常见的。例如，我们通常在探究某一王朝灭亡的原因时，不会归结到某一朝代的最后皇帝及其政府的过失上，而是上溯到其走向衰败的几十年前的特定局面。换言之，几十年前已经形成的制度状态（即"制度之熵"格局）锁定了一定政府或国家今后的发展路径，由此导致最后衰败的结果。在历史上，这种情况并不是罕见的特例。

在制度变迁问题上，我们还要注意如下一个问题，即制度安排的结果同制度安排的目的相互偏离的问题。诺斯指出，制度变迁是人类施加给人类交互作用关系的结构性变化，目的是为了达到某种合意的结果。因为制度变迁对结果的影响程度与相关参与者的意图有关，所以意图和目的之间具有一定的一致性。但是为了达到某种政治目的而建立的制度框架，是结果偏离目的的重要源泉。[①]与此相关，诺斯提出的如下观点让我们产生很多联想：为什么某些统治者在有效的产权必定会增加其总收入时竟会选择一组无效的产权？实际上，竞争性约束（被竞争者取而代之的威胁）和交易成本约束（有效的规则可能需要更高的税收成本以至于统治者的岁入会降低）构成了无效规则存在的根源。[②]这一方面说明制度安排中掺杂政治意图的可能性，但也提醒我们这种政治意图扭曲某一领域运行逻辑的可能性，从而可能会降低一定社会领域的整体有效性。

对于我们而言，理解无效规则存在的原因及其影响等问题的意义，绝不亚于探索有效规则是什么及如何实施这些规则等问题的重要性。这就是我们要认真思考以往的问责制、非责任政府等问题的意义所在，如果我们不去强辩在这些机制和状态中出现的严重问题也是什么成绩，或那些问题只是发展过程中不可避免的过失等来搪塞过去的话。A.N.怀特海指出，一切意义取决于持续，持续就是在时间过程中保持价值的达成态，而持续的东西是自身固有模式的同一。[③]

---

① ［美］道格拉斯·诺斯著：《理解经济变迁过程》，钟正生、邢华等译，中国人民大学出版社，2008年，第71页。

② 转引自［美］约翰·N.德勒巴克、约翰·V.C.奈著：《新制度经济学前沿》，张宁燕等译，经济科学出版社，2003年，第17页。

③ ［美］A.N.怀特海著：《科学与近代世界》，何钦译，商务印书馆，2016年，第214页。

从本书的主旨上看,以往问责制或许在一定范围内确实有效,因此可以说明其存在的价值或意义,但是如果环境发生重大变化且在政府和国家的秩序中,原先的问责制明显表现出捉襟见肘的窘境时,至少要考虑对相关缺陷可弥补的途径。这实际上是问责机制的改革方向问题,但由于问责制在整个国家中所具有的意义,我们在相关问题上的讨论不能仅限于问责制,还要认真探索应该站在何种"高度"来理解问责制的问题。但是在讨论这些问题之前,先要梳理问责需要哪些前提以及如何认识问责的主客体等问题。

二、问责的前提与主客体分类

(一)问责的前提

与问责相关的各种要素很多,除了这里要谈的问责机制之外,有政治体制、行政体制、问责主体、问责客体、问责基准、问责理念、问责背景(这里主要是与相关行动的社会氛围的意义上,更接近于情景的概念)、问责途径和方式(严格地讲,问责途径和方式也有不少与其机制相重的部分),还有与问责机制相关的其他机制等。原则上,如果在公共问题上出了问题,或有人认为出了问题,那么与该问题相关的所有机构和人员都属于被问责的客体范围,而参与问责行动的任何机构和人员都应看作是问责主体。问责主体和客体基本上涵盖有关问责的所有行动者(如果持有一定态度但采取旁观者立场的人也应该包括在内,因为这可以形成相关问题上的舆论导向,因此其有与问责的具体情景相重叠的部分),虽然他们在问责过程中所占的位置和所起的作用会千差万别。

任何组织或任何公共问题需要由人或机构负责,不然公共领域或共同体将会衰败。在较大规模的公共问题上,其首要负责者就是政府。但政府又太过庞大,其行动者大致可分为自然人和具体机构,到了当代,各种社会组织又参与公共事务过程。因此,尽管不同国家和不同时期的问责主体和问责客体各不相同,但只要不被严格限定或条件允许,这里所涉几类行为主体均可成为问责主体或问责客体。这些是一定国家范围(国度)内及某一公共问题为中心的,并参与或卷入有关问责的行为主体。如果是国家间的关系,那么相关的行为主体中就肯定有其他国家及国际组织。

所谓国家间的问责并不是在本书研究范围内的问题,之所以在此提到这一问题,是为了说明问责的基本前提问题。在国际关系上,有一种主张认为,支配其领域的是"森林法则",即"弱肉强食"(或"力的政治"power politics)作为法则来支配。虽然二战之后由于确立了主权原则(其原则的出现是所谓"民族国家"的形成时期)并建立了联合国等国际机构,因而与之前相比"森林法则"的作用受到了一些限制,但当代的很多国家间关系中或在处理国际问题的过程中,仍可以嗅到一些"森林法则"的或强或弱的味道。与此很相似的,就是(国内)政治的世界。

无论是国家间关系还是(国内)政治领域,有关行动主体的问责问题上的共性有两点,即问责的依据和实际手段。

我们虽然不可否认问责行动具有某种专业性和技术性,如在判断某种行动及其后果的责任问题上的归类和程度的"量化"等方面,但更根本的是如何"定性"的问题。归类当然要以某种类型的存在为前提,而这种类型是以概念及据此的推理等形式来存在,这实际上是某种知识。这种概念或知识也许是清晰的(如学术规范、法律条文等),也许是模糊的(如文化传统、道德规范等),或者,也许如意识形态(还有政党纲领、组织原则等)那样是真诚信仰的,或许其只是一个托词,甚至只是"一种组织群众的手段"①。但这些并不重要,重要的是是否卷入问责问题的大部分行动者所共识。实际上,这里所说的共识是给问责行动提供的正当性依据。如果这种共识不是很确定,就会在相关问题上的问责依据上发生分歧或争执,因此尽可能把相关的共识予以确定(在这一过程中舆论的影响很重要,实际上也是各种价值观相互碰撞的过程),乃是问责过程顺畅的一大前提。由于问责必然是社会性的,如果没有具备正当性就难以得到社会的认可,其过程就无法顺利展开,甚至对政府的有效问责过程本身就难以启动。

让我们先来看一下学者们是如何看待政府问责的价值基础的。②

公共管理者既不是价值中立的专家,也不是从事经济活动的企业家,他们应该成为一个复杂治理系统中的负责任的行动主体。公共服务是一项社会需要的、富有挑战性的,并且有时是英勇的事业,它意味着要对他人负责,要坚持法

---

① [美]汉娜·鄂兰著:《极权主义的起源》,林骧华译,时报出版公司,1995年,第524页。

② 以下观点来自如下学者及著作:[美]珍妮特·V.登哈特、罗伯特·B.登哈特著:《新公共服务:服务,而不是掌舵》,方兴、丁煌译,中国人民大学出版社,2010年,第98~99页;[美]戴维·H.罗森布鲁姆、罗伯特·S.克拉夫丘克著:《公共行政学:管理、政治和法律的途径》,张成福译,中国人民大学出版社,2002年,第564~567页、第580~584页;[美]格罗弗·斯塔林著:《公共部门管理》,常健译,中国人民大学出版社,2012年,第四章;[美]特里·L.库珀著:《行政伦理学:实现行政责任的途径》,张秀琴译,中国人民大学出版社,2001年,第四章、第六章。

律、坚持道德、坚持正义以及坚持责任,意味着要对一个复杂的外部控制网络中的竞争性规范和责任进行平衡,它涉及职业标准、公民偏好、道德问题、公法以及最终的公共利益。建立责任政府并有效地实现政府责任(以下是罗森布鲁姆和克拉夫丘克针对美国的行政现实而提出的观点),面临着以下九种障碍:包括专业知识、技术和信息的增长;专职地位的优越性;人事制度的保护;反制的法则(由唐斯提出的官僚体制控制官僚体制的现象);协调的问题;政治领导的缺乏(即由于美国的政党组织涣散而不能为行政部门传达清晰的指导的现象);机关结构与功能的分裂(即公共机构的分化与权责重叠而导致行政责任归属不清的现象);公共行政规模与范围的庞大;"第三部门"的管理等。但是,公共行政责任与道德之提升最终要依赖于有效地唤起个体内在的责任意识。责任是构建行政伦理学的关键概念,涉及回应、公正、灵活性、诚实、负责和能力这六个方面的价值观,其实现包括正式外部、正式内部(正式的外部和内部方面包括司法机构、调查官、立法机关、机构领导或总检察、举报者法规)、非正式外部、非正式内部(非正式的外部和内部方面包括公民参与、利益集团、大众传媒、职业规范、代表机构、公共利益、伦理分析)四个类别的十二种方法。行政人员的责任可以分为主观责任与客观责任。主观责任往往是在个人的社会化过程中形成的,是个人内心主观认为其所应承担的责任;客观责任则是伴随"职位"而成立,由外界的标准所决定,其表现形式包括由法律条文规定的责任、由组织规则和政策规定的责任以及实现公共利益的责任。内部控制主要诉诸个体的职业道德和价值准则,外部控制主要依靠外在于个体的、强加在个体身上的制度与规范体系。在实践中,只有将这两种控制模式结合起来,既关注组织结构、制度,也关注个体道德品性、组织文化等,负责任的行为才有望实现。

从以上所列各种观点中,我们至少可以认识到有关政府的问责价值基础或问责出发点很复杂。但从政府所处位置和所承担的职能来考虑,这种复杂性是当然的事情。我们不应该将原本就很复杂的价值取向过于简化,由此犯疏忽或遗漏重要价值的错误。这里,重要的是能够梳理复杂价值的机制,这就是知识和信息的相互沟通和碰撞,这实际上是有关公共问题进行理性讨论所必需的各种安排。

即便具备了充足的正当性,某种行动后果的"事实"(相关信息)也较为清楚,而问责主体的问责意愿也很强烈(如在社会"公愤"的情况下),但时有发生问责过程难以启动的现象,其原因就是问责主体没有具备相应的手段或权力,如在"强盗的逻辑"（即只凭力，不讲理）或"森林法则"支配相关领域的情况下。这正是在国际关系和政治领域中，即便知道责任者也难以问责的主要原因。当然，如果把讨论的范围限定在和平的方式，那么通过暴力的"问责"是可以排除在外的。但这里的讨论至少说明了有效的问责需要具备相应的手段，而在诸多手段中实际影响力（也是权力及受到切实保障的各项权利）是问责必不可少的前提。当然，能否做到绝对排除暴力问责，取决于很多因素，而其中最重要的因素就是政治制度，如蒂利所说："在选择政治制度时，我们也会在一定程度上选择暴力类型。"①如果在"森林法则"性质很强的共同体中没有其他和平方式问政府责任的途径和希望，恐怕暴力问责是最后一种选择。而如果和平的问责机制能够正常发挥作用，那么不满情绪经常发散而难以累积，而且问题或多或少也会得到解决，因此至少可以降低暴力问责的可能性。

以上所论共识与手段（权力）只是问责过程得以产生和作为问责行动的现实可能性意义上的必要前提，但其并不是问责的充分条件。为了某种问责过程确实得以启动并至少基本有效地运行，还需要具备其他条件。

（二）问责主体的基本分类

无论如何界定行政，行政的首要职能就是把决策者所决定的政策内容付诸实际。决策者与政策执行者的关系因国家基本体制的差异而有所不同，但决策者掌握任免行政首长的权力却是任何国家的通例，这实际上是为了顺利贯彻决策者的政策意图而采取的措施。换句话说，至少行政首长的首要责任就是执行好决策者的政策意图，这一前提下才能被任职或继续留任。但只依靠控制行政首长的措施是难以保障决策意图的顺利贯彻，还需要通过复杂的组织内过程及为获得所需组织行为而作出的合理安排和所采取的适当方法措施。

至少迄今为止，任何国家的政府组织所采取的结构形式都是官僚制，这是因为人类社会为提高政策执行的有效性而找到的最有效的组织结构形式就是官僚制。官僚制是通过纵横两个方面的合理分工来追求效率的组织结构形式，其中纵向上的等级制成分是为提高效率并保障顺利贯彻来自上层的决策意图所必不可少的。但是一个显而易见的事实是，由众多自然人构成的政府组织运行，由于专业的分化和层级管理上的要求及需要调整各组织成员的行为等原因，组织必须通过明确组织中各岗位的角色要求及其相互关系，以求组织行为

---

① ［美］查尔斯·蒂利著：《集体暴力的政治》，谢岳译，上海人民出版社，2011年，第11页。

的确定性和组织运行的稳定性及组织内秩序。如果这些得不到保障,官僚制就难以推行有效的行政。另一方面,尽管组织中有关行为确定性和运行稳定性方面的规定(即组织中的规范)常常产生各种负面效果而受到批判,但这种关于角色要求及岗位之间关系的规定,是在如果组织成员遵守了这些要求就能保证组织正常运作的前提下制定的。组织运行的合理性程度及有效性程度主要取决于这些法律、规章、制度的完善程度或合理性程度,因此只要组织没有正式废除这些规定就必须得到遵守。与前面提及的"法律责任"相比,这是更为广义上的解释(即包括了有关政府及其运行,及公务员地位和角色等方面的所有制度规范),同时也有别于上面引用的(邓恩所说的)"行政责任",因为行政过程并不只限于组织内。

然而公共行政的对象是社会,因此政府活动必然具备管理社会的职能。由于社会的局限性,必须由政府来给社会提供公共品,这就是政府的主要责任,也是政府存在的根本理由和意义所在。

概括起来,行政作为政策的执行过程而产生,官僚制中的等级制性质正是其体现,因此对上负责和对角色要求(即法律规范)负责均属正常。如果来自这不同的两种要求相互冲突,那么在"法大"的国家对后者负责,而在"权大"的国家则对上负责。然而政府存在的价值毕竟不是为了自己生存,它必须管理社会并给社会提供所需服务或解决社会所面临的问题。在这一过程中,政府基于法律规章,并根据自己的专业知识作出各种各样的决策和落实政策内容的行动,这又说明政府最终要对社会负责。换言之,这里的负责对象(即"上""法""社会"三方)都有对政府行为问责的正当性理由。如此看来,政府及其工作人员绝不是在什么"作威作福"的位置上,只要这些问责主体都能正常运作的话。还有一点,仅仅这几点就说明,有关问责问题实在是太复杂了。能否简化这种复杂性?或许弗雷德里克森的话给我们提供一些思路:公共管理者应向谁负责?向民选的行政首长负责?向宪法及法律负责?还是向职业的标准和伦理准则负责?答案当然是须向以上所有方面负责。但是,一种比较宽泛而且更合适的回答是,公共管理者应该向公民负责。①

以上一般层面的理论给我们提供了三种基本的问责主体类型。关于这一

---

① 〔美〕乔治·弗雷德里克森著:《公共行政的精神》,张成福等译,中国人民大学出版社,2003年,第202页。

点，从政策过程的角度并结合中国的实际情况简要说明如下[①]：

首先，决策者对政策执行者的问责。决策者与政策执行者的关系将决定决策者的权力范围和政策执行者的自由裁量权范围，由此决定决策者和政策执行者的责任，因此是政策体制的核心内容。实际上，决策者和政策执行者的关系是政治与行政关系在政策过程视角下的具体化。由于当今中国的国家体制基本上是"政治上位的政治与行政一体化"体制，决策者对政策执行者的问责实际上成为同一个系统内的上级对下级的"行政"问责。但是由于以下理由，决策者的问责范围是有限的：其一，党是政治组织而不是国家机关，法理上无法替代国家正式机关，因此在追究人民代表大会职权范围内的政府责任时，还要通过人大来使相关行为合法化；其二，党是政治组织这一事实说明，至少其活动的主要部分将致力于巩固政权，这就不可避免地讲究权力关系，而在复杂权力关系的"排队"过程中重要的是忠诚度，如果忠诚竞争波及行政组织，就会扰乱甚至扭曲行政的合理性和秩序；其三，政策执行过程有自己的特殊性，如果这种特殊性得不到应有的尊重，必将影响行政效率和政策执行的有效性；其四，由于决策者对行政过程缺乏了解，而且决策层所作出的政策内容往往是模糊的和宏观的，及决策者主要考虑政策对社会的影响等原因，决策者对政策执行的评价主要以结果为导向，且很难对整个政策执行过程进行全面考察并追究其责任。因此，决策者追究政策执行者的责任虽然是分内之事，但决策者对执行不力的责任只能追究到行政首长的责任（或者在制度等方面存在问题的情况下修改相关制度等），而不应追究到其下级。这种下级的责任由于其活动的特殊性，必须通过适合其特征的途径（如下述的组织内问责）来实现。

其次，组织内的责任方面。如果把组织成员的良知和所掌握的专业知识等排除在外的话，政府组织成员在其组织行为中主要根据三个方面的"指令"来作出自己的行动，即上级指示和相关法律制度规范及具体岗位上的角色要求。其中，上级指示是"活"的，而后两者是比较稳定的。因此，尤其在"官本位"传统比较重和一体化体制框架等因素影响的中国实际情况下，存在不少重上级指示而轻法律制度规范及角色要求的情况，这必然影响正常的组织内秩序，更无法避免上级的随意性，由此不可避免地影响行政有效性。为了限制"上级"的随意性

---

①　以下内容主要来自金东日：《三三问责制：责任政府的实现途径》（《学习与探索》，2008年第1期），但在此有所修改和补充。

并保障组织成员对相关法律制度规范及角色要求的恪守,必须采取体制上的合理而强制性的安排,不然法律制度规章及角色要求等绝不可能管得住"活"的上级指示。另外,同行对行政活动的专业性和技术性的评价及问责,大体上也可以归属于这一类。

最后,社会对政府的问责方面。如前所述,从非责任政府的本质特征上看,社会对政府问责的落实,是非责任政府向责任政府转变的根本标志。而且在层级间责任并不很清楚的情况下(即由于一体化体制而没有适当分散责任),即便是政府的较小过错也会波及整个政权的责任上。更大的问题在于,这种情况下很难落实社会对政府的问责。不难想象,在这种状态下很容易激化所谓的体制外与体制内的矛盾。

但是在社会对政府的问责方面必须充分认识一个很重要的问题,这就是社会问政府责任的问题之复杂性。既然社会是政府存在的根本理由之所在,社会问政府责任是理所当然的。但是与决策者对政策执行者或政府组织内的问责相比,社会对政府行为的问责则复杂得多,其原因主要在于社会是由利益和文化上多元的群体构成的,因此对政府行为的期待和感受都不可能一致。正因为这样,尽管社会对政府责任的评价也是"以结果为导向",但与决策者问政策执行者的责任相比,更具模糊性和不确定性,即对政府责任的判断上缺乏合理性和一贯性。也就是说,社会不可能在政府责任和如何追究政府责任的问题上有一个统一而持续的看法,而且在当今中国更是缺乏社会追究政府责任方面的有效机制安排,在信息的获取和处理能力及专业化和组织化等方面也比较弱。但是随着改革开放的深入,中国社会愈益明显地多元化了。社会多元化不仅意味着利益群体的分化,更重要的是这些不同的利益群体对政府提出各自的利益诉求,而这种诉求最好是要通过组织化和专业化的方式来表达,因为只有这样才可以弥补社会问责政府方面的以上缺陷。如果这些诉求和表达途径等方面的条件长期得不到满足,社会的失序与政权合法性的动摇就会成为政府不得不面对的问题,而所谓善治则会成为渐行渐远的奢望。我们必须牢记一条"铁律",排除社会及其行动者的国家治理现代化是根本不可能的。

上述三方问责主体尽管在现实中会交往密切,也有可能转换角色(如上下级关系中的决策者与执行者的角色转换等),有时甚至会处在难解难分的状态(如在有些情况下,政治与行政非常密切地整合在一起并针对社会采取某种联合行动时),但从其问责行动的出发点、依据、构成等都有区别。

总的来说，政府应负的责任有三个方面，问责主体也有三方。可以把这种问责制称为"三三问责制"。而"三三问责制"的实现以体制保障为前提，这包括各问责主体之间的关系必须从国家的长治久安和可持续发展的战略要求出发要做整体性安排。

(三)问责主体的自主性问题

可与上述问责过程得以产生的现实可能性意义上的前提相提并论的是，问责主体如果要真正作为有意义的相关行动主体来发挥作用，首先要具备自主性。因此在这个意义上，这种自主性可以归类为问责前提的范围，但由于该问题在问责过程，尤其是在当今中国所具有的特殊意义，在此单独讨论。

艾森斯塔德在讨论现代性问题时指出，在传统文化向现代性的文化转型需要角色调整，由此必须强调人的自主，这又必然与人的解放相关联，即从传统的政治、文化权威的束缚中解放出来，并且强调不断扩大个人与制度的自由和活动领域。这种自主需要两个维度：反思意识和探索精神，对自然和社会的积极建构和控制。从这一概念中产生一种信念，社会是可以通过自觉的人类活动积极地加以塑造的，而且那些通过自主的人的主观能动性或历史的前进而实现的可能性是开放的。[①]从这种意义上，自主性是现代性的必要条件，因此自主性必然与现代化的各种制度和自由权利密不可分。换言之，人的自主(以及与此相关的"解放""自由"等)并不是我们要不要的问题，而是现代化的前提和主要标识，即由此才能建构现代社会和国家，并区别于传统社会。

詹姆斯·格里芬从不同的角度说明了与艾森斯塔德相似的观点。他说所谓自主性是指，在一个人能够成为行动者的充分的意义上，为了成为行动者，一个人必须选择自己的生活途径，即没有受到其他人或某种其他东西的支配或控制。因此自主性又与自由和权利，及人格和人权等概念密切相关，甚至可以说，离开这些概念就根本无法说明自主性。[②]如果超出具体的单个人或人权等视角(即包括广义上的行动者，如作为集体行动的实体或主体的行动者)，那么自主性概念中核心内容也是自主性的原本意义就是，独立性(当然不是绝对意义上

①　[以]S.N.艾森斯塔德著：《反思现代性》，旷新年、王爱松译，生活·读书·新知三联书店，2006年，第8~10页、第70~71页。

②　这一段有关自主性的内容，见[英]詹姆斯·格里芬著：《论人权》，徐向、刘明译，译林出版社，2015年，第40页、第98页、第181页。

的,自主性及其限度可大可小正好说明这一点)是能够成为有意义的行动者所必备的前提条件,尤其是在本书主题的角度上看(无论是承受责任的主体还是问责主体),更是如此。因为撇开独立性,我们无法说明任何意志和行动的自主性,更不用说承担什么责任或问责的行动。由于格里芬关于自主性的("狭隘解释")的核心概念是"自我决定"意义上的,因此这种"决定"主体的独立性至少在逻辑上是自主性的前提条件(笔者并不否认通常意义上的"自主性"和"独立性"的不少相重部分,因此在有些地方交互使用这两个概念)。另外,格里芬的如下一句话也有助于我们理解自主性:自主性的敌人是教化、洗脑、支配、操纵、墨守成规、虚假意识以及某些形式的幼稚。按着格里芬的解释,这种意义上的自主性同以强制、约束和生活中没有充裕的选择等为敌人的自由是相通的概念。

　　西达·斯考克波在讨论国家的自主性和能力问题时指出, 只有国家确实能够提出"国家自主性"时,才有必要将国家看作一个重要的行为主体。这里所说的国家自主性, 是在国家可能会确立并追求一些并非仅仅是反映社会集团、阶级或社团之需求或利益的目标的意义上的概念。[①]而彼得·卡岑斯坦则认为,将国家看作一个行动主体,有着稳定的制度结构、特定的权限范畴并具有一定实力。[②]下面一段话也有助于我们理解有关责任方面的能力或实力问题:在中世纪晚期和早期现代的英国,教会具有资源和高度发达的组织结构,中央政府在社会中发挥的作用不如现在的那么大,于是提供养老院之类的设施就落到了神职人员头上。随着教会的衰弱,这种责任转移到公民机构,之后又转移到地方政府及中央政府(当财富和权力集中在中央政府时)那里。[③]当然,正如格里芬在讨论"非洲的艾滋病"问题时所涉及的那样,有关责任的能力问题会使我们的讨论陷入更加复杂的境地,如行动者无力承担本属于自己的责任时,该行动者是否可以"名正言顺"地逃避相关责任,或者可以合法地剥夺其行动者原先的"身份"或资格? 由于这是行动者能否承担或履行某种责任的问题,也就是其自主性及其

---

① ［美］西达·斯考克波:《找回国家——当前研究国家的战略分析》,［美］彼得·埃文斯、迪特里希·鲁斯迈耶、西达·斯考克波著:《找回国家》,方力维等译,生活·读书·新知三联书店,2009年,第10页。

② ［美］彼得·卡岑斯坦:《开放的国际经济中的小国——瑞士和奥地利国家与社会的趋同均衡》,［美］彼得·埃文斯、迪特里希·鲁斯迈耶、西达·斯考克波著:《找回国家》,方力维等译,生活·读书·新知三联书店,2009年,第311页。

③ ［英］詹姆斯·格里芬著:《论人权》,徐向、刘明译,译林出版社,2015年,第124~125页。而有关"非洲的艾滋病"问题的讨论,见该书的第127~129页。

范围受到了限制，因此行动者的能力问题或多或少肯定是问某一行动者实际责任的主要内容之一。

可见，作为行动者，尤其是其行动目标很清晰的问责行动的角度来考虑，那么毫无疑问地可以认定，问责主体的自主性是问责行动的必不可少的前提条件。如果不具备问责主体的自主性，所谓的问责行动将毫无价值。还有问责主体与问责客体之间的关系距离，对监管的正式程度有正相关关系，与惩办严厉程度更是如此。①如果考虑到当今中国的体制及其后果，以及各级地方政府的情况，问责主客体间保持一定距离所必不可少的自主性或相对独立性问题，确实具有不可小觑的重要价值。

如前所述，行动者有自然人和组织，后者就是集体行动者。虽然在大规模的组织中又有不同的部门或机构，而且还有需要强化凝聚力和相互间协作等复杂过程方面的问题，但组织正是通过这些来采取统一的行动，即组织正是通过这种自然人和组织部门的自主性同组织整体结构和复杂机制来获得作为具有自主性的整体性，并产生或强或弱的社会影响，这是毫无疑问的。没有自主性的行动者不可能采取一贯而有效的行动，更不必谈什么有效地达到行动目标的问题了。当然，自主性并不是随意的，问责主体必须在问责客体和其他社会行动者能够接受的依据基础上进行问责活动。每个行动者根据自己的性质和位置，为自己找到合适的行动方式，并从自己的角度出发寻找并界定问责的具体目标和行动策略。

问责主体的这种自主性或独立性，还由于问责行动所必要的相关知识和信息而显得格外重要。我们知道，任何决策（即发现和界定问题并选择政策方案的活动）都需要广泛的理性讨论，但由于政府活动的普遍性和深刻性（对所管范围人们生活的深入影响程度）、政府管辖领域的庞杂及管理对象（即社会）的弥散性等特点，以及政府行为及其后果可能产生的影响深远等说明，少数的所谓正式问责机构根本就无法独自承担监督和问责的要求。因为任何行为主体都不能保证正确而完整的信息和知识，更不用说这种少数能够充分反映多元化的价值观和利益诉求。社会分化或利益多元化意味着，只依靠主要以权力为主线编织的"粗糙的等级制"是难以达到"善治"的效果。这就需要多层次和全方位的视角

---

① ［英］克里斯托弗·胡德、科林·斯科特、奥利弗·詹姆斯、乔治·琼斯、托尼·查沃斯著：《监管政府：节俭、优质与廉政体制设置》，陈伟译，生活·读书·新知三联书店，2009年，第64~69页。

来监督政府行为,以免在政府问责问题上可能出现的漏洞及其后果。

当然自主性具有很强的相对性,即便是最具自主性的现代国家(所谓自主的行动者),仆从角色也是其所担当的全部角色中不可避免的一种。[1]这里讨论的是国家相对于社会的自主性,而且自主性具有"多面"特征,换言之,国家的自主性很强不一定对社会一味地采取强压性态度和措施。实际上,我们讨论的行动主体之自主性和对行动对象的强弱态度及所采取的措施等,并不是可以混为一谈的概念。不难想象,在多元行为主体发挥作用的情况下,有可能出现不同行为主体的自主性及其影响之间相互"抵消"的情况。还有,埃文斯等人的以下观点也很重要。他们指出,国家自主性与社会集团的力量显然可以同时提升或同时下降,这可以通过如可称之为挑战与反应的种种模式来实现。当然既不能把国家组织与资源的不同特征归并到一起,也不能把国家自主性问题与一个国家履行某种任务的能力混为一谈。[2]也就是说,问责主体的自主性和力量的强大,并不一定会导致政府活动能力的减弱,有可能反而促其增强,因为在挑战和反应中会促进"双赢"而不是"零和"局面。无论从历史上还是在现实中,我们看到的倒是面对所谓"弱社会"的政府,通常是不仅其能力(无论是决策能力或执行能力,还是在面对自然灾害和社会事件方面的应急处理能力)更为低下,而且更为腐败。另外,政府可掌控的资源越多,而又缺乏其他具备独立性的问责主体的牵制,那么更有可能助长政府及其官员的任性并降低警戒,从而又可能降低活动能力。当然,问责主体的自主性也只是问责活动及其有效性正常发挥的前提,也不能与问责能力及其有效性相混淆。

这里的结论很清楚,为了实现有效的问责行动,必须保障问责主体的自主性。

(四)理解问责客体类型的依据

要问责,还需要至少大体上了解被问责的客体类型及其性质。因为不同的问责客体有不同的职责所在,这就必然带来不同的问责重点、方式、过程,以及问责后果。例如,世界银行发布的《变化世界中的国家》中指出,国家的功能有积

---

① [美]迪特里希·鲁斯迈耶、彼得·埃文斯:《国家与经济转型——一种支撑有效干预的条件分析》,[美]彼得·埃文斯、迪特里希·鲁斯迈耶、西达·斯考克波著:《找回国家》,方力维等译,生活·读书·新知三联书店,2009年,第84页。

② [美]彼得·埃文斯、迪特里希·鲁斯迈耶、西达·斯考克波:《迈向更加充分了解国家的大道》,[美]彼得·埃文斯、迪特里希·鲁斯迈耶、西达·斯考克波著:《找回国家》,方力维等译,生活·读书·新知三联书店,2009年,第481页、第483页。

极功能、中等功能、最简功能之分。积极功能有行业政策和财富再分配两项，中等功能有管理外部性、教育及环境保护、监管垄断、克服信息不对称、保险及金融监管、社会保险，最简功能有提供纯粹公共物品、国防和法律及秩序、宏观经济管理、公共健康、促进公平、保护穷人。①以上功能主要侧重于经济和社会及法律秩序等方面，还没有涉及如较为"典型"的政治或行政领域，以及政府监管和社会资本等方面。然而履行这些职能与所有政府几乎都有关系，即政府（即问责客体）所承担的责任很庞杂，对与此相关的客体做一一分析几乎不大可能，因此对问责客体进行分类是必需的。

不仅是众多的政府职能，还有克里斯托弗·胡德等人所说的多样性也给理解问责客体的努力带来麻烦。根据胡德等人的研究，除多元化组织形式的扩散、竞争和职能重叠这些一般意义上的多样化之外，政府内监管的多样性还至少体现在以下五个方面：功能多样化（主要是指独特的监管"家族"）、区域多样化（在不同地区，政府内监管也有差异）、部门差异性（在中央政府核心部门实施监管的风格与规模不同于地方政府或公共部门的外围领域）、制度多样性（政府内监管者的设立方式）、呈现度方面的多样性（不同监管者受社会关注的程度）。②以上只限于政府内监管，如果扩大到其他监管主体，因不同主体对问责的重点等的不同，无疑使得问责客体问题更加复杂。

不过，詹姆斯·Q.威尔逊的观点给我们提供了可以简化这种复杂性的途径。威尔逊认为③，政府部门在管理层面上有两个不同点，即其业务人员的行动和行动结果是否能被看到。第一个因素涉及产出，这是组织成员每天做的工作，产出由部门所做的工作组成；第二个因素涉及成果——产出如何改变世界（如社区安全、秩序和生活舒适感的改变），成果是部门工作的结果。由于业务人员的工作比较深奥（如医生诊断等），或者因为业务人员的行动在管理人员的视野之外（如护林员巡视森林等），有些产出（工作）难以被观察到。如果是这种情况，那么

① 转引自[美]弗朗西斯·福山著：《政治秩序与政治衰败：从工业革命到民主全球化》，毛俊杰译，广西师范大学出版社，2015年，第51页。

② [英]克里斯托弗·胡德、科林·斯科特、奥利弗·詹姆斯、乔治·琼斯、托尼·查沃斯著：《监管政府：节俭、优质与廉政体制设置》，陈伟译，生活·读书·新知三联书店，2009年，第38~44页。

③ 以下根据产出和成果来对组织部门进行分类并对其特征所做的说明，见[美]詹姆斯·Q.威尔逊著：《官僚机构：政府机构的作为及其原因》，孙艳等译，生活·读书·新知三联书店，2006年，第211~234页。

就发生道德风险问题。另一方面,由于机构缺乏收集关于其工作成果信息的方法(如防止自杀机构可能确实阻止了自杀,但它无法计算没有发生的潜在自杀数目),或者因为业务人员缺少生产某种成果的已经验证的方法(如监狱心理学家不知道如何使罪犯恢复名誉),或者因为成果在耽搁很长时间之后才出现(如对某一罪犯的处罚可能导致五年后罪犯犯罪行为的减少,或者甚至上升),成果也可能难以被观察。威尔逊根据产出和成果能否被观察到而划分了四种政府部门类型,即生产型组织(产出和成果都能被看到的部门)、程序型组织(可以看到产出,但不能看到成果的部门)、工艺型组织(可以看到成果,但不能看到产出的部门)、解决型组织(产出和成果都不能被看到的部门)。生产型机构的管理人员遇到的重要问题是,管理人员有意或无意地把主要精力放在更容易测量的成果,而忽视那些较难看到或计算的成果。程序型组织很清楚,他们不能确切地说他们在为实现部门目标而工作,他们所能把握的就是如果他们违反了重要的程序规定,就会遇上麻烦。因此,标准操作程序在这类组织中非常普遍,而这种组织最大的麻烦就是,在突发性事件发生时所使用的操作程序失效。由于工艺型组织中的员工工作很难被看到,工作人员都有很多机会接受贿赂、滥用权力,因此成功的管理人员不仅尽力发展其员工的技术,还鼓励培养员工们对于责任和优秀工作的精神。在解决型组织中,由于工作和成果都很难被看到,有效的管理几乎是不可能的。

安东尼·唐斯首先承认[①],如果官僚组织分类仅仅以实质性职能为依据,要建立一套能够推导出有用命题的范畴非常困难。他认为,应该从职能的结构形式作为主要分类工具来划分官僚组织的类型,他还列举了八个方面的职能结构形式,如职能被界定的清晰度;组织行为的结果及其评估有效性的难易程度;组织内部技术环境的稳定性;外部环境的稳定性;不同职能运作的相互依赖性;职能的复杂性;职能的范围,即职能所包含的不同活动的幅度;官僚组织环境的权威设定,即其制度环境的本质等。唐斯还为考察官僚组织内部如何组织和运作以履行它的职能,又提出了沟通系统及资源配置系统等十个维度,还以"反馈""服务""命令"等作为关系线,勾画出关于官僚组织的权威设定。

以上讨论的基本上属于政府组织,但也可以适用于其他公共组织,如公共医疗和公共教育组织。就政府组织而言,其分类本身是一个非常复杂的问题,这

---

① [英]安东尼·唐斯著:《官僚制内部》,郭小聪等译,中国人民大学出版社,2006年,第46~52页。

需要通过对政府组织的实际调查和深入研究才能搞清楚。总的来看，与决策者和社会对政府行为的评价主要以结果为导向不同，关于政府组织内的责任必须以其过程为主要根据，尤其是威尔逊所提到的生产型组织和程序型组织。这一方面是因为随着专业领域的知识在不断积累增长，现代社会的规范化程度越来越高，即便应急组织也是这种趋势（如灾难类型和灾难程度的分类及其相应的"标准操作程序"或行动措施，这就是所谓"应急预案"）。另一方面，任何政府组织虽然程度不同，但都有一定的程序，这是组织行为的基本依据。而在明显具有工艺型组织性质的组织，可以广泛动员相关同行专家来予以判断，而具有解决型组织性质的部门由于难以把握问责标准，因此可以主要通过同行评价和监管（甚至可以包括秘密方式）并结合政府组织外的一些问责主体（如决策部门或社会组织）所持有的一些感受和价值观来作出综合判断。

在最宽泛的意义上，任何有关公共问题的行动者都可以成为被问责的客体，这种主张的依据，就是行动在公共领域中的"全面性"。

三、政府问责与国家建设

（一）信任与不确定性

通过建构和完善问责机制而要达到的目的，决不应该仅限于发现错误并对责任者予以惩罚的方面，其目的还在于通过问责过程促使相关领域的人们认识到"应该"和"不应该"的行为及其后果，从而能够促进组织整体或全社会的学习。但其根本的目的却在于，通过这一过程促使相关组织和领域运行顺畅，从而提升该共同体内人们的生活质量，或对于具体组织而言是有效地达到组织目标。这种意义上，如果将这里的共同体限定在国家这一现代社会的基本共同体，而且考虑到政府在现代国家（如中国等后发国家）中所具有的地位，可以毫无疑问地说，政府问责制在国家构建上具有非常重要的意义。因为，虽然是全球化时代，但由于主权原则和政府主导的国家运行模式，国家是影响人们生活质量的首要"单位"，而政府是人们生活质量的主要"责任者"。

如果使得某一机制（尤其是问责机制）在现实中有效地发挥作用，就得让人们信任它，不管从某一机制中得到的是奖赏还是惩罚，不然该机制的"生存"本身就会成为问题。说到底，一个体系只有在制度约束和彼此信任的基础上才能发挥作用,因此成为制度建设不可或缺的内容。①

信任是社会资本(期望在市场中得到回报的社会关系投资,在目的性的行动中获取和 / 或动员的、嵌入在社会结构中的资源)②的最重要的组成部分(还有合作、关系网络、声誉等)。先让我们看一下一般哲学层面上有关信任的基本观点。③信任通过复杂性的简化,排除了某种行动的可能性。信任总是从已有的证据进行推断(因此可以说信任是"积累"的,但也有一些是盲目的,如基于某种好感的信任),它是知与无知的融合。信任和不信任,通常会被看作是情感的(非中立的)和弥散的(非特定的)态度。当然简化的系统本身需要并维持着信任,而信任的维持在一定情况下根据已确立的规则来激活属于国家的强制手段。信任的形成需要认知、规范形成、学习和行为期待的制度化等社会机制。与个人之间的信任不同,系统信任建立在这种事实之上,即其他人也信任,而且对信任的这种共识拥有成为有意识的。系统信任的合理性基础在于,信任他人的信任。信任需要大量的学习、符号化、控制和制裁等辅助机制,它以需要精力和注意力的方式构成经验的处理。

吉登斯则在分析现代性时指出④,包括货币在内的所有的脱域机制(包括象征标志和专家系统两个方面)都依赖于信任,因此信任在本质上与现代性制度相关联。信任在这里被赋予的,不是个人,而是抽象能力。可以将其意义理解为,信任体现在具有风险的环境中,凭此人们能够获得不同程度的安全(防范危险)。可以看得出,吉登斯的这种观点是在讨论特定问题时提出的,因为从一般的层面上看,前现代社会也有不少信任机制。

然而这里所说的风险环境,实际上是不确定性问题。如果不确定性比较严重,人们难以抉择,秩序也会混乱。因此在这里有必要对不确定性问题进行简要

---

① [美]詹姆斯·G.马奇、约翰·奥尔森著:《重新发现制度:政治的组织基础》,张伟译,生活·读书·新知三联书店,2011年,第166页。

② [美]林南著:《社会资本——关于社会结构与行动的理论》,张磊译,上海人民出版社,2006年,第18页、第36页。

③ 以下哲学层面上有关信任的观点,见[德]尼克拉斯·卢曼著:《信任》,瞿铁鹏译,上海人民出版社,2005年,第32页、第33页、第36页、第74页、第86页、第92页、第118页。

④ 以下与现代性相关的意义上对信任进行解释的观点,见[英]安东尼·吉登斯著:《现代性的后果》,田禾译,译林出版社,2011年,第23页、第46~47页。另外吉登斯所说的"脱域机制",是指使社会行动得以从地域化情景中"提取出来",并跨越广阔的时间—空间距离去重新组织社会关系的机制。

讨论。

　　无论在日常生活中还是在科学上，不确定性总是伴随着我们，而且不可能从我们的生活（无论是个人还是作为社会整体）中完全消除。①不确定性根本上源于我们缺乏关于因果关系方面的知识和信息，而不确定性又给我们带来太多的麻烦，如无法作出决定、回避真正重要的问题而降低决策的质量、官僚主义盛行（即只按规章办事及脱离实际）、安于现状，等等。因此，不确定性是我们必须克服的对象。克服不确定性的根本途径就是增强知识和信息，但其又总是有限。于是人们在获取的信息和知识尚未充分的条件下，只能通过其他途径来生存和发展下去，为此就需要一定的确定性来缓冲由不确定性所带来的混乱，而其中最重要的就是某种信任和制度。无论是信任还是制度，并不一定都是"真理"，但只要大部分人信以为真或至少某种程度的相信，在此基础上能够形成相应的秩序。在这种意义上，信任和制度中可能掺杂着某种谬误甚至迷信。当然随着知识的积累，这种谬误或迷信会逐渐被消除。信任和机制及其他各种制度的价值即在于此，而社会资本的价值也可以从这个思路上去理解。从上述社会资本的定义上看，雄厚的社会资本将给我们带来相应的回报。如果社会资本贫乏，社会为各领域的交往所付出的成本就会相应地提高。萨姆·鲍尔斯和赫伯特·金迪斯也是同样"功利"的角度看待社会资本的，即社会资本逐渐引起人们的重视并不是因为它自身的优点，而是由于市场和政府都存在自身难以克服的缺陷②，而不确定性无疑是这里所说的缺陷的主要内容。

　　从社会资本理论的角度上看，信任是属于社会资本的议题，这没有错，但从"传统"的分类中信任是道德问题。但是道德也不是通常所认为的那样是简单的"善与恶"或纯粹的良心上的话题，即道德并不只是个人的行为准则，其实际上具有巨大的社会"效用"，尤其是在应对不确定性方面。阿伦特指出，道德不只是风俗习惯的总和，而是以同意为有效性基础，并通过传统得到强化的行为准则，它在政治上至少要像善良意志一样，随时准备着通过宽恕，作出承诺和信守承

---

① ［美］亨利·N.波拉克著：《不确定的科学与不确定的世界》，李萍萍译，上海科技教育出版社，2012年，第3页。

② ［美］萨姆·鲍尔斯、赫伯特·金迪斯：《社会资本和共同体治理》，见［美］赫伯特·金迪斯、萨姆·鲍尔斯等著：《人类的趋社会性及其研究：一个超越经济学的经济分析》，汪丁丁等译，上海人民出版社，2006年，第69页。他们在该书的第71页还指出，社会资本概念的兴起也表明了充满意识形态色彩的"计划vs市场争论的结束"。

诺来维护自身,以对抗行动的巨大风险。①

　　还有,这里所说的信任问题不仅是为了说明对某种机制予以信任的必要性,而且也旨在阐明如下观点:即对政府及公职人员保持适当的不信任,或许对公共事务的完善会有好处,而且某种意义上是必要的。道理很简单,有怀疑(不信任的态度)才会发现问题(与政府责任相关的),问责过程由此才得以开始。至少从现代的意义上看,掌握庞大公共资源又不怎么公开内部运作信息的条件下,如果对其内部运行过程不采取任何怀疑态度,那么整个社会将为之付出惨重的代价。可以认为,经常保持适当的怀疑态度是人类进步的主要动力(至少是其之一),正如怀特海指出的那样,反映人类心灵伟大精髓之观念的再次复兴,是与 18 世纪对宗教持怀疑态度的人道主义相联系的,那时人类已经进入了理性和人权的时代。②某种意义上可以认为,结束欧洲中世纪"黑暗时代"的,就是基于人道主义的"怀疑"态度。无数的历史事实证明对政府及其行为保留怀疑态度的必要性。当然,政府也需要努力增强自己的信任度,而且也经常这么做。缺乏一定信任度的政府,将很难顺利推行自己的政策,如果情况严重,连其运行和生存都会成为问题。在有些国家或大规模组织中大搞"神化"其发展历史或领导人的主要原因也在于此。实际上,不利用历史将自己合法化的统治形式是不存在的,对所有文化和时代都适用的一个古典的范例,就是通过出身和血统使统治形式合法化。③这种做法的道理也不难理解,过去的或现有的,而且是众多人们信以为真的某种"事实"或像"血统"这样的象征,而不是关于未来的某种"承诺"或难以理解的什么"真理",才是获取信任和合法性的可靠依据。

　　但是在减少不确定性方面,最有效的无疑是制度化。虽然各种学派和不同学者对制度的理解和侧重点都有区别,但也存在基本的共同点,即制度是具有相对持久性的、已确立的社会性设施④,它必然涉及规范性约束,而且主要是作

----

①　[美]汉娜·阿伦特著:《人的境况》,王寅丽译,上海人民出版社,2009年,第191页。阿伦特所认为的宽恕,是人类消除或逆转已经完成了的言论和行动的能力,或换句话说,是对行动所引起的不可避免的损害的必要纠正。但是,行为本身是根本不可能被宽恕的,被宽恕的只能是行为者。关于这一解释,见[美]伊丽莎白·杨-布鲁尔著:《阿伦特为什么重要》,刘北成、刘小鸥译,译林出版社,2009年,第67页。

②　[英]艾尔弗雷德·诺思·怀特海著:《观念的历险》,洪伟译,上海译文出版社,2013年,第19页。

③　[德]约恩·吕森著:《历史思考的新途径》,綦甲福、来炯译,上海人民出版社,2005年,第17页。

④　[美]沃尔特·W.鲍威尔、保罗·J.迪马吉奥著:《组织分析的新制度主义》,姚伟译,上海人民出版社,2008年,第88页。

为日常生活世界参与者必须考虑的事实而进入社会生活之中的。①制度界定并限制了人们的选择集合，制度乃是一种人类在其中发生相互交往的框架，制度在社会中的主要作用，就是通过建立一个人们互动的稳定（但不一定是有效的）结构来减少不确定性。②

从一定意义上可以认为，完善问责机制就是要给一定的共同体增强信任并减少不确定性。

（二）政府问责的主要方式

在此简要回顾有关政府问责的主要方式，以为后面探讨和理解改革问责机制的方向等方面做些铺垫。

有关政府的问责机制，首先是官僚制内的问责。由于官僚制的基本含义和本质特征，在这种情形下的问责，除了确实违规犯法之外，其整体运行所造成的危害只能问组织内部门或组织的"负责人"，即便"平庸的恶"（阿伦特之语，关于这一问题将在第七章涉及）之人多么可恶，但毕竟是服从者的"职责所在"，而且"法不责众"。

与官僚制内部问责形式相近但又有些区别的，就是胡德等人探讨的政府内监管。③这是一个公共组织影响另一个组织的行为，并且监管者与被监管者保持一定的距离，而监管者拥有审查被监管者的行为并予以纠正的正式授权。这相当（或类似）于中国的纪委或审计机关等组织对其他政府（或公共）组织的问责制。这种监管有别于官僚制内部上下级间的自我监管，也不同于检察院和法院等司法机关，以及权力机关（议会及政党或人民代表大会等）及其附属机构对政府部门的监管，更有别于社会各种行动者（包括各种媒体、各种非政府组织、公民等）对政府及公务员的监管。按着胡德等人的观点，就其方式而言，这种监管也不同于以下其他"非直接监督"公共部门的控制类型：公开竞争，通过竞赛和选择进行控制，包括官僚机构内部竞争和政府机构之间的竞争；相互牵制，这是

---

① ［美］沃尔特·W.鲍威尔、保罗·J.迪马吉奥著：《组织分析的新制度主义》，姚伟译，上海人民出版社，2008年，第46页。

② ［美］道格拉斯·C.诺斯著：《制度、制度变迁与经济绩效》，杭行译，格致出版社、上海三联书店、上海人民出版社，2008年，第4~5页、第7页。

③ ［英］克里斯托弗·胡德、科林·斯科特·奥利弗、詹姆斯·乔治·琼斯、托尼·查沃斯著：《监管政府：节俭、优质与廉政体制设置》，陈伟译，生活·读书·新知三联书店，2009年，第8~17页。

借助群体影响来调控个体行为的方法,如个体行动受制于委员会架构所形成的群体决策机制以及相互牵制的氛围和预期;人为的随机性,通过使运行条件和运行结果变得无法预测来制约当事人的行为。这几种方式在实践中当然可以混合使用。

以上所提官僚制内部问责和政府内监管的问责方式有一个共同点,这就是都没有考虑或涉及政府以外的问责主体。虽然这两种问责方式都有可取之处,而且是必要的,但是如果没有其他问责方式的配套,有可能难以摆脱"官官相护"之嫌,而且由于问责主体及其所持价值观的狭隘,可能有悖于社会广大公民的期待,甚至不能排除(如政府内监管的机构)堕落为被政治领导人随意摆布的"打手"的可能性(如为推行某种政策而以此种权力来"威胁"或公权私用等)。以上缺陷,是在权力较为集中的国家特别需要注意的问题。

前些年盛行于中国各级地方政府而如今影响犹在(不少地方政府还在推行)的新公共管理,却将公共行政贬低为只追求绩效的机构和过程。由于新公共管理具有较为明显的精英主义色彩,在其观点方面确实给民主造成了损害。这里需要特别提醒的是,绩效指标制度往往以始料未及的方式扭曲组织行为,因为管理者为达到目标所采用的手段通常会产生副作用,乃至反作用。[①]当然,新公共管理也不是一无是处,如"民营化""外包"等确实为解决公共部门效率低的问题提供了可行的途径,还有至少在客观上,给僵化的官僚制带来了某种强心剂的作用,而且虽然有限但确实引进了官僚制以外的声音,即所谓绩效指标设计专家们的意见。但是为了完成绩效指标(尤其是"以国民生产总值论英雄")而忽略其他政府部门的正常工作(如破坏环境、农村治理衰败等),尤其是在推行其主要方法的过程中对政府过程(特别是法制化进程)所造成的危害,恐怕是无法估量的。总的来看,以所谓绩效指标来问责的方法,并没有超出上述两种问责方式的范围。

与新公共管理的主张不同,自新公共行政开始的一批学者探索的是完全不同的道路,他们强调规范价值、社会公平、回应性等,由此走上民主行政性质的"治理"之路。[②]

---

① [英]克里斯托弗·胡德、科林·斯科特、奥利弗·詹姆斯、乔治·琼斯、托尼·查沃斯著:《监管政府:节俭、优质与廉政体制设置》,陈伟译,生活·读书·新知三联书店,2009年,第242页。

② 有关民主行政理论发展方面的梳理,参见金东日、石少成:《如何理解国家治理现代化——以民主行政理论为中心》,《中国行政管理》,2015年第11期。

当然,由于时代精神和知识积累程度的差异等原因,包括政府管理模式在内的各种制度也会反映不同阶段的不同特征,并带上时代烙印。如在革命时期(包括战争年代)和"文革"时期没有实行(也许没有条件)或取消军衔制,但在建设和改革时期就实行或恢复军衔制了。这是很自然的,因为革命要打破秩序,建设则要依靠秩序,而秩序最仰赖的就是制度。问题是,有关问责的机制是在什么背景下被型塑为现在的状态? 这既是与体制相关的,也是与建构者的意图或目的密切关联的问题。还有,初始状态的问责机制有没有发生什么变化,如果有,这种变化又是由什么原因引起的? 更为重要的是,现行的问责机制是否在有效地运作并发挥所期待的作用? 这是对现行问责机制的定性评价问题。如果这一定性评价上有些否定性的判断,那么就需要弄清其原因,并努力探讨更有效的途径。

实际上,由于理性的有限性,任何国家和时期的问责机制都不可能完美无缺,因而必然带有某种不确定性。而能够减少这种不确定性的途径,就是尽可能动员和增强相关的知识和信息来对这一过程尽可能合理地予以制度化。

(三)问责机制与民主行政

在较为宽泛的意义上,可以把问责机制理解为对以下过程的安排:以怀疑开始(问责的启动),围绕问责而主客体之间展开"聚焦式互动"①,弄清问题(如有没有问题,如果有问题,是什么性质和何种程度的)及其责任所在(这既包括具体行动者,如责任人或组织机构;也包括非行动者,如制度、机制、体制等),并在此基础上作出纠正措施等。而较为狭隘意义上的问责机制(即大部分学者通常认为的"有关追究责任的机制和制度"),自古有之,是任何共同体的共性。因为如果没有这种意义上的问责机制,就不可能维持共同体。这又说明,即便是在最近的问责机制"设计"中,也不可避免地含有社会学制度主义和历史制度主义意义上的制度,或者说,至少有这些制度(如路径依赖、文化模本等)的影响。②

我们已经指出,问责机制有很强的目的性,但问责机制的目的性并不仅限于"问责",这一点在其他机制中也是一样的。其根本原因就在于,任何机制(尤

---

① [英]安东尼·吉登斯著:《现代性的后果》,田禾译,译林出版社,2011年,第72页。

② 我们知道,在提出"路径依赖""文化模本"等概念的理论说明中,都有一些经济学或社会学的话语系统"支撑"。但是我们不必将这些概念因此而严格地归类到某一学科。因为"制度也意味着史实性/历史因素与控制。相互影响的活动的典型化(定型化)建立在共享的历史进程中。它们不可能同时被创造出来。制度总是有其自身的历史,是其历史的产物"。引文见[英]彼得·伯格、托马斯·卢克曼著:《现实的社会构建》,汪涌译,北京大学出版社,2009年,第47页。

其是特定组织中的机制)的目的性,根本上是为某一共同体的目的而建设,即与该共同体的核心问题或政策及由此决定的基本行为倾向分不开,这也是任何机制都与其上一层的体制密切相关的根本原因。正如迪特里希·鲁斯迈耶等人指出的那样,任何制度建设都要求超越个人的工具理性行为,一个有效的制度建设过程,必须重新塑造核心参与者的目标、优先事项和责任感,灌输共享的假设和共同期望,从而在此基础上培育共同的理性。构筑制度基础和官僚机构的执行能力的过程,同时也是限定政策选择范围的过程。①这一点又说明,一定组织和一定时期的众多制度及机制,必然很复杂地相互嵌套在一起。还有一个与此相关问题需要说明,我们必须区分制度与机制。如做比喻,在有关问责的机制这一"器物"(作为有关问责的平台)中,每个具体制度就是建构这一整装平台的组件,其规定每个行动者的位置和角色要求及行动程序等。因此在问责机制整体上没有问题或不认为这一"器物"的根本理念有问题的情况下(如前所述,整体上的问题通常是涉及体制),如果只是要通过一些修补来完善它的话,通常就从调整和完善具体制度开始着手。

上述问责机制与制度的关系又告诉我们,任何制度系统实际上都是问责机制。正如 W.理查德·斯科特所说,规范系统("制度系统"本身已经超出了单个制度的范围)会对社会行为施加一种限制,但它们也会赋予社会行动以某种力量,对社会行动具有使能作用。因此它们对于行动者既赋予权力也施加责任,既赋予特权也施加义务,既提供许可也实施命令和操纵。②虽然讨论的角度和使用的概念不同,吉登斯也主张,由于结构作为记忆痕迹,具体体现在各种社会实践中,"内在于"人的活动,因此结构总是同时具有约束性与使动性。③而马奇和奥尔森更直截了当地指出,"规则"这个术语说的是一种责任和义务,而不是预料之中结果性的决策,并与预期行为相对应,以设问的方式描述责任行为的特征,即这是什么样的情景? 我是谁? 此情此景下我的各种行为恰适性如何? ——做

---

① [美]迪特里希·鲁斯迈耶、彼得·埃文斯:《国家与经济转型——一种支撑有效干预的条件分析》,[美]彼得·埃文斯、迪特里希·鲁斯迈耶、西达·斯考克波著:《找回国家》,方立维等译,生活·读书·新知三联书店,2009年,第69页、第71页。

② [美]W.理查德·斯科特著:《制度与组织——思想观念与物质利益》,姚伟、王黎芳译,中国人民大学出版社,2010年,第63页。

③ [英]安东尼·吉登斯著:《社会的构成:结构化理论纲要》,李康、李猛译,中国人民大学出版社,2016年,第23页。

最恰当的事。①不难想象，很多现实中的问责机构和相关人员，本身就基于这里所说的权利、责任、命令、使动性，以及对"情景"和自我身份的认定等，而展开问责行动或负责任的行动。

制度化是社会程序、社会义务等，在社会思想和行动中逐渐获得某种规则地位的过程，而制度化规则是构建于社会中的相互影响和增强的典型或理解之类别。②如果这里所说的程序、义务、规则等是有关问责方面的（即这里的规则等所涉及的是有关问责的"类行为"），而且相互影响是围绕着问责这一焦点（即"聚焦式互动"），那么制度化本身就是完善问责机制的过程。由于作为过程的制度化必然牵涉各行动者的利益，作为结果的制度化是各种行动者为了实现他们的目的而进行的政治努力的产物。制度化的成功与作为结果的制度所呈现的形式，取决于各种支持、反对或试图极力影响它的行动者的相对权力。但是作为一种结果的"制度化"概念，把组织结构与实践置于利益与政治范畴之外。相反，作为一种过程的"制度化"概念，是一种深层的政治过程，并反映组织的利益与为了利益而动员的各种行动者的相对权力。③由于制度的客观性（即已超出具体行动者的主观特征），其由此能够获得作为评价在其"管辖"范围内任何行动者行动的客观准绳或基准的意义。这就是保罗·J.迪马吉奥所说的，作为结果的"制度化"把组织结构与实践置于利益与政治范畴之外的含义。当然，在以上讨论的内容中有一个前提，那就是已经制定的制度必须得到尊重。不然，我们不能将其视为制度化。这里所说的对制度的尊重，显然是恪守承诺的问题。

作为过程的制度化告诉我们，必然掺杂争权夺利的政治斗争。也就是说，制度化必然包含着谁、为了什么、作出什么判断，以及为了各自的判断（即关于所要建立的制度及与此相关的共同体"愿景"）动员各种手段的权力较量。换言之，作为过程的问责机制的制度化，必然包含着由谁来问责、为了什么问责、基于什么价值基准来作出何种判断、问责主体又能动员何种手段等一系列问题。不过在此我们不必详细讨论这里所涉及的所有问题，就讨论完善问责机制的途径和

---

① ［美］詹姆斯·G.马奇、约翰·奥尔森著：《重新发现制度：政治的组织基础》，张伟译，生活·读书·新知三联书店，2011年，第22页。

② ［美］沃尔特·W.鲍威尔、保罗·J.迪马吉奥著：《组织分析的新制度主义》，姚伟译，上海人民出版社，2008年，第46页。

③ 这一段内容是迪马吉奥的观点，转引自［美］W.理查德·斯科特著：《制度与组织——思想观念与物质利益》，王黎芳译，中国人民大学出版社，2010年，第104页。

方向,因为将要讨论的话题已经涵盖了这些问题。

笔者认为,关于问责机制必须提高到民主行政乃至国家建设的高度。[①]行政相对独立于政治及其后的发展过程,原本就是国家现代化进程中的一个重要内容,而行政学的发展进程正好说明了现代国家的构建逻辑。

从历史上看,民主是作为独裁的对立面来提出并孜孜以求的。但是,不能因此将民主只当作政治上的意识形态或鼓励人们争取自由的旗帜。与之相比更重要的是,而且必须清晰地认识到,民主是为解决在公共领域中经常带来严重后果的问题而苦苦思索之结果——知识。只要提及与民主相关的概念及制度,诸如人性、权力、权利、自由、平等、参与、政策等,就足可理解这一点。也就是说,民主是人类为解决公共问题而苦苦摸索且通过无数次的试错实践和理论研究而获得的宝贵知识。人类的知觉总是容易犯错误,错误是高级有机体特有的标志,而且是促使有机体得以向上的导师,智力的进化就是使个体能够利用错误而不致错误所害。[②]这里所说的"导师",就是从错误中学到的知识。甚至可以说,人类与其他动物的最大区别,就是创造知识并以抽象的语言广泛传播和共享。因此关于民主,我们必须确立如下立场:既不能神话民主并将其当作正当化自己言行的"圣物",更不应该给民主贴上某种标签而妖魔化来予以拒绝或排斥。

根据我们的考察,民主行政的核心议题是政府与其外部主体间的关系(民主政治更是如此,如"统治者"与"被统治者"之间的关系)。这一议题在操作层面反映的是分权问题,从韦伯(正是"民主行政"这一词汇的提出者)到公共治理范式无一不是如此。但是这种分权是以法制为前提的,而且负有与其权力相当的责任(对于任何行动者都是)。民主行政的演进就是在法制基础上的权力和责任逐渐走向碎片化的过程,而任何公共问题及其相关机构和负责人都是问责的对象,而且问责的途径也明显具有越来越多样化的趋势。应该说,问责机制绝不是惩罚违规犯法者那么简单,与之相比更重要的是,通过法制确定权力和责任(公共领域中的角色要求),而问责主体的范围从正式机构逐渐扩展至每个公民和社会组织,而且当代的互联网技术为这种问责机制提供了坚实的物质基础。在这种问责过程中,关注公共议题的人们将受到公民教育,而国家由此逐渐得到

---

① 以下有关民主行政的内容,主要来自金东日、石少成:《如何理解国家治理现代化》(《中国行政管理》,2015年第11期)的结论部分,在此有所修改和补充。

② [英]怀特海著:《过程与实在——宇宙论研究》,李步楼译,商务印书馆,2011年,第262页。

净化。只要是公共问题，人人有权问责并且可以参与解决公共问题的所有过程，这似乎是混乱不堪的"战国时代"，却由于稳定的法制和体制机制而不失秩序，这实际上是所有公民对所属共同体的公共问题负责的状态，可以将此理解为"善治"。由此可以得出如下命题：问责机制是衡量国家治理完善程度的重要指标。可以确定，在不健全的问责机制下，即无国家治理现代化。

以上种种，概而言之是民主行政，这就是当今中国政府问责机制的改革方向。但作为现实可行的途径，我们的主张是先限定范围，即县政及其以下实行与以往不同的问责机制。关于这一点，将在第七章进一步详细讨论。

（四）问责机制在国家建设中的意义

上述关于机制的讨论告诉我们，无论是包括国家政府在内的组织还是特定的社会领域，其基本"粒子"都是自然人。因此对于包括政府在内的一定组织或社会特定领域的整体有效性来讲，每一个自然人的素质和能力确实重要。但是这种自然人的素质和能力受其环境的很大影响，而这种环境中最重要的莫过于每个自然人的行动准则和行为平台——制度和机制。自然人的素质和能力在组织背景下才具有意义，并通过机制才可以转化为对于组织有价值的能量。这就说明，无论是组织等行动者或社会领域的内部运行还是社会实体运作的外部环境，以及社会实体间的互动等，都以各种相关机制为条件，或者说离不开机制。因此在提升某一类社会实体（如政府类或企业类）的有效运行方面，具有关键性意义的是机制。但是有关体制及其与机制的关系又告诉我们，机制又以体制为根基。因此为提升社会实体的整体有效性的途径不能仅限于社会实体本身来考虑，至少与其他实体的互动及与此相关的机制与体制作为思考的基本方向（此即为图1-1的主要内容）。

机制与体制的上述含义和各自的功能定位，不仅意味着两者的顺畅关系能够建立起良好的秩序，而且与此相关的组织及社会领域能够达到令人满意的状态。这当然是理想状态，因此达到这种状态并不容易，但人类一直为之努力。实际上，建立和完善机制和体制的活动就是国家等共同体建设的主要内容。这种观点虽然与福山所理解的国家建设含义有出入，但也有相合的部分。福山认为，国家建设就是在强化现有的国家制度的同时新建一批国家政府制度。实际上，这一"定义"并没有告诉我们国家建设究竟是什么，但从中我们能够理解国家建设主要涉及哪些内容。如他所说，我们很不了解对如何把强有力的制度移植到发展中国家来，而在国家能力或制度能力是问题的核心的前提下，这个问题涉及国家概念中的如下四个方面：组织的设计和管理、政治体系设计、合法性基础、文化和结构因素。①在这本小册子中他并没有使用机制概念，而且也表示制度移植很艰难（即合法性基础和社会文化方面的可传授性较低）。在此没有必要讨论他所指的制度包括哪些内容，但至少可以看到文化结构等都包括在其中。这种意义上的制度移植当然艰难。但是，这种艰难并不意味着包括机制在内的国家建设不可能。②在全世界的范围上看，较为成功地移植机制的例子主要表现在权力制衡机制和利益分配机制等方面，而北美、西欧及北欧等地区的国家可谓比较成功地实现了国家建设。用福山的话说，中国、日本、韩国也是比较成功地实现国家建设的国家。

这里所说的国家，是在国度和实体意义上使用的，因此包括组织建设（包括政府组织建设）和社会各领域的建设。这种意义上的国家建设，在社会领域较为充分分化的前提下，由于存在着各种各样的组织和社会领域，因此体制和机制在性质和"规模"上会千差万别。但毫无疑问的是，每一个非自然人的实体行为主要受制于其上一层实体的体制和机制的影响，由此构建一个国家的整个社会。我们知道，区别于传统社会的现代社会是组织社会，因此各种各样的组织及其相互间关系，是国家建设的主要对象（社会实体或行动者的意义上）。我们知道，除了西方先进国家之外的大部分国家，基本上是以吉登斯等人所说的（西方）"民族国家"为"标杆"而推行的"追赶型"现代化，而且那些先进国家一直在主导着这一过程。而后发型国家的现代化和国家构建之间存在着必然联系，甚至可以说，这两个过程实际上是同一个过程。还有，东亚等绝大多数后发国家的现代化过程主要由政府来承担，这就是所谓的"政府主导模式"。当然这种"主导"的具体方式和程度各不相同，更不是说在国家构建上其他社会主体没有必要积极参与。

还有一点很重要，即使是模糊的，现代化努力必须有其方向，不然无从谈起

---

① ［美］弗朗西斯·福山著：《国家构建：21世纪的国家治理与世界秩序》，黄胜强、许铭原译，中国社会科学出版社，2007年，第1页、第23~32页。

② 参见李景鹏：《论制度与机制》，《天津社会科学》，2010年第3期。该文不乏真知灼见，但觉得也有可商榷的地方。笔者最难以苟同的就是"机制不能构建"的观点。虽然笔者也同意单纯通过"强制"不能建立机制的观点，因为机制的建立和完善需要更多方面的艰苦努力。但是"强制"在机制建设中无疑是关键的一步，而且再怎么艰难也值得为之付出相关的努力，因为这正是后发国家赶上先进国家的根本途径。

努力了。例如，近邻日本以西方为楷模走向"近代化"（日本通常也不怎么使用"现代化"一词），而中国虽然强调中国式的现代化道路（尤其是在政治发展模式上），但从"发达国家"和"发展中国家"（中国将自己归为后类）的分类中可以看出，至少在经济或"四个现代化"（即"富强"层面）上，则以"西方"为标杆。换言之，中国的现代化首先是始发于因落后而挨打的血的教训，而不是像西方学者们那样，因现代化而出现的社会与个体的"反常"或"病态"着手并寻找其解决途径（如迪尔凯姆），或像帕森斯那样从社会行动的结构或结构—功能主义的角度出发试图解读现代社会运行的机理①，等等。由于这种不同，包括中国在内的后发现代化国家走上了与西方很不一样的道路。由此很自然地提出如下问题，即与西方不同的道路对中国的现代化进程产生了什么样的影响？这是一个值得认真考虑的问题，但在此不必深入讨论这一问题。在笔者看来，简单地说，中国的现代化努力太过偏重作为结果的"富强"，至少忽略了带来"富强"的体制机制等方面。这里以引用余英时的观点为旁证。他说，中国"五四"以来所向往的西方科学，如果细加分析即可见其中"科学"成分少而"科技"成分多，中国大陆提出的"四个现代化"全是"科技"方面的事。中国人到现在为止还没有真正认识到西方的"为真理而真理""为知识而知识"的精神，我们所追求的仍是用"科技"来达到"富强"的目的。②实际上，我们从近年来的所谓"文化产业政策"中也可以看到这种倾向。必须清醒地认识到，绝不可以用"急功近利"的眼光或政治的视角来看待真理、知识、教育、文化，以及公民的自由和权利（关于最后一点，将在第七章专门讨论）。这种"泛经济化"和"泛政治化"的态度，将给国家等共同体的建设带来极为深远的负面影响。有必要提醒，至少日本是"复制"了当时西方列强（尤其是德国和英国）的各种体制机制框架（仅在这一点上，后来韩国的情况也基本上差不多）③，之后才跻身列强的行列。这并不是主张"全盘西化"（笔者清楚，这是不可能的），而是主张要充分关注带来"富强"这一"果"的"因"。我们当然知道，走向"富强"时的日本体制中也存在严重的问题，因而走上了无可挽回的弯

---

①　有关迪尔凯姆、帕森斯等学者的相关观点，参见［法］达尼洛·马尔图切利著：《现代性社会学：二十世纪的历程》，姜志辉译，译林出版社，2007年，第一章和第二章。

②　［美］余英时著：《中国思想传统的现代诠释》，江苏人民出版社，2006年，第17页。

③　从国家体制的角度上看，韩国的现代官僚制直接承接的是日本殖民地时期的，而在三权分立的所谓自由民主主义框架等方面，应该说受美国军政时期的很大影响。相关内容参见金东日著：《行政与现代化：以中韩两国为例》，天津人民出版社，2004年，第128~129页。

路(可谓"成也萧何,败也萧何",即日本成败的原因尽可从体制中去寻找)①,但这是另一层面的话题。自鸦片战争以来,有关中国现代化或"富强"的主张和争议很复杂(如有关"中体西用"的争论等),这里只是援引罗兹曼在讨论中国现代化时的观点来提醒读者深思上述"因"与"果"的关系:"有意识地把'旧的最好的东西和新的最好的东西'结合在一起的企图,无论其动机是多么美好而善良,都将由于现代化模式和社会其他结构相互之间的奇异依存而注定要失败。"②我们必须看清楚,现代社会和正在现代化的社会的多元性和多样性,远远超出了人们以往所承认的程度,但大多数现代社会在制度面貌的某些最基本方面的确趋同。③

政府主导意味着权力集中在政府(这里并不严格划分国家与政府两个概念)手中。这种集权所导致的后果之一是,虽然程度不同,但基本上强化政府对各种资源的支配乃至垄断,由此与其程度相应地导致社会的弱化。仅在这里,政府和社会之间是一种"零和博弈"状态,这在围绕权力及其他公共资源的问责方面非常明显。随着经济社会的转型和社会分化的加深,以及各种传媒手段的突飞猛进和国际交流的广泛波及,改革开放前的那种全能型政府明显难以适应时代的发展。逻辑上,我们首先要认清改革开放前的问责机制究竟为什么难以适应当今社会,为此我们考察了"非责任政府"的本质特征及其后果,以及官僚制内部问责和政府内监管等以往问责制及其弊端。当然,我们还需要了解当今社会需要什么样的问责机制及其理由。为了较为全面地理解这些问题,我们必须冷静地认识到当今世界的主流走向,而且甚至必须鼓足勇气来正视当下中国现实中存在的问题及其根源。根据以上的分析,这些问题根植于体制和机制而生成,而且已有几十年的累积(这又说明与此相应地存在着相当数量的"承载者",因此这种问题只能被看成是结构性的)。这意味着,这些问题绝不可能因为我们回避

---

① 参见金东日:《国家构建的要件:以日本的近代化过程为例》,《广东社会科学》,2012年第3期。可以将国家构建的要件概括为建国理念和体制两个方面,而在该文中,"近代化"时期日本的具体缺陷概括如下六个方面:为"家(家父长)"和"国(君主)"牺牲个人的"武士道"观念、神话了的天皇制、模糊不清的国政责任安排、内阁的法律地位(向天皇负责)、国家的权力结构不完备、军部的独立性等。

② [美]吉尔本特·罗兹曼主编:《中国的现代化》,国家社会科学基金比较现代化课题组译,江苏人民出版社,2003年,第4页。

③ [以]S.N.艾森斯塔德著:《反思现代性》,旷新年、王爱松译,生活·读书·新知三联书店,2006年,第363~364页。

或否定而自动消失。也就是说，建设和完善区别于改革开放前的问责机制已经成为难以回避的选择。

与以往不同的政府问责制中，肯定以政府对公民的负责和对社会的回应性为主要内容，而这种问责机制当然要以公民和社会的自主性或相对独立性为前提。换句话说，这里的公民或社会只有在具备充分享有宪法所赋予的自由和权利，而且社会也有国家掌控之外的活动空间（这实际上取决于公民的自由和权利得到实现的程度，关于这一点将在第七章详述）的前提下，才能够发展自己的特殊领域和价值，并梳理和组织自己的特殊利益，从而能够对政府提出自己的诉求。为此，政府要做的就是在合法、合理的范围内，通过手中的权力来对这些自主性和活动空间予以保障，这也是现代政府必须履行的责任，也是不可推卸的义务。显然，从当下中国政府（包括党组织的政权）广泛控制社会几乎所有领域的情况来考虑，要做到这一点就意味着政府"下放"权力。这也是实现责任政府所必需的，而且是至关重要的措施。但以上内容与历史的逻辑也是合拍的。从改革开放的历程上看（虽然这实际上是很复杂的过程，但"逻辑"可以而且必须是"简约"的），被经济形势所迫而采取改革的各项措施并最终达到了现在的状态，而在其实践方面（尤其是所采取的措施方面）的根本原因可以归结到，从政府下放权力这一措施中获得自主权的经济主体（农民和企业）由此拥有了自己的活动空间，从而实现了经济转型（农村经济改革和城市经济改革）。下放与回收有关经济管理权方面的波折（如各级地方政府拦下中央政府下放的权力等情况包括在内），都体现在确立所谓"社会主义市场经济"之前的经济波动上，但最终在政府把原先掌控在手中的管理权力真正下放到社会经济主体之后，中国才取得了令世界瞩目的经济成就。但是我们必须看到，在这种"硬实力"长足增长的过程中，中国却牺牲或忽略了"软实力"的建设，其表现就是信任等社会资本的贫弱及严重的腐败等。

从国家建设的角度上看，与"硬实力"相比，"软实力"重要的多得多。从改革开放前的中国经济状况来看，在当时"以经济建设为中心"确实很必要，但这并不能说明要以"软实力"的牺牲为代价来发展经济。或者说，中心工作的开展不一定要牺牲"非中心工作"，因为毕竟其他相关部门都还"健在"，健在的部门理应发挥自己的职能。那么问题究竟出在哪儿了？在我们看来，其主要原因就在于，"举国体制"或本书中所提的"政治上位的政治与行政一体化"体制及由此造成的其他（尤其是问责机制）机制建设严重滞后。

　　从前述体制与机制的含义上看,离现实更近的是机制。因此,为解决现实中存在的突出问题,从相关机制和制度建设入手或许是当然的思路,只是我们不应该忘记这种机制和制度的根源就在于体制。即便把我们的讨论范围限定在机制上面,在一个共同体的存续和发展上处在关键位置上的还是问责机制。因为没有健全的问责机制,其他任何机制和制度的完善都会落空。

　　在有关制度变迁理论的简介中我们已经看到,广义上的制度设计和制度选择也是一种政策选择,因此与选择者的心智结构密切相关。如果我们认识到了已有问责机制没能发挥作为问责这一基本"本分"的话(这种认识本身就是知识),那么"改弦更张"是必须要做的。正如奥尔森指出,阻碍经济增长的体制、政策和制度是常规,而不是例外,而且世界大多数人口生活在贫困中。这就是说,获得良好的制度安排并实现它所许诺的快速增长通常是不容易的。但是,这些问题得到理解总比得不到理解更可能解决。①完全可以将这段话扩展到其他社会领域。我们已经知道,无论是机制还是制度变迁中都不能回避利益和权力及其冲突。既然如此,我们倒不如充分利用利益导向和权力配置(当然要通过相关的制度)来强化和完善政府及公共领域上的问责机制。为此也需要其他机制的"辅助",如竞争机制、(社会的)监管机制、制衡机制、沟通机制、学习机制、公开机制等。然而我们在前面有关制度及其变迁理论的介绍中已经看到,众多制度互相嵌套在一起,而各种机制又互为条件,因此任何机制都不可能单独得到发展和完善。当然在推行各项机制的先后次序和具体方法以及改革力度等方面,可以根据可行性和整个国家的承受力等来有所选择地去展开。但是,在改革的方向上必须是坚定不移的。不然的话,国家治理现代化的步伐将越来越落后于其他先进国家。

---

　　①　[美]曼瑟·奥尔森著:《国家的兴衰:经济增长、滞胀和社会僵化》,李增刚译,上海人民出版社,2007年,第179~180页。

第四章

地方政府的问责环境

一、地方政府问责的体制环境①

(一)问责主体的特征

问责主体是指问责制中能够合法合理地承担问责功能的组织、群体或个人，是问责行为的主动发起者。在中国，理论上的问责主体应当包括上级党委及政府、人民代表大会、纪律检查委员会、司法机关以及社会实体。但在政治上位的政治与行政一体化的体制环境下，这些问责主体并没有在实际操作中都能够发挥应有的作用，有的问责主体甚至处于边缘位置。

1. 上级党委及政府

官僚制存在着严密的等级性，因此层级问责是官僚制中一种基本的问责形式，上级为问责主体，下级为问责客体。层级问责的实现主要是依靠上级权力来推行，上下级之间具有直接从属关系，因此可操作程度较高。由于中国的上级除了上级政府之外还有上级党委，所以现实中地方政府问责制一般都是由上级政府或上级党委来启动的。宋涛对2003年到2009年《人民日报》和《中国青年报》报道的101件等级问责事件进行统计分析表明，"由上级政府部门启动的问责事件有42起，占总数的41.6%；由上级党委部门启动的问责事件有59起，占事件总数的58.4%"②。这充分显示了，在中国层级问责过程中，上级党委与上级政

---

① 本部分内容参见金东日、张蕊：《论问责制的体制困境：以地方政府为中心》，《学习与探索》，2014年第8期，内容作出了重大修改。

② 宋涛：《我国行政等级问责发展特点及成效研究——基于2003到2009等级问责事件的定量统计分析》，《公共管理研究》，2010年第8期。

府对问责事件的立案和处理工作都起到非常重要的作用。

上级政府对下级政府的监督与问责还存在着上下级部门之间的关系问题，在现行领导体制下，诸如国税等实施垂直管理的政府部门主要接受上级部门的领导与监督，而基本上不受当地政府的领导与监督。非垂直管理的职能部门要同时接受本级政府与上级部门的双重监督，并且上下级部门间属于领导与被领导关系的，上级主管部门要对下级主管部门实施全面监督，属于业务指导的，上级主管部门则只负责监督下级主管部门的职权行使情况。由于具体到各个政府部门的工作均体现出一定的专业性，如环境保护、食品安全等，其上级主管部门的监督权建立在职能管理与专业执法权限的基础之上，因而其监督行为主要针对专业领域内的执法活动进行，如纠正不当行政行为、责令其履行职责等。

上级党委及政府与下级政府及上级部门与下级部门的关系在一定程度上能够促进问责的实现，但有些时候下级政府的行为也并不是完全能够为上级政府所掌握的，这种情形在基层政府可能更为严重，究其原因一部分也跟下级政府拥有法定的或潜在的自由裁量权有关。托马斯·海贝勒通过其对中国县级干部的调查指出，几乎所有的县级领导干部都强调了他们在政策执行中有一定的被允许的"退路"(leeway)，省级政府与市级政府通过授权、监督与评估等对县级领导干部进行"远程控制"(govern from a distance)，县级政府是受约束的但也是自由的，重要的任务是根据自己的情况提出或调整发展计划，但最为重要的一点则是取得成功。当上级政府对县级政府进行实地考察时，县级领导干部不仅采取印象管理策略，并且还会与其他乡镇领导等相互联合以保护自己并维持相应的自主权。①也就是说，上级政府对县级政府行为的监督由于其自由裁量权而存在一定的难度，县级政府往往会利用自身优势采取一系列对策应对上级监督。甚至能够达到"水泼不进，针插不进"的境界，特别是在县级政府层面，各种"关系网"的广泛而紧密的存在往往使上级政府处于外围之中。省级或市级政府对县级政府行为的监督大多数停留在接受县级政府良好的数据和报告上，除非通过当地公民的抗议、公开的投诉等掌握了充分的证据才能起到真正的监督作用，这在一定程度上使得县级政府脱离了省级或市级政府的监督。问责主体发现问题是追究责任的第一步，当下级政府采取各种策略来应对上级政府的时

---

① Thomas Heberer, Gunter Schubert, County and Township Cadres as a Strategic Group. A New Approach to Political Agency in China's Local State, *Journal of Chinese Political Science*, No.17, 2012, p.231.

候，上级政府的第一步工作就已经难以展开了。

另一方面，上下级政府或部门之间通常还会存在着紧密的利益链条，有时候会上下联合起来形成所谓的"地方保护"。例如在环境保护政策执行过程中，有些时候，某些污染型企业就是由上级政府引进而将位置选在某县域内，在这种情况下难以避免会产生相同的利益。共同的利益偏好往往使得上下级政府之间的监督缺乏动力而变为"猫鼠一家"，上级政府与下级政府之间唇齿相依，更多的是对下级政府行为的纵容。只要不会出"大事"，不足以引起更高层级政府的注意，上级政府也可以选择视而不见。在上下级政府之间结成了某种利益关系的前提下，上下级部门之间往往也只是维持业务指导的关系，很难真正做到监督、问责。

虽然从理论上来讲上级党委和政府是下级政府出现问题时非常重要且便于操作的问责主体，但在利益驱动、关系网络及下级的极为巧妙的应对策略中变得也没有那么容易发挥作用。并且上级政府的最大问责优势应该是在于能够在日常汇报、监督工作中发现问题，但往往在这一步骤就会失去应有的效力。

2.纪律检查委员会

纪律检查委员会通常简称为"纪委"，这是近几年出现频率较高的词汇，特别是随着"打老虎""拍苍蝇"的反腐行动的掀起，"巡视组"尤其是"中央巡视组"不断出现在人们的视线中。巡视工作领导小组并不直接等同于纪委，不过根据《中国共产党巡视工作条例》的规定，巡视工作领导小组组长由同级党的纪律检查委员会书记承担，副组长一般由同级党委组织部部长担任。也正是因为巡视工作领导小组发挥的重大作用，公众对"纪委请喝茶"变得耳熟能详。也就是说，纪委在对问题官员进行问责的过程中发挥了非常重要的作用。各级纪委主要有两项重要的任务：一是要对党员领导干部进行监督执纪、问责，要经常对党员进行遵守纪律的教育，作出关于维护党纪的决定；二是检查和处理党的组织和党员违反党的章程和其他党内规章的比较重要或复杂的案件，决定或取消对这些案件中的党员的处分。因此，各级纪委是党设置的检查、监督和问责的专门机构。从理论上看，纪委的主要监督问责对象应该是党务系统，但在中国现行体制下，地方政府问责很大一部分是纪检直接介入政府活动的问责处理，加之政府官员一般都会拥有党员身份，纪委的问责事实上更加名正言顺。据统计，仅"在2013年一年间由纪检部门问责的达到21464人，其中地厅级干部54人，县处级干部 1477 人"①。

虽然从已经发生的问责事件来看,纪委的确是发挥了重要的作用,并且作为直接监督党员干部的专门机构,理论上认为应该能够解决党政干部中通常问责政府官员而较少追究党委责任的问题,但在事实上,纪委也是对下级或一般党员干部的监督问责作用较强,而对同级党委的监督问责作用较弱。一级纪委要同时接受上级纪委与同级党委的领导,也就是说,对于应该接受监督的同级党委来说,同级纪委属于被领导者,这又出现了被领导者监督领导者的问题。虽然从权力来源上来说,纪委的监督权力来源于党的代表大会,并对同级党的代表大会负责,但另一方面纪委又要协助同级党委的工作,并且纪委的财权、事权等也都要依靠同级党委。这就形成了理论上是党委的监督部门,实际上却要处处依赖党委、工作上协助党委的局面。在这种情况下,纪委对同级党委的监督制约作用就难以真正发挥,正如记者在对专访纪律检查体制改革专项小组负责人时发现,各级纪委对同级党委监督时顾忌过多,不管是地方纪委、派驻机构或者是企业的纪检机构,都很少发现有报告同级党委的问题的。②尽管现在开始实施的纪委书记"空降"能够在一定程度上缓解此类问题,但如果当前的纪委机构的组织人事安排制度不改变,纪委接受同级党委领导的领导体制不改变,仅仅依靠提升纪委书记的地位,纪委对同级党委的制约、监督作用仍难以奏效,也就很难真正实现纪委对党委的问责。

3. 人民代表大会

人民代表大会是中国现行法律规定的具有"最高地位的问责主体",因为人民代表大会制度是中国的根本政治制度,并且人民代表大会是宪法规定的国家权力机关,各级人民政府对本级人大负责并报告工作,法律规定人大拥有质询、调查、撤职和罢免的权力。除此之外,人大和地方政府之间一般不存在权力的制衡或分化而使其法定权威又高于行政的地位,通常也不存在部门利益的纷争,因此人大可以成为最权威的问责实体,但中国特殊的体制却导致人大远没有实现宪法意义上的地位。

---

① 2014年1月10日中央纪委监察部2013年度新闻发布会,中国新闻网,http://www.chinanews.com/gn/z/html/zhongjiwei2013.shtml。

② 《认真落实三个〈提名考察办法〉打造忠诚干净担当的纪检干部队伍——专访纪律检查体制改革专项小组负责同志》,中央纪委监察部网站,http://www.ccdi.gov.cn/xwtt/201504/t20150427_55422.html。

自 20 世纪 80 年代中后期开始，中央政府为了实现对基层党政领导干部的有效监督，在村一级开始推行民主自治，实施"直选"，并且少数地区将"公推直选""公推公选"的活动推广到了乡镇一级政府。不可否认的是这种村民直接参与党政领导干部任命的方式是中国政治活动的一大进步，但实际操作中仍然存在着诸多问题。虽然党政领导是由村民直接选出的，但上级政府却对候选人提名以及选举结果进行着严格的控制。①此外，基层民主最多也就到乡镇一级政府，并没有往更高层政府扩散。②这就导致地方人大的发展空间遭到制约，也使得其长期处于"弱发展"状态而难以发挥应有的作用。地方人大为了谋求自身发展，时常作出"嵌入"到地方政府中并与之合作的策略选择③，在这种情况下，地方政府与地方人大之间实际上形成了分工而不是分权的关系，地方人大对地方政府的作用高度依赖于地方党政领导尤其是党委书记的支持力度。④导致地方人大对党政领导的监督问责力度大大降低，也因此长时间里顶着"橡皮图章"的称号。虽然现阶段为了提高地方人大的地位，有些地方由党委一把手兼任人大常委会主任，并且 2007 年开始实施的《中华人民共和国各级人民代表大会常务委员会监督法》规定了各级人大常委会享有听取和审查"一府两院"专题工作报告和政府的其他报告等具体监督事项，并且要审查和检查法律法规的执行状况，以及对特定问题的调查和对撤职案等的审议和决定权等。但这事实上并未真正提高地方人大的地位，因为仅仅按照《宪法》和《组织法》的规定，地方人大在整个地方国家机关体系中都占据至高无上的地位，拥有强制性的监督权力，最核心的问题在于法律规定的地位和权力无法在实际中真正实现。

地方人大处于弱势地位的原因主要有两个，一是由于领导关系的设定混乱，二是运作方式的过度行政化。党的领导是中国政治领域一切活动所要坚持的基本原则，作为国家权力机关和党政领导监督机关的人大实际上也处于党的领导之下，导致监督作用无法落实。以县级政府为例，在县级政府的人事安排上

---

① Elizabeth J.Perry，Merle Goldman.eds.，*Grassroots Political Reform in Contemporary China*，Harvard University Press，2007，pp.1–19.

② Li Lianjiang，The Politics of Introducing Direct Township Election in China，*The China Quarterly*，No. 171，2002，pp.704–723.

③ 郁建兴、高翔：《地方发展型政府的行为逻辑及制度基础》，《中国社会科学》，2012年第5期。

④ Kevin O'Brien，Chinese People's Congresses and Legislative Embeddedness：Understanding Early Organizational Development，*Comparative Political Studies*，No.1，1994，pp.80–109.

按照县委书记—县长(副书记)—县人大主任或者县委书记(兼任人大常委会主任)—县长(副书记)的原则,等于是让监督主体监督自己的领导(自己)并对领导(自己)作出强制性处罚,这就容易造成地方人大法律上享有监督权事实上却不能监督的现象。缺乏对党委书记的有效监督一直以来都是中国政治尤其是基层政治过程存在的重要问题。有些县级政府为了更顺利地实现扩权强县的目的,便提高县委书记的政治待遇,即将其提拔为上级领导班子成员并继续兼任县委书记,更加增强了县委书记的权限,也因此破坏了监督秩序与权力制衡格局。另一方面,地方人大的运作行政化特征也使得其监督功能难以正常发挥。在地方人大代表的组成中,政府及其各部门的领导干部占了总人数的大部分,导致人大会议在实质上成了干部会议。例如在 2003 年,西部某省在其人大代表换届选举中将本省所有的县(市、区)长全部安排为省人大代表,由此导致该省当届人大代表中干部比例达到 80%。①此外,党委、政府及司法机关任期已满或即将届满的干部也通常会被大量转入人大工作。在法律上应受人大监督的国家机关领导不仅成了人大代表,甚至有些成了人大领导,这就形成了严重的人大代表官僚化现象。

4. 司法机关

司法机关包括检察和审判机关,检察机关主要对政府工作人员的贪腐、渎职或滥职等犯罪行为立案侦查并提起公诉;审判机关则负责对具体行政行为的审查和判决。宪法规定,人民法院和人民检察院依照法律规定独立行使审判权和检察权,不受行政机关、社会团体和个人的干涉,并且国家赋予检察机关以法定的强制性权力,被监督者必须接受、执行,并在法定期限内作出回应。由于中国政治与行政体制下形成的党政领导关系,司法机关实际上也要接受党委领导,问责中通常先进行政纪、党纪问责而后有违法犯罪行为的才交司法机关处理,目前几乎还没有由司法机关主动发起的问责事件。具体来说,司法机关难以真正发挥问责主体的功能的原因一方面是由于司法机关完全受制于当地党政部门而使其地位降低,难以执法。另一方面,中国行政力量的强大使得中国政府在处理问题时总是将行政手段前置而导致司法手段滞后。

中国地方司法机关总是以各种形式受制于当地党政部门,这要源于行政力量的过于强大而导致的司法机关行政化。首先,在司法机关内部存在着与行政

---

① 彭承尧:《代表去官化:人大制度权力制约机制的内在要求》,《理论与改革》,2010年第6期。

机关相类似的行政级别,在省、市、县各级行政区域内对应设置了基层法院、中级法院、高级法院和检察院。基层人民法院相当于行政级别中的副处级,中级和高级人民法院则相当于行政级别中的副厅级和副省级,并且在人民法院内部对法官的安排也是按照相应的行政级别进行。[1]从整体上来看,地方司法机关的行政级别比同级政府低半级,由此从级别设置上就决定了地方司法机关难以摆脱地方党政的影响。除此之外,在地方党委中一般还会设立地方政法委,政法委书记一般由党委副书记或党委常委担任。其次,地方司法机关运转所需的各项经费基本上都源自于同级政府,因此从财政上讲并不独立。最后,在党管干部的人事制度下,地方党委掌握了地方司法机关主要领导干部的人事任命权力,并控制着其政治命运,这就导致地方党政的意见在司法机关的工作中占有极大分量。由此来看,地方司法机关并不能如法律规定的那般独立行使司法权力,而是在政治、行政、财政以及人事上受制于同级党政部门,也就不可避免地出现了党政领导直接干预司法审判的现象。例如,河南省某县的县长规定关于行政诉讼的所有案件的立案都必须经他批准。[2]

原本应该占据独立地位的司法机关丧失了其独立性,地位明显低于党政机关,这也是在问责程序启动时司法总是滞后于党纪政纪的重要原因。由于政府内部利益关系复杂,容易导致对问题的处理止于行政机关内部,而完全忽略了司法机关。这就很可能会出现"官官相护""裙带利益关系"等不当行为降低对问题官员的问责力度。

5. 社会实体

社会实体通常包括社会组织、媒体和公民个体等,但社会实体作为问责主体目前还被认为是较为缺失的一环。中国社会公众的政治参与意识长期以来一直被认为是较为淡薄的,市场经济的发展在一定程度上又带动了人们对经济利益狂热地追求而降低了对政治参与的追求。虽然这一问题随着社会转型及各种新兴媒体的发展有所改善,但社会公众对公权力运行过程进行参与与监督的程度仍然不高,能够主动发起问责的机会更是少之又少。特别是处于社会底层的农民,文化程度和掌握新鲜技术的能力都比较低,参与政治行为的机会更加贫乏。社会实体问责难以运行的更为重要的原因则是公共权力的运行并未与社会

---

① 张劲松等著:《政府关系》,广东人民出版社,2008年,第231页。

② 李磊:《台州试验:民告官"异地交叉审判"》,《21世纪经济报道》,2004年4月26日。

公众的评价发生直接关系,公众对公权力的无力表达与约束才是导致社会实体力量薄弱的根本原因。在中国,社会组织发展薄弱导致社会公众缺乏正当的组织形式表达自己的意图,而更为重要的是在"政治上位的政治与行政一体化"的行政体制下,实际上依然实施着一种"威权型"的国家管理形式,秩序、支配和服从的价值明显要高于合意、自由与社会参与。

尽管社会实体在问责中的力量仍然很薄弱,但并不是完全没有发挥作用。目前发挥积极问责作用的主要是引领舆论导向的媒体。当发生重大或特殊事件时,在社会不同利益群体中就会引发不同的认知反应并经由流传而形成社会舆论。社会舆论虽然是非正式的力量却发挥着不容小觑的威力,目前的政府问责很多带有"舆论问责"的特征。社会公众作为政府行为的最终承担者理所当然地拥有问责权,通过媒体借助社会舆论的力量来提高影响力,从而增加对政府问责的概率。特别是随着通信技术的发展及网络应用的普及,公民利用网络媒体来发起问责并维护自己权益的案例逐渐增多。有学者以《人民日报》《中国青年报》和《南方都市报》为抽样单位,统计出"2003 年至 2012 年共发生 135 起网络问责事件和 57 起采用其他途径的公众问责事件"[①]。在这些事件中,问责均为公民个体通过网络或其他形式发起,而社会组织并未发挥其应有的功能。社会组织在西方国家已成为较成熟的社会公众利益的代言人,但在中国的组建程序复杂且门槛也高,导致其发展空间有限。而已有的社会组织也由于体制性原因不能独立发挥作用,削弱了其代表能力并在对政府的问责中难以发挥应有的功能。

从法律和制度安排上看,以上五个方面的问责主体并不残缺。问题在于,由于中国的体制特征,这五个方面问责主体的活动带有以下缺憾:给违法乱纪者留下活动空间(包括掩盖自己行为的时空间);难以避免"官官相护"的嫌疑;不利于分散责任,即所有的责任集中于党委;与政务公开原则存在差距。因此问责主体应该是多层级的多元主体,包括正式和非正式的以及高低不同层级和多种形式,从而将承担公共事务的政府置于多视角的监控之下。

(二)问责客体的特征

问责客体,顾名思义就是在问责制启动时的被问责者,通常就是问题官员。但在确定究竟对谁问责之前需要做的一个工作就是确定谁是责任承担者,也就是问责客体的确定事实上并没有理论上那么简单明了。西方国家的政府问责制

---

① 宋涛:《问责机制与网络问责创新内涵的实证检验》,《中国行政管理》,2013年第9期。

基于三个制度基础,即公务员的分类制度、公务员产生制度与官员的监督制度。在公务员的分类上,西方国家将公务员分为政务官与事务官,问责客体主要是针对政务官来说;在公务员的产生上,政务官大多直接来自选举或者政治任命,负责任的对象明确进而问责客体明确;在官员监督方面,法律、媒体等监督制度都相对较为发达,有利于及时发现官员的问题。问责客体明确是问责制有效实施的前提条件,但由于中国体制架构的复杂,组织结构和人事设置的交叠,权力、利益的纷争,以及法制化程度还有待提高,使得各级政府及其领导的责任模糊,问责客体难以明确。

1. 党政领导之间的责任难以明确

按照西方国家对公务员的划分方法,问责制的问责客体多为政务官,政务官要向议会负责;对事务官实行功绩制的管理方式。中国香港地区也基本上引用了西方国家的这一问责客体的界定方式,问责多对政务官实施,政务官是由脱离公务员队伍的政治任命产生的三司司长与十一个政策局局长组成的。①在中国内地并没有对公务员作出此类的划分,政府过程实施的主要是党委领导下的行政首长负责制。由各级政府及其所属部门的行政首长对本政府或本部门的工作负全面责任,同时党委要对同级政府进行政治、思想和组织上的领导(参照《宪法》第一百零五条、《中国共产党地方党委工作条例》第五条规定)。在中国权力系统中,几乎所有的领导干部都同时还是党员,进一步强化了党在人事权力上的权威。不仅是行政首长任免要经过党委,而且各局、委、办的主要领导的任命也要经过党委组织部门的审核。

虽然党组织系统和政府机构系统是两个系统,但是通过党章的规定使得二者之间形成了一种领导与被领导的关系。这种关系的具体表现是各级政府机关的首要官员——党委(组)书记掌握着最高权力。中央到县级党组织内还通常成立有政法委,实现对公、检、法、司部门的领导,政法委书记通常会兼任政府主要领导或公安部门的首要领导,政法委副书记及委员则担任法院、检察院等部门的主要领导。在下级服从上级以及民主集中制等权力运行原则下,政府机关领导的实质地位事实上由其在党内的地位来决定,而最终包括政法委书记在内的党内各级领导的权力又是由各级党委领导的权力制约的。由此,各种权力均呈

---

① 赵蕾:《高官问责:制度逻辑与改革模式——基于中国内地与香港的多维比较》,《华南农业大学学报》(社会科学版),2010年第1期。

现出向党委书记集中的趋向。

在这种权力结构下,政府领导实际上被置于党委领导之下,政府领导班子的主要成员甚至行政首长本人往往都是党委成员,党委成员通常在政府部门任副职或部门领导,身份权责交叉,行政首长作为党委成员又要服从党委的决定,导致行政首长负责制在实际政府运行中不畅。目前的权力结构是由党委执掌各级主要公共权力,行政首长只是听命行事。由此导致如下难以厘清责任的情形,即在出现问题要问责时,如何确定行政首长和党委领导责任,或者二者都负有责任时各自要承担多大的责任。在党委领导的实际权力高于行政首长的情况下,就很容易出现只问责行政首长而不涉及党委领导的现象。

2. 正副职之间关系复杂

我国党政部门均实行正副职领导制度,正职统筹协调而副职分管专项工作,正职对副职的分管工作进行指导、监督并在关键时刻有拍板定案的权力。同时,各级政府部门的正职因首长负责制而要对整个组织的工作担负全面领导责任,分管专项工作的副职则对其管辖领域内的事务具有主要领导责任。而在党组织系统内亦存在着党委正副职,正职主要是负责组织决策,而副职分管具体工作。但在我国政治与行政一体化体制下,党委副职一般担任行政正职,因此行政首长有时既是正职又是副职,独立行政或党组织系统内正副职的具体权责尚且模糊,在二者交叉的双重系统中更是显得纷繁复杂。

正副职之间的权责关系等虽然在相关规定中已经明确,但在实际操作中却经常呈现出另一番景象,正副职之间的实际关系不仅是非常复杂,甚至是矛盾重重、冲突不断。《潇湘晨报》记者在 2014 年的报道,梳理了近几年发生的 29 起被公开的官员冲突事件,其中分别涉及副局长 16 名、局长 14 名,办公室主任 7 名,并且发现近半数(13 起)的冲突发生在正副职之间,冲突的程度也是从打斗、互殴直至致人死亡等。①正副职之间的冲突诱发因素较多,如费用的报销问题,2012 年 2 月,湖北省公安县农机局正副局长在办公室互殴,原因是副局长谈及一笔未报销的接待费用被局长蛮横拒绝,最终作出由县委领导会同纪委、组织部门对二人进行诫勉谈话,在全县通报批评并责令二人向县委写出检查的处

---

① 王泽、盛卉:《盘点官员互殴事件:近半数发生在正副职之间》,人民网,http://politics.people.com.cn/n/2014/0512/c1001–25004051.html。

分。①另外还有公车使用与人事安排等问题，例如2010年6月发生的广东茂名茂港区民政局副局长拿铁锤砸伤局长头部的事件，事情的起因就是局长在人事安排和单位公车使用等问题上的做法引起了副局长的不满。②除此之外，送文件、复印资料、签到等事件也可能会成为双方冲突的诱因。冲突的诱因多种多样，对这类事件的处理也各有不同，但总体来看处理力度偏轻。在29起冲突事件中，有6起致人死亡的事件，当事人受到了相应的制裁。但其余的23起事件中，有17起的处理结果由组织部或纪律部门作出，轻的仅为通报批评，处分重的也只是停职或免职。

虽然从整个政府来看，正副职之间发生冲突的事件仍然只是小部分，但却侧面反映了正副职之间关系的复杂性。其他国家也有设置副职的现象，但多数是起到对正职的辅佐，他们只是作为正职的助手存在，更为重要的是他们的副职数量较少，且副职和职能部门领导也不存在领导关系。中国的副职一直实施的是分管型副职模式，副职就变成了介于同级正职与下级正职之间的中间层次，并且副职也属于领导决策层次，在决策方面具有建议权，而在执行层面还承担直接指挥的功能，因此副职对决策的落实起到关键的作用。并且在实际权力体系中，副职往往还起到分解、制约正职权力以及平衡晋升、协调关系的作用。虽然说副职的存在也能起到一定的积极作用，但是副职尤其是数量较多的副职也势必增加协调的难度，特别在上下级部门之间、分管部门的副职与部门领导之间，都增加了关系的复杂程度，甚至会造成权责关系的混乱。

对正副职责任的界定也缺乏明确的法律规定，仅从《党政领导干部辞职暂行规定》中稍有体现。在此规定中，针对副职应当引咎辞职的条目远远多于正职③，但政府正职相对于副职具有决策权，难以划清问题是由于决策失误还是由

---

① 段欣毅：《湖北公安县政府局长因接待费报销争议办公室互殴》，人民网，http://politics.people.com.cn/GB/17125030.html。

② 王泽、盛卉：《盘点官员互殴事件：近半数发生在正副职之间》，人民网，http://politics.people.com.cn/n/2014/0512/c1001-25004051.html。

③ 在其中九项应当引咎辞职的规定中，有六项指出因领导干部失职而造成重大事故、巨大损失或者恶劣影响，负有"主要领导责任"的领导干部，应引咎辞职；一项指出领导干部因工作失职造成连续或多次发生重大责任事故或特别重大事故，负有"主要领导责任"或"重要领导责任"的，应引咎辞职。并且在此规定的附则中对责任进行了解释，"主要领导责任"对应的是"直接主管的工作"；"重要领导责任"对应的则是"应管的工作或者参与决定的工作"。实际上，某部门分管的副职即为主要领导，而主持全面工作的正职，则为重要领导。具体参见《党政领导干部辞职暂行规定》。

于副职执行不力而导致。并且在正职主持全面工作的情况下，如何划分其应管与不应管的工作也很难有明确的标准。另外，该规定同时容纳了党政领导，但对于责任追究到行政正职还是党委正职却没有明确规定。规定的模糊加剧了问责的困难，也容易引发对正职的问责少于副职以及对党委书记的问责少于行政首长的现象。

3. 上下级之间难以明确责任

上下级之间的复杂关系在讨论问责主体的问题时已经有所提及。在中国特殊体制下地方政府要同时接受上级政府和同级党委的领导，并接受上级党委的间接领导；而本级党委又要作为执行组织而接受上级党委领导。如此上下级之间形成了复杂的领导关系，问责时要问本级政府还是本级党委的责任，或者是要问责到哪一级政府或党委，这也是导致"随机问责"的重要原因。

对层级政府责任的界定没有具体统一的规定，只在散见的一些文件中，如在《中华人民共和国突发事件应对法》中规定，首先是由县级政府对本辖区内的突发事件负责，在涉及两个以上行政区域的，则由其共同的上级政府负责，或各有关行政区域的上级政府共同负责。但鉴于突发事件类型多样且预测难度不一，有些事件在防治或善后工作都可能超出县级政府的应对能力，因此县级政府的负责能力仍有待商榷。此外对问责的具体标准也较为模糊①，通常使用"特别恶劣"或"性质特别严重"等字眼，但对其界定程度的标准却不清晰也不统一，因此地方政府拥有了很大的自由裁量权，极易隐瞒事实真相减轻责任。同时也使问责更具随意性，有时仅根据社会舆论的高低来决定问责的程度，或是找出"替罪羊"以后再给予安抚。

在明确及强有力的法律面前，一旦出现政府及其官员的不当、失职等问题，首先应该是根据法律规定追究相关责任人的责任。然而一旦法律规定模糊或者

---

①　在2001年起实施的《国务院关于特大安全事故行政责任追究的规定》中规定，发生特大安全事故，社会影响特别恶劣或者性质特别严重的，由国务院对负有领导责任的省长、自治区主席、直辖市市长和国务院有关部门正职负责人给予行政处分。与此规定相关的处分案例并不多，下列案例可谓其中之一：2008年4月28日，在胶济铁路山东淄博路段发生列车相撞事故，事故造成72人死亡，416人受伤。此次事故被认定为责任事故，37名事故责任人被追究，其中31名事故责任人受到党纪、政纪处分，除了时任济南铁路局局长陈功被行政撤职并撤销党内职务处分和时任济南铁路局党委书记柴铁民被撤销党内职务处分外，时任铁道部副部长胡亚东被记大过，而时任铁道部部长刘志军也受到记过处分。以上案例来源：新华网，2008年4月29日；中国网，2009年6月26日。

是地位滞后,在追究责任的时候就容易出现问责主体说了算,而不再是依据法律标准,这也就是常说的"人治"现象,这与随机问责、问责随意性过强等都是息息相关的。在政府责任的相关界定中,通常存在主要责任人、直接责任人、领导责任人等不同的责任承担者,出现问题之后应该根据问题的性质、程度等标准对不同的责任人给予不同的惩戒。但是对于政府或部门官员来说,有权对责任者实施处分的机关主要是责任者的任免机关或监察机关,而这二者均属于行政内部机关。问责主体局限于行政系统内部,由上级问责下级,这种问责方式很难真正发挥作用。内部问责往往由于利益关系、人情、面子等多种因素而妨碍问责制的真正实施,特别是在行政空间较为密闭、行政作风不正甚至是腐败现象严重的行政环境中,问责制往往会流于形式。并且在这种问责方式下,问责客体大多只承担行政责任而不承担法律责任,上级机关为了政府或部门的声誉通常会选择淡化事件的影响,对责任者进行一定的行政处分了事,而不愿意诉诸法律。例如,陕西省宝鸡市对 2009 年发生的凤翔县长青镇 615 名儿童血铅超标事件进行问责的结果是,对与此事件相关的 11 名领导干部进行了党纪政纪处分。[1]而该事件中县委、县政府只是作出检查,并没有对"一把手"产生任何影响,也没有人受到法律制裁。

　　问责客体是在政府行为过程中出现问题时的责任承担者,因此最为重要的是要明确责任并施以制度化的问责标准,才能保证问责制的公平正义并维持其问责实效。当然也有制度化程度较低的问责依据,如社会普遍认为的作为政府官员的不当行为,但如果这种问责依据具备有效性的条件不完善(如媒体或社会组织有效运行等),那么制度化的问责标准是必需的。对于责任配置及相应的问责标准应该通过法律等制度形式给予明确规定,对于党政领导之间、正副职之间和上下级之间各自的责任要进行清晰合理的划分。制度化的问责标准要遵循清晰、准确、稳定、公平的原则,即在对问题的责任人进行明确界定的基础上,用于追究责任人的标准必须是清晰不模糊的、准确而无较大偏差的、是稳定而不是变幻不定的、对同类事故的责任人是一视同仁的。以此保证在问责机制启动时能够依据制度化的标准并针对明确的对象进行,进而达到维持正常的问责秩序的目的。

---

① 宋方灿:《陕西凤翔血铅事件11人被处分,县委县政府做检查》,中国新闻网,http://www.chinanews.com/jk/news/2009/12-22/2030441.shtml。

国家体制是整个国家所有领域的活动运行的基础,中国国家体制具有鲜明的政治上位的政治与行政一体化特征,这种体制特征所形成的独特环境必定会对运行其上的机制安排产生重大的影响。因为国家体制总是庞大、复杂、敏感而又难以根本改变的,即使体制上存在某些问题,但大多也都是具体运行的机制去适应它。因此,在独特的体制背景下,专门针对问责制来讲,除了带来了问责主体与问责客体上呈现出不同的特征,还有具体的问责机制安排的问题。

二、地方政府问责的机制环境

(一)问责渠道

问责渠道①是围绕地方政府汇聚各种各样的行为发现、揭露、规定其错误的性质和纠正措施的路径。由于政府所承担的责任重大和所掌握的公共资源庞大,对政府进行多层次和多角度的全面监控并使之恪守本来的责任,这是理所应当的。但是问责的正式渠道太过集中而非正式渠道狭窄又杂乱。这里所说的集中指的是"党委""纪委",而狭窄又杂乱的是社会组织和媒体,实际上这两者是密切相关的,正是这种"集中"压缩了其余群体的独立生存空间。在"政治上位的政治与行政一体化"体制下,执掌着主要权力的政治与行政相互凝结并将集聚的能量渗透到社会的各个角落,而这种权力的密集渗透极大地挤压了其他社会共同体基于独立地位而发挥自身功能的空间。特别是在中国独特的政治传统下,各种"官本位""裙带利益""一荣共荣,一辱俱辱"的思想观念根深蒂固,这种政治环境是难以容忍追求独立地位并持有批判精神的群体存在的。虽然随着社会的发展与社会公众觉悟的提高,不甘寂寞的社会实体自发组织并承担起表达部分民意的责任,然而即使是在我国不断追求现代化的今天,仍然只是为社会组织留下了狭窄的生存空间,社会组织要紧密地依附于政府才能够产生继而生存,因此要求社会组织很好地发挥其问责政府的应有功能几乎是不可能实现的。

"非责任政府并不是不负责任的政府,而是缺乏能够问政府责任的社会实体"②,在此我们称之为社会问责。在民主政治体制下,政府官员的公权力来自于人民,公民参与问责不仅是现代政府管理理念的现实需要,也是政府维持其合

---

① 本段论述参见金东日、张蕊:《论问责制的体制困境:以地方政府为中心》,《学习与探索》,2014年第8期。

② 金东日:《三三问责制:责任政府的实现途径》,《学习与探索》,2008年第1期。

法性的根源。"社会契约理论"认为国家是以契约的形式建立的，如果统治者违背契约，人民就有权推翻政府，主张"主权在民"的思想，其认为政治统治的合法性在于民众基于相互之间的理性或感性的约定而对公权力表达的态度，支持、反对或者冷漠。卢梭指出政治合法性存在的基础是"社会公意"，他指出："唯有公意才能够按照国家创制的目的，即共同幸福，来指导国家的各种力量。"①由此看来，在民主政体下，权力始终应该掌握在公民手中，而政府只是权力的受托者，因此由公民组成的社会问责是现代民主问责制的基础。

世界银行将社会问责界定为是一种依靠公民参与来加强行政问责的问责途径，是由普通的市民或社会组织通过直接或间接地方式推进行政问责。②并且世界银行还提出了社会问责的三种形式，一是通过公民直接向政府施加压力而实现的纵向问责；二是促进横向问责，当公民发起对某个地方政府部门的问责时，该部门的平行监督部门也接收到压力，倘若问责无效则证明了该监督部门的不作为；三是促进斜向问责（diagonal accountability）。③斜向问责是指对横向问责和纵向问责的突破与融合，保证社会公众能够参与到问责机构中，发挥有效作用。④由此可见，社会问责是通过有效的公众参与来获得其合法性，其基本逻辑即是国家权力向社会回归，进而由社会制约政府权力的运行。

近年来随着网络化的盛行，由社会公众发起并经由媒体进行舆论扩散而查处的问题官员也逐渐增多，但鉴于中国目前社会参与制度的缺失和问责本身的特性，很难从学术意义上断定中国已经实现了社会问责。也就是说社会问责的现象已经存在了，但是呈现出的独特特征却使得其难以称为真正意义上的社会问责。

一是"闹大式"社会问责现象严重。"闹大"是一个非学术却能够直观表达社会现象的词汇，学术界通常将社会上闹大的行为解读为公众利益表达、权利维护及追求对问题官员进行惩戒的手段，最为经常的表现则有下跪、跳楼、自焚、

---

①　[法]卢梭著：《社会契约论》，何兆武译，商务印书馆，1980年，第35页。

②　世界银行专家组著：《公共部门的社会问责：理念探讨与模式分析》，宋涛译校，中国人民大学出版社，2007年，第4页。

③　World Bank, Social Accountability: An Introduction to the Concept and Emerging Practice, *Social Development Paper*, No.76, 2004a.

④　G Anne Marie oetz, Rob Jenkins, Hybrid Forms of Accountability: Citizen Engagement in Institutions of Public-Sector Oversight in India, *Public Management Review*, No.3, 2001, pp.363-383.

网络发帖、集体上访、围攻政府等。徐祖澜认为,所谓闹大就是"通过制造一些事件所产生的'道德震撼'或破坏性后果来引起社会公众的关注,并倒逼政府相关职能部门予以解决"①。闹大式社会问责则是指公民权益受到损害时,由公民选择将事情闹大而引起相关部门重视并进而对问题官员追究责任、作出惩戒的问责方式。从近几年经常出现的拆迁、城管暴力执法、环境公共冲突等事件的处理结果来看,闹大式社会问责似乎成为中国目前地方政府问责制实施中较为有效的环节,也因此而激发了社会公众遇事即闹大的思维方式。根据一项对农民工利益表达方式的调查显示,50%以上的人表示愿意采用"静坐、游行、示威、堵马路、罢工、集体上访"等形式表达利益诉求。②有高达 45.43%的人愿意选择制造群体性事件的方式维护自己的权利,并且有 16.34%的被调查者直接持有"闹大就一定能解决"的想法。③

二是"人治式"问责特征明显。真正意义的社会问责是由公民参与问责过程或者直接参与到问责机构中发挥作用,至少也是在整个问责过程中能够"紧盯"着相关部门的问责动态。中国式社会问责中的公民只有在发现与提出问题时具有明显存在感,但真正由相关部门启动问责制之后基本就丧失了参与问责的权利。中国的问责活动一般是由上级政府、党委启动问责,事情极其重大时可能由中央政府启动。根据对一些社会问责事件的规律性总结,中国式社会问责的程序基本遵循以下规律:小范围事件发生——基层政府不作为——民众不满,事态升级——事件恶化,社会震惊——领导重视,紧急召开会议——发布专项文件,部署专项活动——风暴式大检查、重点惩处——总结成果,完美落幕。④尽管社会公众将某些事件暴露出来,但之后真正的问责行动依然完全依靠政府体系的内部问责。由于问责制存在种种缺陷,首先,政府与社会之间并未建立起长效的沟通与问责机制,导致能否真正启动问责要很大程度上基于相关政府官员的选择。其次,就现有的相关法律与政策文本来看,依然缺乏一套具有操作性的、明确的问责标准来定量或定性地核定官员失责的情况。模糊性较大的问责标准

① 徐祖澜:《公民"闹大"维权的中国式求解》,《法制与社会发展》,2013年第4期。

② 蔡禾、李超海、冯建华:《利益受损农民工的利益抗争行为研究——基于珠三角企业的调查》,《社会学研究》,2009年第1期。

③ 刘茜:《广东佛山劳资纠纷工会成摆设,维权变成同乡闹事》,《南方日报》,2011年9月4日。

④ 朱晓燕、王怀章:《对运动式行政执法的反思——从劣质奶粉事件说起》,《青海社会科学》,2005年第1期。

往往可以因为各种不正当的理由或人情、面子等因素被随意解释并运用，这就导致问责过程中"人治"的特征非常明显。

将事情闹大能够在一定程度上破坏社会稳定甚至是政治局面的安定团结，由此将政府推到问题面前，进而推动政府履行职责、解决问题。尽管这种方式最终的结局大多是惩戒官员、维护社会权益，但这一过程却往往要公众付出更大的甚至是生命的代价，而地方政府更要承担社会秩序混乱及公信力下降的成本。闹大式社会问责会助长地方政府的机会主义思想而倾向于采用非制度化手段来处理问题，并且经由闹大来识别问题与问责政府会增加运动式问责的概率而难以形成常态化的社会问责。而要追究当前社会问责失序的根源，则又难以避免地要回溯到国家体制上去。在"政治上位的政治与行政一体化"的国家体制下，形成了极为独特的政府（国家）与社会的关系，再加上没有其他相关的具体安排，使得社会问责机制难以建立与运行。

第一，强政府与弱社会关系。政治上位的政治与行政一体化体制表现出"政治行政化"与"行政政治化"的特征，有史以来的"全能型政府"形象使得政府对社会拥有着绝对性的权力。一方面，政府掌握着几乎全部的社会资源使得其地位远远凌驾于社会之上；另一方面，政府部门将自己打造成唯一能够解决社会问题的"万能人"的形象。党和政府全面掌握着国家权力而使得社会诉求被全面包办，秩序、支配和服从的价值明显要高于同意、自由与社会参与。中国在计划经济时代的社会总体性特征即是以国家全面控制为基础，通过"集体"与"单位"的形式掌控着整个具有同质性的社会，国家垄断了发展所需要的一切社会资源而使社会难以形成有效的激励机制。随着计划经济体制向市场经济体制的转变，社会上也产生更多的利益主体，所形成的资源分配与流通形式已经不同于国家逻辑，这种国家控制的总体社会型管理方式变得尤为不适，因此应将属于社会的还给社会。但目前并没有形成应有的良性的国家与社会分离而互动的关系，党和政府仍然掌握着绝大部分的资源以及社会支配权，甚至因为市场经济的发展又增加了一些行政审批权力。这不但导致无法产生一个相对独立于国家和政党的社会领域，甚至某些独立的社会实体也难以获得生存的空间。

第二，地方政府行为的"维稳"逻辑。市场经济的转型、社会结构的转变，使得中国形成了一个权力化的市场经济与利益多元化的社会结构。促成这一转变的主导力量依然是政府的公共权力，而贯穿于经济转型整个过程的则是"政府主导的经济发展"。但在这一过程中，唯独没有提升的是社会力量，而是将公共职能的重点放在了追求经济增长上。与此同时,不断分化的基层社会爆发了种种矛盾与冲突,亟需基层政府在公共管理中强化"社会管理"部分。但是基层政府依然遵循"管理社会"而不是"社会管理"的治理方式,并采取传统政治逻辑下的社会控制,由此便形成了"维稳体制"。

维护国家政治与社会秩序的稳定是一个国家最基本的职能形式,中国语境下的"稳定"经历了从"平复动乱"到"调控人民内部的利益纷争",再到"处理好改革、发展与稳定之间的关系"的变迁,尽管具体含义不同,但各个时期的执政者均将"维护稳定"作为行为基础。维护稳定涵盖了较广泛的内容,既包括维持日常的社会秩序稳定,还包括重要活动期间的特殊稳定,以及各种突发事件的预防与紧急应对等。长期以来,中国政府绩效考核中一项重要的指标是对上访数量的控制,这一指标是困扰政府尤其是直面社会的基层政府的重要因素,也造成了基层政府巨大的压力的痛苦。尽管这一刚性指标已经取消,但其影响的余威并没有消失,几乎所有的政府都将上访视为是对政府权威的挑战及对其公信力的威胁,在巨大压力之下更是倾向于"堵塞"而不是"疏导",导致冲突愈发激烈,而群体性事件发生的概率不断增加。通常情况下,不论事件的主角是公众自身还是公众与政府,都由于公众的"有事找政府"逻辑及政府的处置不力、不当或不及时而将自己置身于事件中,只能采取策略性行为应对。[1]即①事情闹大了就可能积极地去解决问题;②小打小闹就敷衍、拖延;③没有公民的积极争取就不予理会。失语、拖延往往成为地方政府的行政手段,这不仅会降低政府公信力,还有可能导致原本并非政府责任却因为消极对待而演变为政府与公众的矛盾,导致政府官员被问责。这更进一步地强化了公众将事情闹大的心理。[2]由于这种问责方式带有明显的运动式色彩,倘若类似事件发生而处理结果不一致,

---

① 例如2008年9月的三聚氰胺奶粉事件,其实早在四年前,安徽阜阳发生"大头娃娃"事件时,媒体公布了多家不合格奶粉企业和伪劣奶粉"黑名单",三鹿奶粉就赫然在列,后来却不了了之。直到产生了极其恶劣的后果才引起了较大范围的官员问责。

② 例如2009年的湖北石首事件,事件的起因是石首市笔架山街道办事处东岳路永隆大酒店门前发现一具男尸,经警方调查认定为是该酒店厨师的自杀行为。但家属对死因怀疑而将尸体停放在酒店内,当地政府的失语导致围观群众增多,最终引发了大规模群体性事件,造成武警被打伤、车辆被毁坏及酒店遭焚烧。石首市委书记,负有直接责任的市委常委、市委政法委书记,公安局党委书记及公安局局长均被免职。详细参见:《湖北石首6·17事件14名涉案人员被捕》,《南方周末》,2009年8月5日。

公民会产生"相对剥夺感"①，而继续进一步将事情闹大，直至对处理结果满意。近几年最为常见的即是地方政府拆迁过程中出现的越级上访、自焚、跳楼等暴力事件引起的对当地政府官员的问责。可以看出，社会公众对闹大的行为偏好来源于社会诉求表达渠道不畅及政府"花钱买平安"的维稳逻辑。②在这种情况下，地方政府为了逃避被追责的风险，通常会采取一系列的"虚报""瞒报"等造假行为，比如较为普遍的交通伤亡事故、安全生产事故中的损伤程度等。造假行为不仅降低了对地方政府问责的可能性与问责程度，还会严重影响政府决策的科学性，并且也对有效考量所实施政策的效果造成了严重阻碍。

问责渠道是地方政府问责机制安排中的重要环节，是决定如何启动问责制、由谁启动问责制的先决条件。但当前的问责渠道过于狭窄，通常只是集中在内部渠道上，而真正的地方政府问责制是需要多元化的问责渠道作为支撑的，尤其是来自政府外部的眼睛，只有外部的眼睛才能更为准确、及时地发现问题。因此拓展外部问责渠道，建立和完善社会问责机制是建立地方政府问责制的首要任务，也是实现整个政府乃至整个国家走向秩序化的重要手段。

（二）责任界定

责任以拥有的权力或占据的职位及承担的角色为载体，通常情况下责任是基于个人行为的基础之上的，是谁作出了错误的行为就应当由谁来承担责任。这是老百姓所公认的一种问责逻辑，所以我们经常看到具体责任人一般在事故中都会被问责，但除此之外，相关领导者也要承担一定的责任。特别是在公共领域，对相关责任人的界定就有直接责任、领导责任等。事实上对于政府等公共领域责任的界定，大致有政治责任、行政责任、法律责任、道德责任等几种不同的形式，最为常见的或者说在我们国家最常出现的是政治责任与行政责任，法律责任一般是在政治责任或行政责任被追究之后有违法犯罪行为的再移送司法机关。行政责任一般是指政府机关的工作人员因为其自身占据的职位或角色而应该承担的相应的责任，行政责任分配的基础是其背后所实施的大多是科层制的组织形式。科层制或者称为等级制，源于马克斯·韦伯提出的官僚制组织形

---

① 所谓"相对剥夺感"主要指人们从期望得到的和实际得到的差距中以及与其相应的参照群体的比较过程中产生出的一种负面的主观感受。详细参见：李汉林、魏钦恭、张彦：《社会变迁过程中的结构紧张》，《中国社会科学》，2010年第2期。

② 清华大学社会学系社会发展研究课题组：《"维稳"新思路——利益表达制度化，实现长治久安》，《南方周末》，2010年4月15日。

式,该组织形式最为明显的特征一方面是明确的职权划分,也就是说为了实现总体的目标而设计出不同的职位,职位之间是相互配合、协调的关系;另一方面是严格的等级制度,上级对下级拥有指挥命令的权力,下级必须服从上级的安排。在这种系统内的相关人员所依据其职位要履行的职责就是所说的行政责任,行政责任建立在等级制结构之上。不管是单一制国家还是联邦制国家都可能存在这种行政责任,单一制国家中从中央到地方实行的是层层控制,行政责任也随着组织结构的划分而层层划分;联邦制国家中在联邦机构或者是州行政机构的内部也会存在此类的行政责任。

政治责任与行政责任有所不同。有研究者将政治责任界定为政治官员制定符合民意的公共政策或推动符合民意的公共政策执行的职责,以及没有履行好相关职责时受到的谴责和制裁。①还有的认为政治责任是"行使公共权力者因违反政治义务而承担的政治上的否定性后果,这种政治上的否定性后果也意味着社会中的个人或组织已丧失了从事行使政治权力的资格。②虽然对政治责任的界定并没有实现完全统一,并且界定的范围也稍显宽泛,但基本认同政治责任与政治职责、政治权力相关的观点。政治责任实际上是公共权力实施者由于掌握了公权力并占据了公共资源而必须对权力、资源的所有者(委托者)负责,也就是说要对权力与资源的所有者、来源者负责任。在实施代议制民主的国家中,政治责任一般就是要求向国家权力机关负责,而国家权力机关一般又是来源于人民的,比如中国的人民代表大会制度。政治责任不同于行政责任的基于内部职位而来的具体的工作职责,而是承担政治性的责任。二者之间虽然具有一定的联系,或者说是甚为密切的联系,但早在威尔逊与古德诺时代就开始讨论政治与行政之间的区别,政治解决的应当是更为庞大复杂的根本性议题,如国家体制、政策制定等;行政更多的则是要考虑具体的执行的问题。但从这个方面讲,政治责任与行政责任二者之间就理应不同。政治问责应当体现出政治性的特征,更加需要来自于权力根源处的外部问责,并且对政治责任的惩处也应当是罢免、辞职等政治类处罚。

由于政治责任与行政责任二者的来源不同,责任的发生机制不同,所以在问责过程中有些国家就进行了明确的区分,例如西方国家的政务官与事务官,

---

①　张贤明:《论政治责任的相对性》,《政治学研究》,2001年第4期。

②　王成栋著:《政府责任论》,中国政法大学出版社,1999年,第80页。

政务官承担政治责任而事务官则承担行政责任。在中国并没有进行事务官与政务官的划分,通常都是党委、上级领导承担一定的政治责任,直接负责的公务人员承担行政责任。但是中国当前实施的问责制并没有对政治责任与行政责任进行区分,问责对象几乎涵盖了所有的党政领导干部,并且问责的程序采用的是自上而下的方式,而问责的结果也多是引咎辞职、离职、道歉等。有研究者将这种现象称为"嫁接混搭制度"①,并且指出这种制度会导致问责处理结果的混乱,并且可能会使得问责处理可以只追究一般工作人员或者副职的政治责任而导致问责程度较轻,进一步会出现问责结果不公的问题。

事实上,不管是政治责任还是行政责任,都必定是与权力相关的,特别是在公共领域,权力与责任之间必定应当是对等的关系。权力是基于资源之上的,权力是通过有形或无形的资源来表达的,但权力资源只是构成权力关系基础的有形与无形的原料与手段,各种权力资源结合在一起是否能产生想要的结果则取决于情境中的行为,而手段并不是权力关系。②韦伯认为权力是在一定的社会关系中,即使是遇到反对也依然能够实施自己的意志的机会。③也就是说,权力是一种关系,权力基于资源稀缺的基础之上,权力具有强制性。而公权力是地方政府用于实现社会统治、社会管理与政策执行的重要保证,一个国家或政府系统的权力体系与权力结构决定了权力的运行机制,也决定了整个政府的运行方式。在中国地方政府权力系统中,从法律意义上来讲,权力的来源是来自于全国人大或者是有权制定法律法规的地方人大的授予。但在事实上,由于人大的权力并没有达到宪法意义上的高度,因此政府组织的权力来源呈现为另一种情形。权力的实际来源一方面来自于官僚制组织形式下的自上而下的授权,由此形成下级服从上级的权力格局。另一方面则来自于党组织对政府机关的权力授权,并形成了党委领导下的行政首长负责制。再有一方面的话则是权力来自于人民,即通常所说的人民授权。但事实上这种人民授权的权力来源形式并不是基于人民决定由谁掌权,而是基于地方政府掌握社会资源并进而实现的对权力的掌握。不管是哪种权力来源形式,只要是公权力的运行是为了谋求社会公益,那么其正当性一般也不会受到质疑。但在现实中,实然的权力来源形成的权力

---

① 王若磊:《论重大事故中的政治问责》,《法学》,2015年第10期。

② [美]约瑟夫·奈著:《权力大未来》,王吉美译,中信出版社,2012年,第11页。

③ [德]马克斯·韦伯著:《经济与社会(第一卷)》,阎克文译,上海人民出版社,2010年,第147页。

结构仿佛将社会完全排除在外,由此导致公权力的运行往往不受控制,并在一定程度上出现威权主义的特征。

权力运行方式一般是与国家体制密不可分的,具体到中国来说又成了研究时间很久的党政关系的问题。从革命战争时起,中国党政关系经历了"党政不分、以党代政"到"党政分开",又到学术界提出的"党政关系规范化"几个阶段。也有的研究者将党政关系概括为从"合一型"到"嵌入型"的关系,合一型的党政关系是指党政不分、以党代政时期,嵌入型党政关系则是对合一型关系进行批判的基础上提出的,是指党不再直接替代政府的行政职责,而是通过制度性嵌入、功能性嵌入、主体性嵌入等不同的方式介入整个国家的治理过程,并且认为党政关系并不是一种对等的权力主体间关系,而是党在国家整个治理格局中对政府权力进行的安排与规范。①事实上这种嵌入型的党政关系与本书所说的政治上位的政治与行政一体化表达出了类似的含义,尽管与革命时期的党政合一(在革命时期这种党政关系具有一定的积极作用)相比,执政时期的党政关系已经在一定程度上进行了规范化,但二者之间的关系明显是不平等的,这与我们一直遵循的党的领导原则也是一致的。党的领导是指按照党章的规定,由中国共产党制定国家总的路线、方针、政策等,然而从长期的传统延续下来的一些领导方式、权力模式等使得政治与行政关系仍然存在诸多不协调的方面,这也为党政领导的责任划分制造了障碍。

(三)问责过程

在问责机制问题上具有前提性意义的,是究竟要以什么为问责的基准,或者说如何确定各级地方政府的责任,这就涉及具体的问责过程的问题。由于历史传统和政治文化以及计划经济时期的体制惯性,中国地方政府习惯于包揽几乎所有公共事务②,甚至有时侵蚀私人领域的情况也屡见不鲜。显然,这与整个社会对腐败及政府错误行为的承受能力乃至对政权的依附心态也有关系。理想

---

① 刘杰:《党政关系的历史变迁与国家治理逻辑的变革》,《社会科学》,2011年第12期。

② 这里所说的公共事务即与哈贝马斯所说的公共领域相关的事务,公权领域和公共领域是有区别的。其所说的公共领域实际上是介于纯粹的私人领域与公权领域之间的缓冲地带,是由非国家和非经济组织或者社会公众自愿组成并能够进行平等、自由、充分地理性讨论并进而通过多种媒介对公权力进行监督与批判的开放性领域。见哈贝马斯著:《公共领域的结构转型》,曹卫东等译,学林出版社,1999年,第32~57页;序言第21~31页。哈贝马斯所说的公权领域更多的是指与国家权力机关所从事的活动相关的领域,公权不应该把公共领域当作直接的行为对象。

的政治秩序必须是参与者们能够接受并遵守相关法律的规定,因为这种政治秩序是基于国家能够作出可信承诺这一原则之上的,而这种可信承诺则必然与法律的制定与实施有关。可信承诺的直接表现即为政府及其行为能够履行责任并保证其出现不负责任的行为时就有必要的惩戒,惩戒的重要依据或基本手段首先是法律,其次是政府及其行为应该负责的对象——社会。然而当前中国的问责机制安排在很大程度上是无序的,甚至可以说经常是失效的,这一点最为明显的就体现在法律在问责过程中的地位上,也进一步表现出问责力度的随意性。

1.法律问责滞后于党纪政纪问责

责任的确定通常要依据某行动者自身所占据的位置及承担的角色,在公共领域,判断政府及其官员应该承担何种责任、具体由谁来承担以及要承担多少责任等,所依据的也应当是该行动者占据的地位、角色以及作出的行为和该行为产生的后果。如何让这些依据真正能够让人信服并遵从,最为重要的就是要用法律的形式将这些内容规定下来,并且做到即使是统治者也必须受到法律的约束,这也是法治国家的要求。对中国地方政府问责制持有怀疑或者是认为并没有形成真正意义上的、秩序化的问责制的一个重要原因即是法律问责机制本身既不健全,运行的时候也总是处于滞后的状态。

2016年7月8日起正式实施的《中国共产党问责条例》以全面从严治党的制度安排的角色出现①,在该条例中比较有特色的一条规定是条例坚持依规治党,实现纪法分开,主要是指:突出党规特色,概括提炼,明确责任;采用党言党语、纪言纪语,不套用法言法语;对行政问责事项不作规定,对引咎辞职、涉嫌犯罪移送司法机关等已有明确规定的方式和程序不再重复规定;不套用问责启动、问责调查等法律性流程,努力做到要义明确、便于执行。该项条例是针对中国共产党提出来的,但一般情况下,地方政府官员多数也都是共产党党员(也包含有其他党派及无党派人士),因此只要是共产党党员的政府官员都同样适用该问责条例。通过这项条例可以看出,在具体的问责客体、责任界定、问责方式等方面都有了更为详细明确的规定,并且实现了分级负责的原则,要求从中央到地方层层压实

① 该条例共13条,包括目的和依据、指导思想、问责原则、问责主体和对象、问责情形、问责方式,问责执行等。该条例将追究的责任划分为主体责任、监督责任和领导责任,问责对象是各级党委(党组)、党的工作部门及其领导成员,各级纪委(纪检组)及其领导成员,重点是主要负责人。同时规定了14种问责方式,条例将这些问责方式规范为对党组织的检查、通报、改组3种方式,对党的领导干部的通报、诫勉、组织调整或者组织处理、纪律处分4种方式。

责任。较有意义的是将各级党组织纳入问责客体之中，意味着问责不能只对下级，而是要包括中央部委党组、省区市党委等，这在很大程度上增强了问责的级别与程度。但是从问责中法律的体现程度来看，仍然采用的是纪法分开，沿用了之前先经党规党纪，涉嫌违法犯罪的移交司法机关处理的规定。党规党纪的确是作为共产党员都切实需要遵守的规章制度，但是从整个国家的角度来看，想要增强问责制的效果与力度及减少"人治"现象的发生，法律的地位仍需要提升。

2. 问责力度过于随意。

地方政府问责制应该是对地方政府所有未履行政府责任的行为根据不同问责标准而予以追究责任，但目前普遍存在的现象却是对政府的问责大多是"事故性"问责，而不是根据政府责任来实施的。并且并不是所有的事故都能引发对政府官员的问责，一般情况下引发了重大的经济损失或者造成了死亡或者是引起了高层政府的极度重视才会有对政府官员的问责。例如 2008 年在中国发生了多次"问责风暴"，诸如毒奶粉事件、煤矿事故和铁矿的尾矿库事件等，在问责中导致多名官员被停职、免职或引咎辞职。而同样在 2008 年发生的上海"9.15"除草剂泄漏事故中却只是给予上海农药厂有限公司总经理、副总经理和7 名中层管理干部撤职处分，并无政府官员为此事承担监管不力的责任。[①]另外，以环境问责为例，近些年大量被曝光的"癌症村"，淮河污染团，贵州的砷中毒、氟中毒等事件中，很少有官员为此被问责。但 2008 年的云南阳宗海砷污染事故却引发了一场"环保风暴"，此次污染事件造成公私财产直接经济损失 900 多万元、可预算经济损失达到一亿多元。在此次事件中 26 人被问责，其中包括 2 名厅级干部和 9 名处级干部。[②]这种"事故性"问责与建立常态化的"政府问责制"依然相距甚远，二者的问责方式与问责效果是不同的。诚然，"事故性"问责是在发生重大事故后对政府官员进行责任追究，这应当是一种问责方式，也是一种必要的问责方式，但却不能将问责止于"事故性"问责。

"事故性"问责带来的后果是必须在带来了严重后果并引起上级、社会广泛关注时才会引发对政府官员的问责，而问责的程度又根据事故的严重程度及上级或社会的重视程度决定。如果不发生事故甚至是不发生极其严重的事故，基本上就不产生责任，有时甚至是没有人员死亡就不会问责。这种问责方式也导

---

① 《上海农药厂总经理因除草剂泄漏事故被撤职》，新浪新闻网，http://www.sina.com.cn.2008–09–26。

② 田骁等:《阳宗海砷污染事件调查:共查办7件职务犯罪》，新浪新闻网，http://www.sina.com.cn.2009–08–19。

致政府部门对事故尤其是重大事故格外重视，对日常监管却重视不够。上级政府或主管部门在对下级进行考核或监督时也会更加倾向于关注重大事故的发生，让下级政府形成了"不出大事就是没事"的思维观念。之所以会产生这种"事故性问责"现象，一个很重要的原因就是关于问责的法律规范不够明确有力，更进一步说，就是由于现行体制下导致的法律在实施的时候不能达到应有的力度。

在缺乏法律制度的强制性时，行政问责独当一面的嚣张有可能会因权力利益关系而带来一片混乱。首先，问责依据都是行政性而非法律性的，有的甚至是行政首长拍脑袋式的临时决策，即使少数有法律规定，其问责效力在权力面前也往往会打了折扣。其次，问责权力通常掌握在领导人手中，即由最高行政领导来决定是否问责、如何问责、问责对象和问责力度，这就导致问责的主观性太强，缺乏严肃公正性，容易使得"人治"代替"法治"。再次，被问责的对象通常都是下级领导，他们在任职的时候等待上级安排，在承担责任的时候依然是默默地等待安排，由于缺乏法律问责保证，即使下级官员不应承担责任，也往往会选择忍气吞声，等待问责过后给予的新的安排。通常地方政府官员所不懈努力的如果不是为人民服务，那么就无非是权力和利益，而权力和利益也总是保持着如胶似漆的关系，"中国人传统的把做官看得重要，我们有理由说是由于儒家的伦理政治学说教了我们一套修齐治平的大道理；我们还有理由说是由于实行科举制，鼓励我们'以学干禄'，热衷于仕途；但更基本的理由，却是长期的官僚政治，给予了做官的人、准备做官的人乃至从官场退出的人，以种种社会经济的实利，或种种虽无明文确定但却十分实在的特权，那些实利或特权，从消极意义上说，是保护财产，而从积极意义上说，则是增大财产，'做官发财'始终是连在一起讲的"①。中国法律问责之所以未走上正轨，正是由于有些人不愿将自己的特权和利益置于法律的控制和约束之下。

三、地方政府问责的制度环境②

（一）组织设计制度

制度在诺斯的定义中被简单明确地表述为"博弈规则"，这一定义方式剥除

---

①　王亚南著：《中国官僚政治研究》，商务印书馆，2010年，第33~34页。
②　本部分关于组织设计制度、官员晋升制度、双重领导制度的论述参见张蕊：《地方政府责任与问责制中的制度困境》，《山东行政学院学报》，2014年第1期，部分作出修改。

了"institution"这一词汇所蕴含的"组织"或者"机构"之类的含义。也就是说制度与组织、机构等是不同的概念,因此讨论地方政府问责的制度环境也需要将组织拿出来单独讨论。尽管从官僚制诞生之日起就不断受到研究者的批评,但却无法找到能够替代它的组织形式,而其层级管理制度无疑也是有效的,因此多数政府组织都采用这种等级制的官僚组织形式,中国也不例外。官僚制组织形式的重要特征就是严格规定了等级结构,但在不同的国家其具体组织结构又有所不同。依据现代组织理论的观点,组织结构一般由地位、角色和权力三个要素组成。"地位就是在组织层级上组织成员所占的相对位置,即在正式组织结构中的职位……它是权力和服从的主要基础;角色就是他人对占据组织中一定位置的人所期望的行为集合;权力就是影响他人行为的能力,因此权力是与服从密切相关的概念。"①由此来看,地位、权力和角色之间存在着紧密的关系,然而如果地位关系不能厘清的话,也会造成一定的冲突。地位是权力的基础,地位不清首先会引发权力配置的冲突,而责任又是权力的孪生物②,那么地位关系不清晰就会造成责任分配的模糊或冲突,这是地方政府问责制推行的一个重大障碍。

中国地方政府采用的是层级制官僚组织形式,且在组织结构上一直存在着"层级同构"现象,由此带来的权力结构设置导致政府职能边界模糊,行政机关上下级之间、不同行政机关之间职能严重交叉,权力划分模糊,导致政府间纵向职责配置不清。层级同构是指不同层级的政府在纵向机构设置、职能和职责上的高度一致,即自上而下的"上下对口、左右对齐"。主要表现为四个方面:"其一,从机构设置而言,做到上下对口,左右看齐;其二,从权力关系而言,上级命令下级,下级服从上级;其三,从职能结构而言,上下一致,左右分散;其四,从主要内容来说,各级政府大多将决策权、执行权、监督权集于一身。"③这种层级同构现象也被形象地称为"上下一般粗",采用这种职责划分方式在一定程度上有利于权力的"向上集中"及实现上下层级的统一管理,这对于维护中央对下级的管理具有一定的积极作用。但同时,这种职责划分方式也会带来较为严重的问题,首先就是对政府责任进行清晰的划分会变得异常艰难。中国从中央到省、市、县直至乡镇,在各级党组织及政府机构设置上都存在同构现象,由此带来立法

---

①　金东日编:《现代组织理论与管理》,天津大学出版社,2016年,第34~35页。

②　[法]H.法约尔著:《工业管理与一般管理》,曹永先译,团结出版社,1991年,第25页。

③　中国行政管理学会主编:《政府层级管理》,人民出版社,2009年,第101页。

权限、政府职责以及政府机构设置的高度统一。除此之外，在《宪法》和《地方政府组织法》中对各级政府进行职责划分时，最后一条都是"办理上级国家行政机关交办的其他事项"，据此，各级政府的职责都被贯穿到整个政府体系中，每一个部门都在下级政府中存在"投影"，每一级政府都在管理相同的事情。而这种权责不清的上下级关系，导致上级政府经常对下级政府行为越权干涉，条条钳制块块，块块对抗条条，形成条块矛盾、职责混乱的局面，导致地方政府问责制的实施过程中难以界定问责对象。

（二）官员晋升制度

有关政府及其行为的问责制，肯定与其所处的政治秩序分不开，而现实中的政治秩序往往是由具体的政治行为来构成的。在涉及政治行为时，官员晋升制度的设计和如何获取晋升的渠道、达到晋升的标准则是几乎所有的政治官员都极为关注的问题。也就是说政治晋升的激励可以说是任何官场中最为有效的激励因素，这种晋升的激励通常在很大程度上能够决定官员的行为取向以及最终向谁负责。在政治与行政一体化体制下官员的晋升激励主要体现在自上而下的地方官员选拔制度上，尽管当今中国选拔公务员的方式有了考任制、聘任制等多种不同的形式，但政府官员的晋升还是会在很大程度上取决于上级。

决定官员能否得到提升的因素有很多，但长期以来实施的一般是上级政府通过考察下级政府辖区内的经济发展（主要是国民生产总值）的相对成绩来实现官员的晋升。相对成绩即在同一个考查范围内，一般是同一个层级的地方政府之间进行比较，成绩好的地方官员获得晋升的概率更大。周黎安将这种官员晋升制度形象地描述为"晋升锦标赛"制度，并指出了满足晋升锦标赛的实施条件：一是上级政府拥有集中的人事任免权，可以确定晋升标准并依据下级政府官员的绩效决定是否晋升；二是竞赛指标是可衡量的，避免指标具有模糊性和主观性而降低激励效果；三是竞争官员之间是可比较的；四是政府官员能够在较大程度上控制指标的完成程度；五是参赛官员之间不易形成合谋。[①]而中国"下管一级"的干部管理制度、晋升考核中的国民生产总值为主（以国民生产总值为核心的考核或明或暗地进行，有些地方考核文件中经济发展的分值并不高，但实际却极为看重）。同级地方政府之间的相似性、政府职能的类同性、地方政府对社会资源的控制以及政府官员对晋升的渴望，使得晋升锦标赛在地方政

---

①　周黎安：《中国地方官员的晋升锦标赛模式研究》，《经济研究》，2007年第7期。

府中能够得以实施。

中国地方政府官员所处的官场可以看作是一个"内部市场","这个内部市场的报酬规则主要规定了晋升制度、职位及其相对应的工资,而工资在很大程度上遵循着与劳动生产率无关的等级逻辑,一般会随着职务的升迁而增长"。[①]在长期"官本位"文化的影响下,政治地位、社会福利、权力级别都是官员们所孜孜追求的东西。而中国独特的政治制度和行政体制也为官员晋升锦标赛的实施提供了土壤,其一,上级政府掌握着下级政府官员的任命权;其二,职责同构性的政府层级结构使得政府间具有可比性;其三,地方政府通过掌握资源分配权、行政审批权等权力控制着所辖区域的发展命脉;其四,"一票否决制"为官员晋升带来严重压力;其五,政府官员晋升会受到"天花板效应"的限制,即大部分政府官员在晋升一定级别后,会由于年龄增长等使得晋升空间缩小,遇到仕途上的"天花板"。金字塔式的等级结构使这种"天花板效应"成为必然,例如党政机关的"天花板官员"年龄聚集在 45 岁至 55 岁,县处级干部约有四五十万,只有10%到 15%能够获得升迁。[②]因此,官员如果不能及时升迁,就会受到瓶颈限制。不仅如此,随着政府官员对学历的要求,以及对干部年轻化的追求,使得官员晋升更加紧迫。

官员的晋升锦标赛不仅存在于地方政府之间,甚至是中央政府也在实施,其运行的基本条件则是行政和人事控制的集权。晋升锦标赛的运行并不需要政治体制的变化,而是将行政权力的集中与高强度的激励相结合,极大地促进了地方官员的积极性,也在很大程度上实现了经济的高速增长,甚至被认为是中国"经济发展奇迹"(这源于很长时期的追求经济的增长,虽然近几年在官员绩效考核中经济增长的比重出现下降,但实际上对经济的重视程度并没有减少)。然而这种晋升锦标赛也引发了一系列后果,其中最为重要的是政府及其官员缺少了对民负责的动力,而是"唯上是从"以及"唯指标论"。政治秩序的根源在于国家能否作出可信的承诺,并且通常需要官员的具体行为去实现与维护,良好的政治秩序应当是通过百姓掌握实际权力及政府官员对百姓负责才能得以完成的。因此,官员晋升的渠道与标准决定了其愿意对谁负责、愿意承担什么样的

---

① 唐俊:《我国地方政府官员晋升激励制度的困境和路径选择》,《新疆社科论坛》,2010年第3期。

② 刘晓静:《中国数十万县处级干部升迁无望 成为沉沦借口》,《中国青年报》,http://news.sohu.com/20091209/n268799164.shtml。

责任,这是建立与实施问责制非常重要的一个方面。

(三)双重领导制度

地方政府的双重领导制度①是指下级政府职能部门在接受本级地方政府领导的同时,还要接受上级政府的领导,这是与政府机构"层级同构"的特征相对应的。上级政府职能部门的领导作用主要体现在三个方面:一是下级政府职能部门对于其业务范围内发生的重大事务必须及时向上级职能部门报告;二是中央部委通过行政规章、通知、意见、实施办法、公告等各种方式指导下级政府职能部门的业务工作;三是下级职能部门经常就工作中遇到的问题向中央部委请示,请求给予指导和帮助。由此就在地方政府间形成了两条权力线,一条是同级政府的权力线;另一条是上级政府职能部门的权力线。虽然这种双重领导模式有助于对地方政府的统治,能够集权于中央,但是也容易引发矛盾与冲突。地方政府职能部门究竟是对本级政府负责还是对上级政府负责,经常出现混乱的局面,这就会导致地方政府依据自身利益在不同的命令之间或是不同指标之间作出选择。在这种情况下,也难以界定政府的领导责任,出现问题时就容易在本级政府和上级政府之间相互推诿责任。

在双重领导制度下,地方政府面临着政出多门的问题,不仅在出现问题时难以明确界定问责对象,甚至会出现越往上问责程度越低的现象。就最近几年的媒体报道来看,以某些突发事件为例,对于一线工作人员(基层公务员或临时工),基本上是直接辞退;对于直接责任人(一般是副职),多为警告、停职,或者免职处分;而对负有直接责任的领导,一般只是责令作出检查。例如2013年7月发生在哈尔滨的城管打伤瓜农事件,哈尔滨市道外区宣传部门7月21日通报的处罚结果显示,"道外区委区政府已责令区城管执法局局长做出检查,涉嫌打商贩的执法工作人员已经被停职"②。问责程度更深的则表现为领导记过,普通工作人员撤职,事故责任单位的人员和临时工承担刑事责任。诚然,事情越严

---

① 《地方政府组织法》第六十六条规定:"省、自治区、直辖市的人民政府的各工作部门受人民政府统一领导,并且依照法律或者行政法规的规定受国务院主管部门的业务指导或者领导。自治州、县、自治县、市、市辖区的人民政府的各工作部门受人民政府统一领导,并且依照法律或者行政法规的规定受上级人民政府主管部门的业务指导或者领导。"

② 李建平:《哈市处理"城管打伤瓜农"事件》,新华网,http://news.xinhuanet.com/mrdx/2013-07/22/c_13 2562020.htm。

重受处分的领导级别越高,反之亦然,但目前存在的问题是对领导责任的界定不够明确。自 2001 年起实施的《国务院关于特大安全事故行政责任追究的规定》指出:发生特大安全事故,社会影响特别恶劣或者性质特别严重的,由国务院对负有领导责任的省长、自治区主席、直辖市市长和国务院有关部门正职负责人给予行政处分。然而对社会影响特别恶劣、性质特别严重的具体标准却没有界定,这就导致在问责时,对于同类事故处罚标准多样,经常出现正职问责少于副职、党委书记问责少于行政首长的现象。

由此可见,地方政府仍然缺乏一个完善有序的问责制度环境,问责的客体、问责的标准、问责的程度都因为制度的关系而难以明确。只有构建了良好的制度环境,才有可能形成有序的问责机制,相关机制安排也才有可能正常运转。

当前的地方政府问责制在体制、机制与制度环境上均面临着一系列问题,想要彻底实现良好的问责秩序,从体制上入手自然是根本,也是作为高层决策层应该关注与解决的问题。如果体制问题过于敏感、复杂并且体制的改善无论如何也带有长期性,那么至少应该从制度、机制上着手做一些可操作性的变革。事实上,问责制的建立与实施最先要解决的应当是如何增强社会实体力量的问题。因为政府行为的最终对象都必然是社会公众,而社会公众作为一个大的活的整体又必然会而且应当对政府行为作出反应,特别是在政府作出渎职、失职或伤害社会公众利益的行为时。由社会发起的问责活动就是社会问责,如何构建一个良好有序的社会问责机制是当下亟须思考的问题。社会问责是通过公众的意愿表达实现对政府的监督和质疑,从而防止政府权力的滥用与责任的推卸,其前提是政府与社会各自的活动领域有一定的界分。①但当前的中国体制特征与制度因素导致政府包揽社会事务而社会实体生存空间狭窄。并且由于中国在该体制下已经形成的强政府与弱社会的关系,以及地方政府并不直接对社会负责的现实,导致中国缺失了社会问责所需要的条件。政府对社会事务的过度干预难以形成哈贝马斯所说的公共领域,从而使充分的社会理性讨论基本不可能实现。社会公众的低度组织化及对主流媒体的制约导致社会意愿呈现出严重的碎片化,因而独立于政府之外的社会问责主体因为力量的弱小而难以承担问责重任。有学者认为这是社会公众行政诉求的增长与政府调节能力的不足导致

---

① Barbara S.Romzek, Enhancing Accountability.James L.Perry.*Handbook of Public Administration*,Second Edition. San Francisco:Jossey-Bass Inc.,1996,p.102.

的。①还有学者指出这是一元化治理体系之下国家治理雄心与治理技术脱节的
产物。②归根结底，这是中国当前行政体制所造成的难以避免的结果。在这种情
况下，社会问责机制的建立是非常困难的。

理查德·莫尔干提出了社会问责的三个要素：一是外在性，即问责主体必须
由问责对象之外的行为主体承担；二是权威性，即问责主体拥有对问责对象的
监督权力；三是社会交互性，即问责主体处于质询状态而问责对象处于回应和
接受制裁的状态。③也就是说真正的社会问责能够成立并取得问责的成功需要
一系列条件的支撑，更为直观地来看，社会问责需要三个最基本的条件。④

第一，独立于地方政府之外的社会实体担当问责主体。从理论上来讲，社会
问责主体应该包括社会组织、新闻媒体和社会公众。西方国家的政府因为其选
举制度的发达而能够自觉地向社会负责，因此西方国家的政府从本质上具有向
社会负责的动力，这是社会问责得以推行的重要基础。社会组织能够将社会中
碎片化的意愿组织起来，这是实现有序地公众意愿表达和启动问责的重要手
段。社会组织的核心特征是独立于政府并能够代表公众意愿，且拥有向政府质
询或追究责任的权利。新闻媒体能够以其强大的揭露力量和全民公审能力将事
件快速、广泛地传播，并引发社会舆论，"舆论是公众对社会现实以及社会中的
各种现象、问题所表达的信念、态度、意见和情绪表现的总和，具有相对的一致
性、强烈性和持续性"⑤。新闻媒体对舆论方向的引导更是社会问责中不可或缺
的一环，因此要赋予新闻媒体充分的言论自由，以保证其能够畅所欲言。公民个
人的声音与力量总是微弱的，需要社会组织或新闻媒体将微弱的力量有效聚集
起来才能发挥对政府问责的作用。因此，在中国想真正实现独立的社会实体担
当问责主体，首先要建立一个有效的"公共领域"，确保社会公众能够在该公共
领域中进行充分的理性讨论。其次，改善社会组织的管理办法，降低准入门槛并

---

① 蔡禾、李超海、冯建华：《利益受损农民工的利益抗争行为研究——基于珠三角企业的调查》，《社
会学研究》，2009年第1期。

② 应星著：《大河移民上访的故事》，生活·读书·新知三联书店，2001年，第317~376页。

③ Richard Mulgan, "Accountability": an Ever-expanding Concept?, *Public Administration*, Vol.78, No.
3, 2000, pp.555-573.

④ 关于社会问责三个条件的论述部分参考金东日、张蕊：《论问责制的体制困境：以地方政府为中
心》，《学习与探索》，2014年第8期，并作出了较大修改。

⑤ 陈力丹著：《舆论学——舆论导向研究》，中国广播电视出版社，1999年，第11页。

给予其一定的自由成长的空间。最后,是允许媒体的自由发声,网络时代带来了新闻媒体的多元化发展,应当充分利用多元媒体的作用,允许来自四面八方的眼睛对政府行为进行监督。

第二,地方政府运行的公开透明。地方政府运行过程的公开透明和公众获取政府信息的真实性与容易性是社会问责能够成立的前提条件。社会公众对地方政府责任的关注与追究一定程度上取决于公众的价值理念、态度信仰以及对政治行为的认知等,这都要受到政府运行过程公开性的深度影响。但是"政府官员具有保守秘密的秉性"①,政府官员通常不仅习惯于"暗箱操作",更热衷于掩饰自己的错误与事情的真相,这就导致社会公众难以获取真实的政府信息,在政府行为出现问题的时候可能因无法获知实情而被迫放弃问责。要实现社会问责的成功,必须有法定的、保证政府运行公开透明的具体机制安排,社会公众对所需要了解的信息拥有随时查询、持续跟踪和全面知悉的权利,并保证所得信息的真实有效。这不仅是实现社会问责的前提条件,同时也是提高政府公信力与执政合法性的重要基础。地方政府政务网站、官方微博、微信平台等渠道的建设为地方政府的信息公开提供了多种渠道,但仍然存在着"报喜不报忧""虚假信息"等现象。因此,制定出明确具体的政务信息公开标准以及严格的审查制度是非常必需的。

第三,有效的社会问责途径。有效的社会问责途径是指为了实现社会问责而在政府与社会之间建立的制度化的长效沟通机制、法律规定的问责启动程序以及明确的问责依据等。政府与社会之间进行对话沟通能够减少信息不对称带来的问责缺失或无效,这除了需要必备的信息公开之外,还需要有畅通的社会意愿表达渠道。在经过社会公众的质询、控告、检举等之后,社会问责启动时要经由法律程序进行调查、取证,并及时公开调查结果。问责依据要法定、明确、具体、长效,不能因人因事而异,更不能听从某个或某些人的意愿而随意改变。在地方政府问责的相关文件中规定的问责标准、依据等通常都比较模糊,虽然赋予了问责的自由裁量权,却往往也容易造成问责的不统一、问责秩序的混乱等。因此,应当进一步由法律明确规定问责启动程序和问责依据、问责标准等内容,在维护社会问责秩序的同时防止"人治"现象,以保证社会问责的公平、公正。

---

① ［美］戴维·奥斯本、特德·盖布勒著:《改革政府:企业家精神如何改革着公共部门》,周敦仁译,上海译文出版社,1996年,第134页。

　　有效的问责仅仅依靠政府部门或者党委是远远不够的，必须依赖于外界的时刻保持关注的一双双眼睛。这些应该用来紧盯着政府行为的眼睛即来自社会公众，社会可以称为是地方政府存在的理由和基础，因此由社会对地方政府问责是理所当然的。但由于社会主体利益、文化、价值观念等的多元化使得不同的社会实体对地方政府行为的期待与评价标准难以一致，因此社会问责的标准多带有模糊性、自利性。如果想要切实地发挥社会问责的作用，亟待作出的是创造一个良好的问责环境。在中国目前的官员任用与晋升制度几乎与公众意见无关的情况下，地方政府对上而不是对下负责，并且社会公众在信息获取、意愿表达、组织能力等方面都处于极端弱势的地位。为了实现真正意义上的社会问责，并维护问责秩序及其合理性，还必须强化社会公众的组织化程度及其解决问题的专业水平，构建地方政府与社会公众之间制度化的沟通渠道，并增强地方政府运行的透明度以保障社会公众的知情权。上述条件的确是实现有效的社会问责的必备要件，但如果从根本上解决这一问题，仍需要国家体制的改善，需要政府将权力适当回归社会，这也是走向国家治理现代化的必经之路。

第五章

问责的条件

一、问责条件的内涵分析

问责制的运行包括三个环节,即问什么责,向谁问责,如何问。在这里问责条件就是"问什么责"的问题,反过来讲,就是问责对象某种特定行为或结果事实行为的存在就是问责条件。它是问责得以启动所具备或处于的状况,就是具备某些情形,问责主体就要启动相关问责程序。问责条件是问责发起的原因,也就是要对什么事项进行问责,也就是说什么事、什么行为应当进入问责视野,纳入问责范围。问责条件是确定行政问责是否发起的主要决定因素,是行政问责的必要条件,没有问责条件,问责就无从谈起。在这里,问责条件和问责情形、问责内容、问责事由通常是同一个概念。这个概念就是针对某些具体情形,解决该不该问责的问题。现实中,针对政府及其公务人员履行职责过程和结果,可以通过预设问责条件的,来判断是否应该启动问责程序。因此,研究问责条件对于完善行政问责制具有重要的理论和现实意义。

所谓环境,就是对某种主体或事物产生直接或间接影响的所有内外部要素的总和。问责环境无非就是影响问责成立、实施与结束的所有内部和外部要素的总和。通常情况下,影响一个国家和地区问责制实施落实的过程和结果的影响因素甚多,诸如,政治与行政的关系、法律法规的完善程度、民主政治的发展程度、历史传统的影响,等等。也可分解为体制环境、机制环境、制度环境等。如果说问责条件是解决是否启动问责程序问题的话,那么问责环境概念是要解决问责实施落实的过程和结果的影响因素的问题。可见,问责条件和问责环境是两个相互独立的概念,二者并无交集。

问责方式是问责主体对问责客体采取惩戒的样式和方法，换句话说，就是通过何种形式对问责客体起到警示或惩戒作用，消除不利影响，亡羊补牢。诸如，批评教育、做出书面检查、给予通报批评、公开道歉、诫勉谈话、组织处理、调离岗位、停职检查、引咎辞职、辞职、免职、降职、党纪军纪政纪处分、移送司法机关依法处理，等等。相较于问责条件，问责方式是针对问责条件，确定采取何种形式追究问责客体的责任问题。可见，虽然两个概念有联系，但是二者是相互独立的。

二、我国问责条件的文本分析

(一)中央层面问责条件

我国在问责制的建设方面还比较薄弱，尚缺少专门统一的问责立法，有关问责的条件大多只是散见于一些规定和条例中。下面我们将从《中华人民共和国公务员法》《行政机关公务员处分条例》《关于实行党政干部问责的暂行规定》和《中国共产党问责条例》整理和归纳问责条件设定(如表5-1)。

表5-1　中央层面有关问责条件的设定

中华人民共和国公务员法	行政机关公务员处分条例	关于实行党政干部问责的暂行规定	中国共产党问责条例
第八十二条　领导成员因工作严重失误、失职造成重大损失或者恶劣社会影响的，或者对重大事故负有领导责任的，应当引咎辞去领导职务。领导成员应当引咎辞职或者因其他原因不再适合担任现任领导职务，本人不提出辞职的，应当责令其辞去领导职务。	第三章"违法违纪行为及其适用的处分"，规定了违反政治纪律、组织纪律、财经纪律、失职、渎职和滥用职权，严重违反公务员职业道德和社会公德等行为及相应的处分种类和幅度。《条例》分别列举39种情形，作为行政处分的条件。	(1)决策严重失误，造成重大损失或者恶劣影响的；(2)因工作失职，致使本地区、本部门、本系统或者本单位发生特别重大事故、事件、案件，或者在较短时间内连续发生重大事故、事件、案件，造成重大损失或者恶劣影响的；(3)政府职能部门管理、监督不力，在其职责范围内发生特别重大事故、事件、案件，或者在较短时间内连续发生重大事故、事件、案件，造成重大损失或者恶劣影响的；(4)在行政活动中滥用职权，强令、授意实施违法行政行为，或者不作为，引发群体性事件或者其他重大事件的；(5)对群体性、突发性事件处置失当，导致事态恶化，造成恶劣影响的；(6)违反干部选拔任用工作有关规定，导致	(1)党的领导弱化，党的理论和路线方针政策、党中央的决策部署没有得到有效贯彻落实，在推进经济建设、政治建设、文化建设、社会建设、生态文明建设中，或者在处置本地区本部门本单位发生的重大问题中领导不力，出现重大失误……(2)党的建设缺失，党内政治生活不正常，组织生活不健全，党组织软弱涣散，党性教育特别是理想信念宗旨教育薄弱，中央八项规定精神不落实，作风建设流于形式，干部选拔任用工作中问题突出……(3)全面从严治党不力，主体责任、监督责任落实不到位，管党治党失之于宽松软，好人主义盛行，搞一团和气，不负责、不担当，党内监督乏力，该发现的问题没有发现，发现问题

续表

中华人民共和国公务员法	行政机关公务员处分条例	关于实行党政干部问责的暂行规定	中国共产党问责条例
		用人失察、失误，造成恶劣影响的；(7)其他给国家利益、人民生命财产、公共财产造成重大损失或者恶劣影响等失职行为的。	不报告不处置、不整改不问责……(4)维护党的政治纪律、组织纪律、廉洁纪律、群众纪律、工作纪律、生活纪律不力，导致违规违纪行为多发，特别是维护政治纪律和政治规矩失职，管辖范围内有令不行、有禁不止、团团伙伙、拉帮结派问题严重……(5)推进党风廉政建设和反腐败工作不坚决、不扎实，管辖范围内腐败蔓延势头没有得到有效遏制，损害群众利益的不正之风和腐败问题突出的；(6)其他应当问责的失职失责情形。

资料来源：作者整理

2006年1月1日施行的《公务员法》第八十二条明确规定领导成员因工作严重失误、失职造成重大损失或者恶劣社会影响的，或者对重大事故负有领导责任的，应当引咎辞去领导职务。领导成员应当引咎辞职或者因其他原因不再适合担任现任领导职务，本人不提出辞职的，应当责令其辞去领导职务。2007年4月4日国务院第173次常务会议通过《行政机关公务员处分条例》，其中第三章"违法违纪行为及其适用的处分"，规定了违反政治纪律、组织纪律、财经纪律，失职、渎职和滥用职权，严重违反公务员职业道德和社会公德等行为及相应的处分种类和幅度。《条例》分别列举39种情形，作为行政处分的条件。2009年7月12日中共中央办公厅国务院办公厅印发《关于实行党政领导干部问责的暂行规定》。《规定》列举出6种给国家利益、人民生命财产、公共财产造成重大损失或者恶劣影响等失职行为，对党政领导干部实行问责。2016年6月28日中央政治局审议并通过《中国共产党问责条例》。《条例》列举出5种党组织和党的领导干部违反党章和其他党内法规、不履行或者不正确履行职责的失职失责行为的问责情形。

20世纪90年代以后，党中央进入了问责制的探索时期，相继出台了一系列行政问责条例、办法，这些举措推动我国行政问责制逐渐走向规范化。诸如，《行政监察法》《人民代表大会常务委员会监督法》《党政领导干部选拔任用工作暂行条例》

《关于实行党风廉政建设责任制的规定》《突发公共卫生事件应急条例》《中国共产党纪律处分条例》《中国共产党党内监督条例（试行）》及《党政领导干部辞职暂行规定》等。我们经常说任何一项制度在它稳定地建立起来之前，都无不先在其他的法律、法规或其他一些规范性文件中显现出来，并依靠它们逐渐强大起来。

以上中央层面有关问责制立法中的问责条件的设定都逐条列举出来，最后大多加上兜底性条款。《关于实行党政干部问责的暂行规定》所列举问责情形共340字，其中"重大"一词共出现了9次，可以看出，对党政干部的问责集中在一些"大事件"，诸如，主要是严重的生产安全、食品安全、群体性突发事件等造成严重社会影响和严重生命财产损害的一类事件。《中国共产党问责条例》问责情形设定主要围绕坚持党的领导、加强党的建设、全面从严治党、维护党的纪律、推进党风廉政建设和反腐败工作方面。主要追究各级党委（党组）、党的工作部门及其领导成员，各级纪委（纪检组）及其领导成员，重点是主要负责人在党的建设和党的事业中失职失责的主体责任、监督责任和领导责任。中央层面问责条件立法虽然比较笼统，但是对于地方问责立法中问责条件设定具有重要的影响。例如，海南、福建、云南、甘肃都出台了《中国共产党问责条例》实施办法，细化了《条例》予以问责的6方面情形，分别细化了24种、22种、19种和24种具体应予以问责的情形。①

（二）地方层面问责条件

对于问责制的建立和不断完善，在中央不断出台行政问责的法规文件，加强对党政领导干部和公务员问责的大背景下，地方积极的予以回应，不断出台专门的问责规章文件。地方性的政府规章是我国现有的专门行政问责的立法形式，从2003年对"非典"的"问责风暴"开始，长沙市、南宁市、安徽淮南市、四川省、武汉市、南京市等多地陆续出台了问责的相关规定。本章选取广东省、云南

---

①　《海南制定〈中国共产党问责条例〉实施办法细化24种问责情形》，南海网，http://www.hinews.cn/news/system/2016/12/22/030893432.shtml。

《我省出台〈中国共产党问责条例〉实施办法》，福建省人民政府门户网站，http://www.fujian.gov.cn/xw/fjyw/201610/t20161011_1219946.htm。

《中共云南省委印发〈贯彻《中国共产党问责条例》实施办法〉》，云南网，http://yn.yunnan.cn/html/2016-09/26/content_4552219.htm。

《甘肃省〈中国共产党问责条例〉实施办法（试行）》，兰州市财政局网站，http://www.lzcz.gov.cn/info/1446/1446/21978.htm。

省、北京市、甘肃省、海南省、湖北省、吉林省七地问责立法文本作为考察对象，以期管中窥豹，归纳出地方层面关于问责条件设定的情况。地方七省市有关问责条件的设定情况如下（表5-2）。

表5-2 地方七省市有关问责条件的分类

广东省各级政府部门行政首长问责暂行办法(2008)/广东省行政过错责任追究暂行办法(2008)	云南省党政领导干部问责办法（试行）（2010）	北京市行政问责办法（2011）	甘肃省党政领导干部问责实施办法(试行)（2012）	海南省行政首长问责暂行规定(2015)/海南省"庸懒散奢贪"行为问责办法(2013)	湖北省行政问责办法（2016）	吉林省行政问责办法（2016）
1.对行政首长问责:政府部门执行上级机关的决策和部署不力;违反规定进行决策、发生重大决策失误;不认真履行行政管理职责;不认真履行内部管理职责;不依法接受监督;其他。 2.追究行政负责人过错责任行为：违反法律、法规、规章规定的;违反行政管理制度造成不良后果的;违反政务公开和行政告知有关规定的;违反行政许可,审批工作规定的;违反行政征收、征用工作规定的;违反行政监督检查工作规定的;违法实施行政处罚的;违反规定实施行政强制措施的;违反行政赔偿工作规定的。	有令不行、有禁不止情形;独断专行、决策失误;滥用职权、违法行政;办事拖拉推委扯皮;不求进取、平庸无为;态度冷漠、作风粗暴;暗箱操作逃避监督;在所管辖范围内,列监管不力处置不当的;本地区、本部门、本系统或者本单位在贯彻落实党风廉政建设责任制方面出现问题的。	应当履行而未履行行政职责;违法履行行政职责;不当履行行政职责。	决策失误;工作失职;监管不力;滥用职权;不作为或者执行不力;违反干部选拔任用工作有关规定,导致用人失察、失误,需要问责;本地本部门本系统或者本单位在贯彻落实党风廉政建设责任制方面出现问题的。	1.行政首长违反依法决策、科学决策和民主决策要求,发生决策失误;行政首长违法行政;行政首长对国家法律、法规或者上级国家机关的决策和部署执行不力、效能低下;行政首长不认真履行管理职责,防范不力、处置失当的; 2."庸懒散奢贪"等方面40种问责情形。	对行政机关及其负责人进行行政问责:行政机关工作人员不履行法定职责等;行政机关工作人员违法履行法定职责等乱作为;行政机关工作人员怠于履行法定职责等慢作为;	行政领导干部违法违规决策或者决策失误;政机关及其工作人员不作为、乱作为、慢作为;行政机关及其领导干部落实内部监管职责不力的。

资料来源:作者整理

　　《广东省各级政府部门行政首长问责暂行办法》细化列举出 34 种对行政首长问责的情形。《广东省行政过错责任追究暂行办法》细化列举出 70 种追究行政负责人过错责任行为情形。《云南省党政领导干部问责办法》规定的问责情形有 10 类：有令不行、有禁不止，独断专行、决策失误，滥用职权、违法行政，办事拖拉、推诿扯皮，不求进取、平庸无为，欺上瞒下、弄虚作假，态度冷漠、作风粗暴，铺张浪费、攀比享受，暗箱操作、逃避监督，监管不力、处置不当等，并具体细化 45 种情形。另外，对违反《廉政准则》等问责情形做了明确规定。《北京市行政问责办法》明确设定不当履行行政职责情形中，超过法定时限或者合理时限履行职责的，即"慢作为"，也要被行政问责。《办法》还规定违反规定的步骤、顺序、方式、形式等规定程序实施行政行为的；超越法定权限实施行政行为的；隐瞒、截留、挪用、私分或者变相私分行政征收征用款物的；违法查封、扣押、没收、征收、征用财物的；不具有行政执法资格或者违反规定使用执法证件的；违反规定乱收费，或者要求行政相对人接受有偿服务、购买指定商品以及承担其他非法定义务的；违反规定制作法律文书、使用票据的；违法委托其他组织或者个人履行职责的；实施行政行为无事实根据，或者主要事实不清，主要证据不足等，都要被行政问责等 29 种对行政人员进行问责情形。《甘肃省党政领导干部问责实施办法》围绕表中所列的七大类问责，细化为 22 种需要对党政干部问责的情形。《海南省行政首长问责暂行规定》围绕四大类问责情形，细化出 22 中需要对行政首长问责的情况。《海南省"庸懒散奢贪"行为问责办法》概括、梳理出"庸懒散奢贪"等方面 40 种问责情形，包括脱离实际，主观随意或者违反法定权限和程序，导致决策和工作失误，造成重大损失或者恶劣影响的；在行政活动中滥用职权，强令、授意实施违法行政行为，或者不作为，引发群体性事件或者其他重大事件的；长期不上班或逾假不归、在编不在岗、"吃空饷"的等。《湖北省行政问责办法》针对不作为、乱作为、慢作为和其他导致国家利益、公共利益或公民、法人和其他组织的合法权益受到损害，或者造成不良影响的情形，列举出 30 种对行政机关及其负责人进行行政问责的情形。《吉林省行政问责办法》围绕五大类，列举出 43 种对行政机关及其领导干部或工作人员的问责情形。具体如表 5-3：

表5-3 地方七省市有关问责条件的细化

地方七省市问责办法、规定	分 类	细化情形
广东省各级政府部门行政首长问责暂行办法	6	34
广东省行政过错责任追究暂行办法	9	70
云南省党政领导干部问责办法	10	45
北京市行政问责办法	3	29
甘肃省党政领导干部问责实施办法	7	22
海南省行政首长问责暂行规定	4	22
海南省"庸懒散奢贪"行为问责办法	5	40
湖北省行政问责办法	4	30
吉林省行政问责办法	5	43

资料来源:作者整理

从形式上看,各地对问责条件的设定都进行分类,类别从 3~10 类不等。在分类的基础上,对各类问责条件就进行了细化,细化情形从 22~70 种不等。问责条件的类别和细化情形二者在数量上并不存在着必然联系。立法者的目的在于穷尽所有应该问责的情形,不断细化问责条件,以便增强问责制可操作性。另外,针对规章文件的滞后性和保守性,有大量的兜底性条款的出现,诸如,"其他××的情形"。

(三)对我国问责条件设定的评价

从 2003 年"非典"开始,我国逐步建立和完善问责制。其主要表现为中央和地方一系列有关问责制度的出台,对公职人员,特别是党政干部失职失责行为的问责日益常态化和规范化。问责条件在内容上虽然是多种责任的集合,但在整体上可归结为行政失职、失当、失范方面的责任。根据从中央到地方现有规范文本,现有问责条件的设定大致可以梳理归纳为两大类:一是违法、违规、违令、违德方面的。诸如,违法行使职权;不履行法定职责;违反或者不执行政策规定;违反或者不执行上级指令;违反社会公德、家庭伦理道德、行政伦理道德等。二是失当责任。诸如,决策失误;用人失察、失误;监管失管、失监;迟延履责;履职手段不当;执行政策或者上级指令不力等。在细化问责条件上,列举出政府部门、行政机关、领导干部、行政负责人、公务员和工作人员常见的需要被问责行为。这对于约束领导干部恪尽职守,勤政爱民具有重要意义。然而,对任何制度建设我们都应该秉承"止于至善"的理念,有关问责条件设定上还存在如下一些亟待解决的问题。

1. 问责条件立法滞后

从中央到地方的问责制规范文本可以看出,关于问责制的规定不仅分散,而至今还没有一部全国统一的问责法律,行政法规仅有《行政机关公务员处分条例》《关于实行党政领导干部问责的暂行规定》。专门问责立法只有一些部门规章和地方规章,而这些规章存在着法律位阶低、问责标准不明确等问题。一些地方政府在制定行政问责办法时照抄照搬,内容过于笼统,缺乏针对性和实用性,在实践中操作性不强,问责办法成了一个地方标榜民主和法治建设的摆设。在这样的大背景之下,问责条件立法滞后就是显而易见的事情。

从现有党中央文件、行政规章和行政规范性文件等规范文本看,现有问责条件设定整体上虽然可归纳为以上两大类。但如果进一步分析就会发现,有关问责条件的设定,都存在不同程度的混乱。这种混乱表现在两个方面,一是问责条件设定存在一定差异,主要表现为问责情形的细化、宽窄程度上的差异。①二是党的文件和行政机关规章和文件之间,或者行政机关规章和文件之间存在重合交叉问题,甚至存在着相互冲突。在我国,"党纪严于国法""党管干部",从《中国共产党问责条例》问责条件设置上看,党内问责是全方位的,范围比较宽泛。除了党员的身份,另一个身份是公务员。在双重身份之下,《条例》设定的"其他应当问责的失职失责情形"必然涵盖行政机关有关规章文件中问责范围。另外,同一个省市,也没有统一的专门问责立法,规章、文件并行,比较分散,往往冠以不同的名称,这些规章、文件给人以眼花缭乱之感。

2. 问责条件设定具有片面性

从现有问责规范文本看来,各自都规定了应当对问责对象进行问责的主要情形,应当充分肯定,但其仍不完善,仍无法涵盖所有的必须问责的情形,具有一定的片面性。一方面是问责事由性质上的片面性,即上述所列的主要问责情形基本上都是否定性的,都是消极意义上的,都是对公务员否定性行政行为、给社会和政府形象带来一定危害的行为规定,而基本不涉及积极意义上的职能履行的行为规定。这种积极性问责因由的缺失是影响行政问责进一步推进的重要障碍,是切实督促政府及其公务员尽职尽责的主要障碍。另一方面是问责事由内容上的片面性,尽管国家和各地方出台的有关行政问责的相关制度规定中指出了应当进行行政问责的主要情形,但仍没有涵盖所有的问责事由,另一方面

---

① 一个有效的问责办法,其对问责范围的界定既不能过于宽泛,也不能过于狭窄。过于宽泛,不分事情大小轻重一律问责,只能是假问责、问责秀。从问责制落实上看,我国现有问责范围还存在不够宽泛的问题,只对重大、特大突发事故问责,忽视日常问责,也不利于政府高效廉洁行政。

是问责事由内容上的片面性,尽管国家和各地方出台的有关问责的相关制度规定中列举出了应当进行问责的主要情形,但这种列举式的立法方式不能涵盖所有的问责事由。进行问责的事由会随着时代与社会的发展而变化,而现有的开展问责情形的规定难免会在内容上落后、欠缺。

问责内容设定"条件化"。从规范文本看,在问责条件设定上都附带了一些"结果条件"。诸如,"导致国家利益、公共利益或者公民、法人和其他组织的合法权益受到损害""造成严重后果的""造成不良影响的或者不良社会影响的""造成恶劣影响的"等。这种以"结果"作为问责的必要条件,本身不免受到质疑:同样一种失职失责或行政不当行为,也可能不被问责。进一步延伸,我们的问责制是为了"堵民之口"吗?况且,这一类不明确、比较抽象的词汇,但具体到底"严重""恶劣"等词汇如何界定,还缺乏明确的判定标准,这种规定只会给实践带来更多的不确定性。

三、我国问责条件规范分析

(一)责任的内容

这里的问责条件,也是启动问责的事由,这个事由就是被问责对象的失职失责失当行为。要判定何谓失职失责失当行为首先要弄清楚问责对象应负担的什么责任问题,还要弄清楚问责主体间责任和权限的划分问题。如果这两个基本问题搞不清楚,就会造成问责条件设定标准不统一,党中央文件与行政法规规章之间矛盾和冲突问题。

西方学者对政府责任进行了分类研究。龙通、罗斯把责任分为政治责任、管理责任、顾客责任、职业责任等四种。[1]罗姆瑞克认为,政府及其工作人员应该承担四种责任,官僚责任、法律责任、政治责任、职业责任。[2]罗伯特·本恩将政府责任分为财政责任、公平责任和绩效责任。[3]詹姆斯·W.费斯勒、唐纳德·F.凯特尔则把政府责任分为三种,财政责任、项目责任、程序责任。[4]国内学者对问责制中

---

[1] Lawton Alan, Rose Aidan. *Organisation and Management in the Public Sector.* London: Pitman, 1991: 23.

[2] Romzek, Barbara S. *Where the Buek Stops: Accountability in Reformed public organizations in Patricial.* San Franeiseo: Jossey-Buss, 1998: 197.

[3] Robert D.Behn. *Rehtinking.Demoeratic Aeeountabiliyt.* Washingotn: Brooking Instituiton Press, 2001: 6.

[4] 卢智增:《现代行政问责制研究述评》,《中共山西省委党校学报》,2016年第5期。

问责内容的研究主要有以下几种观点:张成福认为,政府责任有广义政府责任和狭义政府责任之分,前者是指政府的社会回应,即政府及其公务员要履行法律义务和社会义务;后者范围相对较小,仅指法律责任。[①]张成福还认为,政府责任还有主观责任和客观责任之分,前者是指政府公务员内心对责任的感受,后者则是由法律规定的和上级交付的客观应尽的义务。[②]张国庆认为,由于政府及其公务员是代表公民行使公权力,因此政府责任就是政府及其公务员对公民、对法律法规所承担的责任。[③]张贤明认为,现代政府应当承担政治责任,也就是说,政府及其公务员有责任制定和执行符合民意的公共政策,如果没有履行好这些职责,应受到谴责和一定的制裁。[④]蔡放波指出,政府责任可以从宪法责任、政治责任、行政法律责任、行政道德责任四个方面考察。[⑤]陈建先从法学、社会学、经济学、政治学以及公共管理学五个学科探讨政府责任。他认为:"政治学从民主政治的角度给政府提出了政府责任的要求,公民按照社会契约的要求赋予政府一定的公共权力,政府也必须履行契约中所规定的对公民的责任。法学中的政府责任的含义与行政法律责任相同,行政法律责任被界定为行政法律关系主体因违反行政法义务的行为或行政不当行为所引起的法律责任。公共管理学则强调政府的服务责任、公平责任和绩效责任。"[⑥]黄新伟从政治学、法学、伦理学、经济学、公共行政学等视角研究政府责任的内涵。他认为,政治学中的政府责任主要指政府恪守民主与法治责任,向作为权力来源的公众负责,它更关注政府权力与统治的合法性。公共行政学视角下的政府责任是指政府能够积极地对社会民众的需求作出回应,并采取积极的措施,公正、有效率地实现民众的需求和利益。政府责任意味着政府组织及其公职人员履行其在整个社会中的职能和义务。[⑦]韩志明认为:"政府责任主要包括政治责任、行政责任、法律责任和道德责任。"[⑧]以上有关政府责任的观点和探讨对于我们设定问责条件或界定问责

---

① 张成福:《责任政府论》,《中国人民大学学报》,2000年第2期。

② 张成福、党秀云著:《公共管理学》,中国人民大学出版社,2001年,第324页。

③ 张国庆著:《行政管理学概论》,北京大学出版社,2000年,第486页。

④ 张贤明著:《政治责任——民主理论的一个视角》,吉林大学出版社,2000年,第22~25页。

⑤ 蔡放波:《论政府责任体系的构建》,《中国行政管理》,2004年第4期。

⑥ 陈建先:《政府责任的多维度思考》,《广州大学学报(社会科学版)》,2006年第6期。

⑦ 黄新伟:《政府责任内涵的多视角探析》,《政法学刊》,2006年第4期。

⑧ 韩志明:《当前行政问责制研究述评》,《云南行政学院学报》,2007年第1期。

内容无疑具有重要的启示作用。

国家权力正是以法律和政策为手段在社会所有成员间进行社会资源与价值的权威性分配,从而履行政治统治和社会管理职能。在本质上,公共政策行为是国家权力运作的一种表现。民主的基本价值在于主权在民,行使公共权力的少数人不是终极统治者,一切权力最终归于人民。责任政治是现代民主政治的基本原则和基本特征。公共权力的行使必须直接或间接地向人民负责,实行责任政治。因此,民主社会任何国家权力的运作必然要接受人民的监督,承担相应的责任。

责任行政是现代民主政治发展的必然,是对政府公共行政实施民主控制的一种基本理念。作为一种基本理念,责任政府要求政府必须了解民众的要求并且采取积极的行动加以满足;政府必须接受来自内部和外部的制度化约束,从而保证责任的实现。责任政府意味着政府能积极地回应、满足和实现公民的正当要求,责任政府要求政府承担道德的、政治的、行政的、法律上的责任。政府通常运用政策工具回应民众的需求。政府的职能主要是输出和执行公共政策,对社会资源进行合理有效的配置。公共政策的制定者和执行者是人民主权的受委托者。因此在现代民主政治下,作为公共权力行为的公共政策行为必然是责任行为,这是责任政治的基本要求,也是其具体体现。政府政策行为本身就包含着政府需要承担的政治、行政、法律和道德责任。

金东日认为:"政治是政治主体通过可影响其他政治主体的行为来将自己所代表的政治基体的利益上升为政策内容并予以实现的活动"[1],这是政治的本来意义。可见,政治追求的是政治基体的根本利益。在我国,作为政治主体包括执政党和国家公权力机构及其他政治团体。中国共产党以要想维护合法的执政地位,就要代表人民群众的根本利益。国家公权力机构作为"权力的代理人",要责无旁贷的追求公益。其他政治团体在追求自身利益的同时,最起码不能损害公益。政府责任中的政治责任,就可以界定为政策行为(主要是政策制定)必须符合人民的利益、权利和福利。如果政府决策轻率和不良动机造成的政策失败或政策行为有损国家和人民利益,即使不受法律追究,必然要承担政治责任,接受人民、执政党和政治权力机关的问责。在这里需要特别指出的是,政治责任不仅仅体现为要为国家和人民谋利益。对于一个执政党来说,维系和巩固自己的

---

[1] 金东日:《中国政府过程的体制症结探析:以政策过程为中心》,《学海》,2008年第2期。

执政地位才是最大的政治。在西方，为自己所在的政党服务是政务官责无旁贷的政治责任。在我国由于特殊的政治生态，政府及其公务员当然承担着政治责任，这个政治责任还包括接受党的领导，维护党的地位，遵守各种党的纪律。诸如，其言行破坏了政治规矩，不守政治纪律，不负责任，背离中央的大政方针，动摇了党执政的群众基础，并在党内和社会上造成恶劣影响的情况[1]，就要对之启动政治问责。

从功能上说，政治是国家意志的表达，属于政策制定范畴，行政是国家意志的执行，属于政策执行的范畴。依照管理主义的观点，行政更多追求的是合理性，注重程序和秩序，依靠技术和知识，这是行政本来的含义。行政是自上而下的，强调层级节制。政府机关及其公职人员应当遵守法定的权限，不越权行事。在层级控制体系中，对上有服从的责任和义务，对下有监督的权力。政策责任中的行政责任，是指政府行政机关及其构成主体的行政官员（公务员）在政策制定与执行过程中所应承担的责任。在我国，行政责任的特点表现为一个垂直的责任链条，上级政府（政策制定机关）有监督下级政策执行的责任，下级政府（政策执行机关）贯彻执行上级政策，向上级提出政策建议，制定、执行本级工作职责内的政策。行政责任更多地体现为政策执行方面的责任，但随着行政机关自由裁量权的逐步扩大，在政策制定方面，行政机关所履行的责任日益增加。行政问责的特点是对"权力行为"进行及时的、日常的、常态化的管理和监督，以防止出现权力懈怠和不作为、胡作为、乱作为的现象，并及时终止和纠正权力错误。凡是出现行政行为过错导致重大决策失误、公共资源的重大损失、公共价值的大量流失的情况，都在行政问责的范围内。

政府责任中的法律责任，是指在整个政策过程中依据宪法及相关行政法律、行政法规和行政规章等规定所应承担的责任。政策必须同宪法的精神相一致，特别是要尊重公民的权利。有些地方政策本身就具有法律的性质，比如法令、措施、办法、条例等，这些不得同上位法相冲突。一切的政策行为必须框定在宪法和法律范围之内，违者必须承担相应的法律责任，比如复议责任、诉讼责任，赔偿责任等。[2]

----

① 竹立家：《问责与容错》，《中国党政干部论坛》，2016年第8期。

② 政策行为通常表现为抽象行政行为，而我国行政复议及行政诉讼针对的是具体行政行为，这样在客观上就减少了对政府政策行为法律约束。因此，扩大行政复议和行政诉讼的范围是当务之急。同样的，国家赔偿仅限于对人身和财产所造成的损害引起的国家赔偿，赔偿范围也有待扩大。

政府及其公务员由于其所处位置而具有示范效应,应该是社会道德风尚的引领者。儒家始终把一个人的道德修养放在首位。如我国古代选拔政府官员十分重视"德性",设想用官员高尚的道德实现无为而治。政策责任中的道德责任是指在整个政策过程中,依据社会伦理价值规范相关政策主体必须承担的责任。道德责任,不同于法律责任,它是一种非强制性责任。但是一旦政策主体有悖社会伦理道德标准,必将受到舆论的谴责,损害其公信力。道德责任不但可以防止政府做错事,还可以鼓励它正确地做事。在我国的政治文化和道德文化氛围中,领导干部的一个重要职责,就是肩负着道德楷模和道德标杆的作用。领导干部职业道德和生活道德的腐化堕落,不仅仅损害党和人民政府的光辉形象,而且其示范效应还可引起社会道德的滑坡。道德问责在我国的政治语境中具有特别重要的地位。

在现实中,政策责任的四种形式并非泾渭分明。政治责任不仅仅体现在政策制定阶段,政策制定阶段也不仅仅包含政治责任。行政责任与政策执行阶段同样如此。这些责任形式可以体现在整个政策过程的各个阶段。同时,责任形式彼此之间在内涵上也存在着交叉和重叠现象,道德责任、行政责任也可以看作是一种政治责任,政治责任、行政责任也可以表现为法律责任。①

问责标准是指对政府或领导干部进行问责时所遵循的客观尺度和准则,能对相关责任主体的责任履行情况加以测量。它决定了问责的具体内容。公共政策应该着眼于公众的根本利益,即向公众负责。从公共政策的角度看,向公众负责的政策应体现多元价值协调的原则,兼顾社会发展、个人权利保护和社会公平等社会多元价值需要。由于公共政策过程的时间延续性和社会日益迅速的变化,标准的适应性调整不可避免。由于公共政策牵扯甚广,利益相关者众多及社会多元价值观。另外政策作为一种公共物品,也存在着难以量化的特点。这样一套统一的、操作性强的政策责任标准就成为一个有待破解的难题。下面这些提出的责任标准应该同当代民主政治、责任政治诉求一致,反映当代政府的责任,不懈追求所谓的"善"。依据政治、行政、法律和道德四个责任形式,分别设计了一些相应的测量标准。具体情况参见表5-4:

---

① 张超:《论政策责任》,《理论探讨》,2004年第4期。

表5-4　政策责任评价标准

政治责任	行政责任	法律责任	道德责任
回应性	效率	是否符合行政法的精神	人本
参与性	效益	是否符合宪法和行政法律规范	公正
忠诚	充分性	是否符合各项行政判例	平等
	服从性		服务
			高尚的人格

政策政治责任包括回应性与参与性两个标准。现代民主政治的发展,赋予政府回应性责任。所谓回应性就是政府要对民众和社会诉求及时的体察和反应。作为责任政府,必须迅速、有效地回应社会和民众的基本要求,并积极采取行动加以满足。我国实行的代议制民主政体,人民选派自己的代表通过人民代表大会行使当家做主的权利, 人民的政策需求通过人民代表大会表达出来,政府必须予以重视,及时回应,这是我国政府对人民代表大会负责,履行政治责任的体现。可以说,政策反映和满足了社会需求,政策需求评价是政府履行回应性责任的体现。参与性是衡量整个地方政策过程发扬民主的标准。现代公共行政,不仅应当与新公共管理运动倡导的"结果导向"相一致,而且还应当与传统公共行政模式"注重过程"相一致,结果与过程并重。作为一个政治过程,政策过程应当注重民主,强调公众的参与,为地方政策科学化、合理化提供必要条件。政治参与离不开一定的渠道、途径或方式。参与途径的多样性或广泛性是地方政策过程参与广度的重要表征。在衡量地方政策过程参与水平时可以以投票率的高低进行测定。除了投票,参与度与政府官员的个别接触、参加政治组织、利用大众传播媒介对权力进行监督和基层群众自治等途径和方式。这里的忠诚就是坚守党的信念,拥护党的领导,遵守党的纪律,永不叛党,随时可以为党和人民奉献自己的一切。

政策的行政责任包括效率、效益、充分性和服从性。行政更多追求技术理性与经济理性,这些评价标准就反映了这些理性。效率是指最有效地使用社会资源以满足人类的愿望和需要。在这里效率是指政策投入与政策效益间的关系,通常以每单位成本所产生的价值最大化或每单位产品所需成本的最小化为评价基础。他反映为得到这个有价值的结果付出了多大代价? 效益标准主要用来衡量政策资源投入后所取得的成果,即政策结果是否有价值。充分性是这个有价值的结果的完成在多大程度上解决了目标问题? 服从性是地方服从中央,下级服从上级。他保证执行中央或上级的政策积极性和忠实性。

政策法律责任的评价标准包括是否符合行政法的精神,是否符合宪法和行政法律规范,是否符合各项行政判例等。政府政策行为违法包括两方面,一个是程序违法,一个是实体违法。这都是针对成文法而言。现实情况是成文法律不可能对所有的政策行为情形一一详细规范,对于例外的情况就要用法的精神和先例去判定政策行为的合法性。这就对约束行政自由裁量行为提供了标杆。

政策道德责任可以用人本、公正、平等、服务来衡量。道德是典型的主流社会价值规范。人本就是要承认和保护人的权利,人与自然的和谐,正视人性的需要。人本价值观就是一切以人为中心,以人民群众的利益(更多是长远利益)为出发点和归宿考虑与处理问题,它是公益精神的体现。公正就是正直,无偏私。政策作为政府配置公共资源的工具,着眼于资源合理配置外,还需要平衡和协调相关利益主体的利益。相比社会及其民众,政府及公务员由于权力的强制性,而处于强势地位,高高在上。要想真正实现二者的平等,只有切实加强社会和民众对行政权力的监督和制约。另外,只有权力和权利的平等,政府的服务也就水到渠成了。同样,道德责任要求行政自由裁量权的运用要合乎公理。领导干部有了高尚的人格,必然受到广大干部群众的尊重和信赖。领导干部人品好,说话才有号召力,办事才有说服力。崇敬领导干部的人品,即使再苦再难的事,只要一声号令,群众也心甘情愿跟着干。

(二)党政关系与问责制

党政责任边界划分不仅关系到问责对象的明确与否,也直接关系二者各自问责情形的设定问题。问责对象是责任的实际承担者,但责任主体具有多元性,因此问责对象的明确性建立在不同责任主体之间责任边界清晰的基础上。在我国党政两套权力系统并存的权力格局下,实现党政责任边界的严格划分是在党政关系层面上保障问责对象明确和问责事由有序规范的关键。党政关系规范化的目标在于逐步探索划清党政职能边界的途径。党政关系不规范将导致党的问责和行政问责之间关系的混乱。

按照"政治–行政二分法"理论,政治就是国家意志的表达,也是政策制定,行政是国家意志的执行,也是政策执行。在"三权分立"的国家,在国家体制设计上强调政治、行政与司法的独立性从而达到权力与权力间的制衡。中国是"议行合一"的国家,全国人民代表大会是国家最高权力机关,由它产生的"一府两院",即国家最高行政权力机关和司法机关。但是在我国,如果不讨论政党制度,就不足以客观全面评价和理解政治在国家运行中的地位。我国实行的是"中国共产党领导下的多党合作"的政党制度，这种制度具有一定的特殊性，不同于西方的"一党制"和"多党制"。它的特殊之处在于没有"执政党"与"在野党"之分，其他党派被称作"民主党派"，在承认共产党的领导地位的前提下，通过民主协商制度参政议政。中央层面，中国共产党通过国家最高权力机关把党的路线、方针、政策上升为国家意志。地方层面，各级党组织通过在政治领导、思想领导、组织领导，实现国家意志。

通过以上梳理可见，共产党在中国的政治与行政中处于核心地位。在这里，所谓的"政治主导"实质上是指中国共产党对国家政治、行政、司法权力的全面领导。从中央政治局到地方各级党组织——这一党的系统，逐级实现从中央到地方对行政系统和司法系统的领导，保证党对国家公权力的掌握和控制。①我国权力结构的基本格局是党政两套权力系统并存，并且"党"的权力系统始终统摄"政"的权力系统。②许多公共政策最初是在党的报告或文件中提出的，反映了党的社会、政治、经济以及民生理念。在行政系统和司法系统，中国共产党通过行政人员和司法人员的党员身份和"党管干部"等保证这些领导干部对党的形式上或实质上的绝对忠诚。金东日对于中国政治与行政关系概括为"政治上位的政治与行政一体化"，政治行政化与行政政治化并存，并且总体上行政依附于政治。这种政治与行政的关系在具有自身优势的同时，更重要的是存在一系列的弊端。③中国的党政关系不是对等的权力主体之间的关系问题，而是党在国家治理格局中对(广义的)政府权力的安排和规范方式问题，党在这一关系中处于绝对的主导地位。④

社会主义国家的共产党一般先于国家政权而产生，国家政权大多是由各国的无产阶级政党通过暴力革命的方式从殖民者或者本国的资产阶级政权手中

---

① 全国人民代表大会虽然是中国最高权力机关，地方人民代表大会是地方最高权力机关，但是现阶段中国的人民代表大会制度还有诸多不完善的地方，对执政党的监督制约还有待加强。同时，党的组织对行政组织的影响和领导并非都要通过人大实现。

② 张贤明：《当代中国问责制度建设及实践的问题与对策》，《政治学研究》，2012年第1期。

③ 金东日：《中国政府过程的体制症结探析：以政策过程为中心》，《学海》，2008年第2期；金东日著：《行政与现代化：以中韩两国为例》，天津人民出版社，2004年，第29~39页。金东日认为政治行政化和行政政治化在政策过程的基本阶段、主要参与者的基本关系、官僚制、政策执行体制或结构安排、政策行为的责任，以及政策过程中极为重要的合理性和专业化等方面均有重要影响。

④ 刘杰：《党政关系的历史变迁与国家治理逻辑的变革》，《社会科学》，2011年第2期。

夺取的。这种无产阶级政党经历艰难困苦的武装斗争,最终成为新兴国家政权和社会主义制度的缔造者的政治经历,赋予共产党伟大的历史功绩和崇高的政治权威。中国共产党的领导地位可以用新制度主义的"路径依赖"①来解释。在革命战争年代,中国共产党建立广泛爱国统一战线,密切地联系、带领人民群众取得最终的胜利,建立了中华人民共和国。在这个过程中,党统领一切的,发挥战斗堡垒作用。这种战争年代的"动员型"和"斗争型"政治组织模式随着全国性胜利,自然地过渡到"控制型"或"巩固型"政治组织模式,中国共产党主导了中国政治、经济、社会、文化等诸多领域的变化,党的政治主导的形式得以延续。②这种政治组织模式对于建立新政权并迅速恢复社会基本秩序是必要的,也确实起到了积极作用。

政治主导在政策执行过程中一般有两个显著表现:一个是党委牵头,行政部门配合的执行组织模式;另一个是司空见惯的"政治动员模式"。通过和两种"模式",各级党委保证对中国整个政策执行过程影响力。政治动员模式是指政治主体,通常是政治、行政精英或党的组织,通过宣扬某种意识形态,强调对党的事业忠诚和党的纪律,采用舆论宣传、思想教育、典范效应等方式,以保证政策得以顺利实施或落实。政治动员模式的主要特点在于激发人们的政治热情,或者营造一种政治压力的氛围,促使人们采取顺服或"大局意识",以有效调动各种资源从而实现政策目标。

党政机关之间部分重叠的权力和混淆的责任关系一直困扰着中国的领导层,他们发现允许政党组织接管或者取代政府的职能经常会出现政党组织在管理国家事务时效果不好的情况。③同政治动员模式相对应的是官僚模式,官僚模

---

① 美国经济学家道格拉斯·诺思是第一个提出制度的"路径依赖"理论的学者。诺思认为,路径依赖类似于物理学中的"惯性",一旦进入某一路径(无论是"好"的还是"坏")就可能对这种路径产生依赖。某一路径的既定方向会在以后发展中得到自我强化。人们过去作出的选择决定了他们现在及未来可能的选择。

② 中央人民政府内的党组织是根据1949年11月《中共中央关于在中央人民政府内组织中共党委会的决定》和《关于在中央人民政府内建立中共党组的决定》而组建的。1951年10月18日,董必武在写给毛泽东的信中提出:各级党委对各级政权机关的领导,应经过在政权机关中工作的党员来实现;其中如有党员三人以上,应组成党组以保证党的领导;党直接做政权机关的工作是不好的。关于这一点,参见洪承华等:《中华人民共和国政治体制严格大事记(1949—1978)》,春秋出版社,1987年,第12、50页。

③ Shiping Zheng. *Party vs. State:The state-building problem in Post-1949 China.* Yale University Press,1992:187.

式通过强调理性化规则以及职业操守来影响政策执行。在某种情况下，这种政治主导政策执行过程的确取得了好的绩效。比如中国的林权制度改革，为了解决政策执行纵向的"层级性治理"与横向的"多属性治理"，采用"五级书记抓林改"的"高位推动"，取得了不错的效果。①但是问题在于，当政治泛化，每一项政策的实施都需要党组织"动员和牵头"以解决行政执行动力与资源问题时，也就意味着有大量的政策实施举步维艰。在行政依附于政治情况下，行政部门惯常以党组织是否"牵头和动员"作为衡量工作轻重缓急的标准，决定自己的执行偏好。

　　"政治上位的政治行政一体化"打破了党政之间各司其职、各负其责的权责清晰状况，使得责任主体与责任内容之间的对应关系被打乱，难以明确界定哪些是党委的责任，哪些是政府的责任，这是造成问责内容（事由）重复与交叉的症结所在。从公共政策过程的角度看，在这种"一体化"体制情况下，政府内部重大问题的决策通常是由党委全委会或常委会成员集体讨论决定，然后再交由行政机关具体执行。在这种"党委决策、政府执行"的权力运作模式下，当党委代替政府机关决定的事项出现失误后，是按照法定职权和职责的归属来追究行政机关的责任，还是按照实际职权和职责归属来追究党委领导的决策责任，目前尚缺乏明确具体的操作性规定，这是问责对象不明确的症结所在。

　　（三）问责的绝对化和相对化

　　这里问责绝对化和相对化是指针对某种失职、失责、失当、失范等行为的问责是否需要附带条件。具体来说，就是在信息完备情况之下，对任何失职、失责、失当、失范等行为的问责启动不需要其他事实的存在就是问责绝对化，因为一些其他因素，对某种失职、失责、失当、失范等行为启动问责需要另外事实的存在就是问责相对化。关于这个问题，牵扯到法律学上的一些归责原则。

　　行政法领域中的归责原则可理解为"体现在行政法之中、判定某一行为应否承担行政责任以及如何承担行政责任所遵循的基本标准"②，也可表述为"行政主体……及其工作人员因为行使行政权或由于其管理的公共财产致人损害

---

　　①　参见贺东航，孔繁斌：《政策执行的中国经验》，《中国社会科学》，2011年第5期。"五级书记抓林改"是指"省、市（地）、县、乡、村"五个层级的党委书记和村书记亲自担任林改领导小组负责人。2010年10月，回良玉副总理在全国集体林权制度改革百县经验交流会上，将"高位推动"作为"林改"取得显著成效的首条经验。

　　②　张志勇：《论行政责任的归责原则》，《中共浙江省委党校学报》，2003年第2期。

后,应依何种根据使其承担法律责任的根本规则"①。实际上,归责原则要解决问责制中"凭什么"追责的理由问题。它是问责规则制定主体基于某种价值取向而确定的追究责任的依据或者标准。②对于问责条件设定来说,它决定着过错行为是否纳入问责范围,它决定问责的深度与广度。

目前学界对于问责制中归责原则有以下五种代表性观点:

(1)"行政问责……应依据过错责任原则来进行行政问责"③,"行政公务人员的职务责任的归责原则是过错责任原则"④,主张过错原则;

(2)"对行政首长的问责,笔者认为应当适用结果责任原则"⑤,主张实行结果原则;

(3)"行政官员问责之归责原则应该采用特殊过错推定原则"⑥,主张特殊过错推定原则;

(4)只要其实施了法定的责任行为并造成了相应结果,就应当承担责任,追究领导人职务责任应当采用责任行为归责原则⑦;

(5)"在行政首长问责中,应当确定以特殊过错原则(类似英美法中的严格责任原则)为主,以过错责任原则、无过错责任原则为补充的多元归责原则体系"⑧,"归责的核心虽然仍然是过错责任但应根据不同情形给予必要的修正或者调整"⑨,主张混合归责原则。

对问责条件设定或问责绝对化和相对化有紧密关系的是结果原则、过错原则和违法原则。

结果原则仅以行为造成的结果为判定是否承担责任的依据和条件,不考虑行为人是否存在过错,在程序上,行为人不得以任何理由进行免责抗辩。在我国

① 杨解君著:《行政责任问题研究》,北京大学出版社,2005年,第197页。
② 徐国利:《论行政问责的责任与归责原则》,《上海行政学院学报》,2017年第1期。
③ 民建中央法制委员会课题组:《健全行政问责制度的法律思考》,《经济界》,2009年第1期。
④ 杨解君著:《行政责任问题研究》,北京大学出版社,2007年,第229页。
⑤ 辛庆玲:《论行政首长问责的归责原则》,《青海师范大学民族师范学院学报》,2012年第2期。
⑥ 曹鎏著:《行政官员问责的法治化研究》,中国法制出版社,2011年,第112页。
⑦ 胡建淼著:《领导人行政责任问题研究》,浙江大学出版社,2005年,第73~75页。
⑧ 姜敏:《论行政首长问责的归责原则——重庆市行政首长问责实践的启示》,《政治与法律》,2009年第10期。
⑨ 林鸿潮:《公共危机管理问责制中的归责原则》,《中国法学》,2014年第4期。

国家赔偿中，只要造成冤假错案，就要对受害人进行赔偿。如上节所述，从现有的有关问责规范文本看，直接采用结果原则的问责情形并不少见。《中国共产党问责条例》第六条，在列举应当予以问责的 6 种情形中，所列举的 4 种具体情形中分别用了"给党的事业和人民利益造成严重损失，产生恶劣影响的"，"党内和群众反映强烈，损害党的形象，削弱党执政的政治基础的"，"造成严重后果的""造成恶劣影响的"等明显表示结果程度的措辞。《北京市行政问责办法》和《湖北省行政问责办法》在每一类问责情形的后面都加上"导致国家利益、公共利益或者公民、法人和其他组织的合法权益受到损害，或者造成不良影响的，应当进行行政问责"的措辞。这些表示严重程度措辞本身比较模糊，现实操作中很难有统一的判定标准。这种归责原则具有明显不足。首先，哪些级别的官员应当承担何种程度以及何种形式的责任难以确定；其次，问责程序正义缺位，因为官员没有机会抗辩以自证清白；再次，问责处理决定正当理由不足，只能诉诸"负有不可推卸的责任""负有领导责任"等含糊其辞的理由；最后，问责结果是不分青红皂白地将一些行政官员各打五十大板，"点"几个官员做"替罪羊"草草了事。普通老百姓朴素公平观念看，只要是公务员失职失责失当失范行为都应当被问责，有就是有，无就是无。

过错原则指对行为追责时，将主观故意和过失作为判定责任人是否承担责任的依据。程序上，它允许相关责任人免责抗辩，如果能证明自己不存在主观故意或过失情形，则可免于问责。可见，相较于结果原则，后者是对前者的扬弃。在问责制语境中，过错原则不仅符合程序正义，而且在客观上也保护领导干部或广大公务员开展工作的积极性、主动性。归责不仅令问责对象心服口服，而且有利于塑造政府的良好形象。作为一种惩戒性的责任，归责必须根据过错程度或者等级来确定，实行"错罚相当"原则。这一点与适用过错原则追究民事或者行政侵权赔偿责任存在重大不同，后者一般不以过错大小来减轻甚至免除责任人对外的赔偿责任。①从现有的问责规范文本来看，对问责情形中过错程度的描述不尽一致，诸如，"失察""失误""严重失误""不当""失当""明显不当""监管不严"等。那么在问责时，究竟应当以何种过错程度作为判定是否问责的标准呢？显而易见，不同的判定标准所采用的问责方式和问责结果是有区分度的。如果轻微的失误或者不当也被问责的话，必将产生问责过度问题，这样问责机制就

---

① 王利明：《侵权行为法归责原则研究》，中国政法大学出版社，2004年，第51~52页。

向回应和惩罚功能倾斜。然而如果以严重过错为问责标准，天平又倒向另一边。问责作为一种激励机制，要在保证官员"肯干"和防止官员"蛮干""乱干"之间选择一个恰当的"度"。要确定这个"度"，就必然要建立一定容错机制。

违法原则是以违反相关的法律（广义）——这一事实行为，作为问责行为人的依据。违法原则不仅不考虑行为人的主观过错，也不考虑行为的后果，在问责制语境下，可以单独适用。现有不少问责规范文本确立了该原则。比如，《广东省各级政府部门行政首长问责暂行办法》所列问责情形"不贯彻落实或者拒不执行国家的法律法规、方针政策，上级行政机关依法作出的决定和命令的"，"超越政府部门权限擅自决策的"，"制定与法律、法规、规章或者上级政策规定相抵触的规范性文件、行政决定或者制定和发布规范性文件程序违法的"，"违法设定行政许可、行政处罚、行政事业性收费或者行政强制措施的"，等等。在实践中完全存在这种情形：行政首长严重违反法定程序决策，但决策结果良好。此时，如果不问责，实际上是鼓励违法决策。但这次违法决策虽然没有出问题，却无法保证下一次违法决策不出问题，因为违法决策失误的概率远高于依法决策失误的概率。因此，问责必须提前，在决策实施前即对违法决策行为问责，并不问官员违法决策是出于故意或者过失，以制止违法决策行为，将违法行为潜在的危害性消除，并为其他官员提供警示。

通过以上分析，我们发现问责条件的复杂性决定了问责条件的设定只能采取多种归责原则。通过考察现有问责规范文本中所列举出的问责情形，我国问责制中归责原则主要采用了结果原则、过错原则和违法原则。至于哪一种归责原则为主导，我们不能武断地做出结论。但有一点是肯定的，这三种归责原则都有其适用的范围。在这里，需要我们紧紧地把握的是归责原则适用性和科学性，这样才能设定问责条件即科学又合理。从归责原则的角度看，结果原则以"结果"作为归责的依据，过错原则以"过错"作为归责的依据，违法原则以"违法"作为归责的依据。结果原则很难作为独立的归责原则，应该结合其他归责原则运用。另外两种原则可以独立使用。从保护被问责人合法权益的角度考虑，我们一味倡导问责绝对化是偏颇的，问责应当具有一定的相对化。

从公共政策的角度考量，对行政的问责还应该坚持"令人满意"的原则，因为是有限理性的人，不可能完全先知先觉，没有完美政策，政策与问题相伴，政策与缺陷相随。只有那些失败的实质性政策[①]和不合理的政策行为才可能被提上问责议程。失败的政策如何界定?一个可以用政策的预期结果去衡量,没有达到预期就是失败的;另一个可以用政策是否产生积极的效果来评价,没有显著的积极的效果就视为失败。这里界定失败是"结果"导向的。具体地说,我们应从以下三个方面来选择评价对象:

(1)效果差的政策。政策结果同预期目标相距甚远。

(2)负面影响较大的政策。在政策实施阶段或政策结果,表现出极大的负面效应。

(3)社会非议较大的政策。

不合理的政策行为主要指整个政策过程中程序上出现错误,比如该调整而没有调整的政策。这是"过程"导向的。该调整的政策如何界定? 由于客观态势的变化,现行政策已经明显不合时宜,或已经同修改的法律或效力更高的政策相冲突。

四、问责条件规范化

通过以上分析,从现有问责制规范文本看,我国问责制在问责条件设定上存在着一些不规范问题。问责条件的规范化,不仅仅是单一规则制定的问题,甚至是一个牵涉政治与行政关系的改革问题。因此,问责条件规范化必须做好两个方面的工作,一个要解决立法技术性问题,另一个要解决党政关系规范化问题。具体说来,问责条件规范化要在以下四个方面下功夫。

首先是党政关系规范化。如上所述,党政关系的不规范是造成党的文件同行政问责法规规章中问责条件设定重复交叉的重要原因。这里的党政关系不规范主要表现是指执政党和政府间在权力配置、责任划分和职能分工方面边界不清所致。党政责任边界划分不清晰容易导致责任主体和责任内容的对应关系被割断,当问责事由发生时无法确定应当追究党员干部的责任还是追究政府官员的责任,也难以确定哪些是"党"的责任,哪些是"政"的责任。这种党政责任边界不清晰的情况一方面导致党内问责机制中问责对象不明确,另一方面也是党内

---

① 政策行为通常表现为抽象行政行为,而我国行政复议及行政诉讼针对的是具体行政行为,这样在客观上就减少了对政府政策行为法律约束。因此,扩大行政复议和行政诉讼的范围是当务之急。同样的,国家赔偿仅限于对人身和财产所造成的损害引起的国家赔偿,赔偿范围也有待扩大。

问责文件同行政问责法规规章中问责条件设定重复交叉的症结所在。另外,行政问责与党内问责不能相互替代,在对行政人员实行问责后仍然可以依据相关规定给予相应的党纪政纪处分。另一方面,行政问责与党纪政纪处分可以单一执行也可以共同执行,并不是对行政问责的行政人员都要给予党纪政纪处分,是否给予处分应当依照有关党纪政纪处分的规定执行。①这样既违背了"一事不再罚"的法律原则,也造成问责主观上的随意性。

党政之间责任划分路径是什么?实现党政责任边界划分的制度化是一项长期的工作。实现责任清单制度对党政机关的全面覆盖和党政责任清单制度的协调发展和有机衔接有助于理清党和政府之间的责任边界。因为责任清单制度具有明确问责主体、问责内容、问责范围的制度功能。在此基础上,有助于厘清党内问责与行政问责的情形。解决了路径问题,接下来一个关键问题是党政之间责任如何划分。"责权对等"是管理学中的不二法则。从权力配置的角度可以为党政责任划分提供一个思路。加强党政之间决策权和人事权的横向分工,一方面有利于促使党和政府集中资源提高属于自己法定职权范围内的决策质量和选人用人质量,减少决策失误和用人失察两种问责事由的发生。另一方面,有利于减轻党的领导机关和领导干部的过于集中的责任负担,提高党内针对决策失误和用人失察两种问责事由启动党内问责机制的积极性。加强党政之间决策权和人事权的横向分工的关键在于,党委要在正确认识到党和政府的决策权和人事权在性质和内容等方面存在差异的基础上,支持同级人大机关和行政机关依法履行自己的法定职权。另外,党提出"依宪执政""依法执政",政党从来不是国家机构的一部分,党纪可以严于国法,但必须框定在国家宪法、法律的范围内,党纪不能高于国法。党的问责更多的应该属于党内问责,重点应围绕是否损害自己执政地位而展开。我们可以从问责范围的角度设想,党的问责应该偏重对党员的政治问责和道德问责。政府应该承担除政治问责与道德问责的其他问责。

其次是立法统一和层次。我国问责制中央立法稍显滞后,而地方立法称谓繁多。《关于实行党政干部问责的暂行规定》虽然在一定程度上弥补了行政问责法律缺失的不足,但在其性质上它仍然是一部行政法规。而《中国共产党问责条例》虽然影响很大,但它是党中央的规范性文件。在制约范围和效力上与全国人

---

① 《〈北京市行政问责办法〉相关情况直播访谈北京市政府法制办副主任王荣梅》,北京市政务门户网站,http://shipin.beijing.gov.cn/html/ItemId26/2012-11-02/1222.html。

大制定的法律有一定的差距,在实践中也有局限性。在地方,有关行政问责地方性立法多为政府规章, 而地方规章在我国法律体系中效力还低于行政法规,在具体适用中缺乏权威性。而实践中,大量的问责规章对立法技术、立法程序等要求较低,问责范围不清晰,问责方式与问责情形的对接不明确,其规范性和操作性较差,一些规定甚至违背了相关法律的规定。另外,由于各地对问责的看法不一样以及"发展的需要",地方相关行政立法标准依据难免不一致,内容差异较大,使得我国问责行政立法发展很不平衡。当前我国行政问责法律体系很不完善,全国还没有一部《行政问责法》,这是一切问题的原因所在。因此,单靠《暂行规定》和地方政府规章已然不能适应当前问责制发展的需要,地方立法混乱不一也急需全国人民代表大会制定专门的《行政问责法》予以规范和统一。另外,如果从政治与行政的角度考虑统一立法问题,理论上分析,党内问责规范文件必须以相关行政问责立法为基础,尤其是我们一再强调"依宪执政""依法治国"的大背景下,《行政问责法》的出台也有利于我国党政关系的规范化。

有效的开展对行政机关人员的行为进行约束主要分两个层面。一个层面是国家规定的层面,范围是全国的行政人员,还有一种是各个省、直辖市、自治区根据各自的情况在辖区内的管理办法。从国家层面来讲,主要有《中华人民共和国公务员法》《行政机关公务员处分条例》以及《关于实行党政领导干部问责的暂行规定》,这是国家层面的。各地在行政问责立法过程中要处理好同以上中央问责立法的关系问题,一方面发挥各自的功能,另一方面还要形成整体。这就要求,各地行政问责立法要与如上立法是互补关系,不能相互替代。

从问责对象看,《关于实行党政领导干部问责的暂行规定》的适用范围是各级党委和政府的工作部门,包括省、市、区和各个区县各个部门的领导干部,包括领导机关的内设机构的领导成员、乡镇街道办事处党政的领导成员,也就是说对象是适应各级领导干部。《行政机关公务员处分条例》适用的对象也就是行政机关的公务员,其对象仅限于行政机关的领导干部和公务人员。那么,地方有关行政问责的立法的问责对象应该是什么呢?地方行政问责立法使用对象既有集体又有个人,既由党的领导干部又有行政领导干部,既有领导干部又有行政人员。我们认为,党中央国务院具有明确立法的,地方应该制定相应的《实施办法》,不必另起炉灶。各地制定专门的《行政问责办法》还是十分有必要的,适用对象应该是行政人员,具体来说就是各地各级行政机关的工作人员以及法律法规授权的具有公共管理职能的人员, 同时它既是领导干部也可以是一般干部,范围非常广泛。

从问责条件看,《关于实行党政领导干部问责的暂行规定》中的问责情形主要是针对各级党政领导干部,主要是因决策严重失误、失职渎职等给国家利益、人民生命财产、公共财产造成重大损失或者恶劣影响等失职行为,也就是责任追究。《行政机关公务员处分条例》中的问责主要是针对行政机关公务员违反法律、法规、规章制度以及行政机关的命令、决定这方面的行为。各地制定专门的《行政问责办法》中规定的需要问责的情形,应该定性为从行为违法违纪程度上来讲是最轻的,主要是规范一些在工作中常见、人民群众反映比较强烈、依据现行责任追究规定无法有效追究责任的行政违法违纪行为。比如给当事人在办理一些手续过程中态度不好、态度生硬、工作拖沓等,其问责的情形要比《条例》轻。

再次是问责情形类型化。问责情形实质上本身是一种问责客体行为或行为结果。问责情形类型化研究可以借鉴西方国家行政行为的类型研究和问责范围的类别。科学合理的分类有利于我们剖析研究对象的特点,也可能增强实践上可操作性。从有关问责立法的规范文本看,其中问责情形虽然采用分类的方法进行描述,但是无论从多个文本还是单个文本看,都存在着分类标准不统一,类别间独立性不强、分类与归责不相适应,等等,导致分类实践中实际效果不足。

德国学者们一般根据行政行为的内容、结果和行政人员的法律限制进行下列分类:依行政行为的内容为标准,可分为命令性行政行为、权利形成性行政行为和宣告性行政行为。[1]依行政行为对相对人产生的后果为依据,可分为授益行政行为与负担行政行为。依对行政人员的法律限制为依据,可划分裁量行为、非裁量行为和自由行政行为。[2]法国以行政行为成立时意思表示的多少为依据,分为单方行为、多方行为。在单方行为中,以其适用范围大小为依据,分为具体的行为和普遍性行为。以行为所产生的法律效果为依据可分为规则行为、主观行为和条件行为。美国存在类似我国具体行政行为与抽象行政行为的分类。英国与美国情况类似,行政行为也主要是抽象与具体之分。英美法系国家以公民权为本位构建行政法,主要注重程序正义的实现,其行政行为分类研究比较欠缺。与之相比,大陆法系国家以行政权为本位构建政法,注重行政权的约束和控制,行政行为分类研究较为完善。综观上述大陆法系国家行政行为分类之实践,

---

① 参见[德]毛雷尔著:《行政法学总论》,高家伟译,法律出版社,2000年,第207页。

② 参见[印]赛夫著:《德国行政法:普通法的分析》,周伟译,山东人民出版社,2006年,第69~70页。

主要有以下特点:

(1)以理论分类为主导;

(2)分类比较精简;

(3)分类标准较为统一;

(4)侧重构建行政行为分类体系。①

这些行政行为的分类为问责情形的类型化研究具有一定的启示意义。

现代西方发达国家行政问责范围非常广泛。不仅仅局限于官员的职务行为和道德行为,社会行为也被纳入到行政问责的范围当中。

(1)对政治行为问责。西方政党领导人由于竞选失败或某种政治丑闻被迫或主动辞去政治或行政职务。

(2)对行政行为的问责。行政官员尽职尽责、忠于职守地做好分内之事,行使好手中的权力,是其应尽的义务。任何玩忽职守、给民众利益造成损失的行为都应的被问责。

(3)对社会行为的问责。行政官员作为纳税人供养的群体,其享受的接待规格和待遇应与其职位相符,任何挥霍浪费纳税人钱财、以权谋私的行为都受到了民众和媒体的广泛监督,都应被问责。

(4)对个人品行的问责。个人品行不端,虽然不一定影响行政效能的发挥,但却直接影响到政府形象。西方行政问责范围及分类直接为我们问责情形的分类提供帮助。

问责情形不仅仅划定出明确的问责边界,而且要为归责提供便利。归责除了取决于问责主体采用何种归责原则外,也取决于问责依据。"法无授权不可为,法定职责必须为",公务人员行为的依据便是法律(广义)和纪律。因此我们依据官员行为触碰的规则,将问责情形划分为违法、违规、违令、违纪、违德五个类别。违法就是违反了国家相关法律,违规就是违反了行政法规和规章,违令就是违反了上级的文件和命令,违纪就是违反了党的纪律和公务员纪律,违德就是违反社会道德标准则。在此分类基础上细化问责情形。然而不能不考虑到问责实践中另外一种情形,即行政行为并没有违反现有的规则,行政人员主观上未必故意,但是结果的负面影响较大。在这种情况下,是否应该以"结果"作为单一的问责情形呢? 实际上,法律(广义)具有滞后性和片面性,不可能列举出现实

---

① 参见李炫铁:《行政行为分类研究》,湖南师范大学学位论文,2015年,第13~14页。

中所有相关情形,另外有些行政行为的违法或过错也具有十分的隐蔽性。从问责的"回应"功能看,在以上分类之外,还应该以"结果"为兜底性条款。

最后是归责原则的细化。北京市政府法制办副主任王荣梅在谈到《北京市行政问责办法》中26种情形什么算是较轻的,什么算是严重时说:"还是要根据当时的情形认定,比如说造成社会不良影响的,后果严重的,这些应该是归于较重的这一类,如果影响面不是特别大,同时他能认识到错误,消除相应的影响,我们认为就属于比较轻的这一类。"①可见,在"度"的判断尚有所简单化。我们认为,在"度"的选择上,可以借鉴1794年《普鲁士民法典》的做法,将过错区分为故意、重大过失、一般过失和轻过失。②在问责实践中根据问责案例的具体情况,分别采用故意、重大过失标准。之所以如此,是因为实践中问责情况极其复杂,难以采用同一标准。同样是决策失误、用人失误、用人失管、处置不当等过错,可能是官员追求政绩工程、任人唯亲、包庇纵容和故意采用不当手段的失误行为,显然可以采用较严厉的问责形式。对于某些客观因素导致的过错,诸如,决策失误是对政策负效应预见不足,没有经常性过问下属的履职情况,或者出现某种"警报"而没有追问到底,可以以一般过失问责,并采用较轻的问责形式。目前采用一般过失甚至轻过失原则,固然可以使官员恪尽职守、勤勉履职,"狠刹"不良"官风"以回应民意压力,但也容易使官员履职战战兢兢,如履薄冰,甚至令"官不聊生"③。

由于技术、资源和其他客观条件的限制,对政府和领导干部的行政过错行为都进行责任追究,既不现实也不必要。通常情况下,容错机制应该作为一种激励权力"有所为"的创新机制而存在。这种行政上的容错机制运行应该有以下三种情况④,一是错误不是由官员"主观意愿造成的"。既然是创新,是"摸着石头过河",失误在所难免。事实上,社会主义改革就是一项前无古人的事业,改革过程就是"试错"过程,要允许官员犯错误。二是集体决策失误。决策过程如果是按照社会主义民主和法制程序进行的,符合程序正义的原则,而不是拍脑袋胡乱决策,或在执行过程中出了错,责任就不能由官员个人承担。三是能及时纠正错

---

① 《〈北京市行政问责办法〉相关情况直播访谈北京市政府法制办副主任王荣梅》,北京市政务门户网站,http://shipin.beijing.gov.cn/html/ItemId26/2012-11-02/1222.html。

② 参见王利明著:《侵权行为法归责原则研究》,中国政法大学出版社,2004年,第49页。

③ 徐国利:《论行政问责的责任与归责原则》,《上海行政学院学报》,2017年第1期。

④ 竹立家:《问责与容错》,《中国党政干部论坛》,2016年第8期。

误。一项改革创新项目或决策措施，在实施过程中出了错能够及时发现并纠正，避免了进一步的损失，那么这样的错误是可以容忍的，不能被问责。在这里需要说明的是，这种容错机制仅限于行政问责，对于政治问责和道德问责是未必适用的。

第六章

地方政府问责的困境

一、问责制的社会阶段困境

(一)责任范围模糊

建立有责任的政府和有效实施政府问责制的前提是明确政府的责任。所谓明确不仅仅是将政府的权责范围写入官方正式法律文件,更重要的是社会对责任范围能普遍达成共识。然而困境在于,政府责任在不同的历史阶段和政府性质及运行方式(而这些又与所秉持的政府理念息息相关)下,不同的政府(包括不同层级的政府)所认定的责任范围和重点,履行责任的交代对象(即问责主体)及根据履行责任的情况所采取的措施等,都会有很大差别,尽管诸如维持社会基本秩序和提供公共服务等,是公认的政府应该履行的基本职责。

从国家和政府发展的基本历史过程来看,不同时代的政府职能体现出明显的差异。古代社会的前资本主义时期,政府的主要职责一是维持政治统治,二是维持政治统治就必须增加税收;在资本主义发展初期,扩大市场、促进贸易的重商主义职能则成为西方政府流行的功能;到自由资本主义时期,则认为政府仅仅是"守夜人"的角色,所谓管得越少的政府越是好的政府;当进入垄断资本主义时期后,却要求政府对经济社会进行全面干预。而今天的政府既要发挥市场机制的作用,又要适度地进行干预,国家职能明显向多元化发展,包括维持(维护法律制度)、保卫(国家民族独立)、扶助(帮助弱者生存)、管制(限制社会行为)、服务(兴办公共事业)、发展(促进社会进步),等等。

尽管我国的政府发展轨迹与西方政府发展轨迹有很大差异,但同样体现了政府职责的历史阶段性。在1840年之前的基本职责同样是维护政治统治和增加税收,但 1840 年之后尤其是 1919 年之后争取主权独立和推进国家社会的现代化进程(即使是在被动意义上)成为最为紧急的任务;1949 年之后近三十年时间里建设现代化国家则上升为首要职责,具体而言则是完成社会结构的改造(建立行政化体系)和初步建立现代工业化体系,采取措施则是全能政府和全权政府下严格的计划经济体制;1978 年之后,市场领域、公共领域和公共空间不断扩展,国家的社会治理责任成为应有之义,从而政府责任从传统的以政治维度为核心扩展到政治、经济、社会三个不可或缺的维度①,或者政治、经济、社会、文化、生态五个方面。②

尽管地方政府与中央政府相比,其责任范围理应有所差异,例如政治责任减弱,具体管理责任强化,但其具体管理职责同样随社会发展阶段的变化而不断变革。在国家早期和帝制时期,维系政治统治和地方稳固是其主要职责,近代以来则增加了促进地方发展的责任,而在当代社会提高治下民众的生存品质则是直接履行的责任。③我国地方政府也不例外,自改革开放以后,其职责范围不仅在整体上呈现增长的趋势,而且还存在两个方面的突出矛盾。

一方面是责任收缩与生长的矛盾。从计划经济体制向市场经济体制改革,促使地方政府(也包括中央政府)职责范围大面积收缩,例如细致的计划经济管理职责和城镇单位人口全方位的福利担负职责;2003 年以来则又大幅度取消经济和社会管理中的审批事项,将权力和管理责任"归还"给市场和社会,从 2003 年到 2016 年上半年,国务院 20 次下发文件取消 2000 多项审批事项,既有国务院实施的,也有地方政府实施的,其中取消专门由中央指定地方实施的行政审批事项 214 项。④与收缩并存的是地方政府职责的增长,其中比较突出的包括公共卫生、公共危机管理、社会保障、公共信息、环境保护等。因经济社会发展而新增的职责,还包括在央地关系调整中由中央政府下放到地方政府的职责,例如国务院及其部门下放的行政审批事项。职责的收缩与生长并存,地方政府要有必要的适应期,同时还会导致不同公民群体对政府提出的要求不同,例如经历计划经济体制福利的人群与"80 后""90 后"对政府作为就会提出不同要求,前

① 参见杨雪冬:《理解现代治理体系中的国家职能》,《国家治理》,2014年第15期。

② 参见王彩波、田春芳:《社会协调发展与政府责任——关于发展中国家政府责任的研究和国际经验借鉴》,《吉林大学社会科学学报》,2007年第5期。

③ 参见徐勇、高秉雄主编:《地方政府学》,高等教育出版社,2005年,第100页。

④ 具体文件和取消审批事项参见国务院"政策文件库",国务院网站,http://www.gov.cn/zhengce/xxgkzl.htm。

者会认为提供好福利的政府是尽职尽责的政府,后者会认为提供良好环境和公平机会的政府是称职的政府。

另一方面是不同地区间的差异矛盾。我国地域广袤,各地区之间不仅自然地理条件差别明显,而且经济社会发展和民族构成也相差很大。首先是东、中、西部之间,所谓北(京)、上(海)、广(州)、深(圳)等"一线城市"接近中等发达社会,而中西部地区却依然有大量贫困人口,尤其是西部地区甚至个别地方还存在"直过民族"①。经济社会发展的差异对政府的要求不同,例如当东部地区政府实施污染项目导致民众强烈抗议时,中西部不少地方的政府和民众则坚信"发展才是硬道理"。其次是内地与边疆民族地区差异巨大,边疆民族地区地方政府除了承担经济社会发展责任,还要更多地承担民族团结、边疆稳定、国家安全的职责。地区的差异导致政府责任的差异体现在政府的工作重心上,例如在每年地方两会的工作报告中,经济发达地区的省级政府强调公共服务、社会公平职责,而经济欠发达的地区则强调经济发展、招商引资的任务。②这种地区间的差异导致的矛盾是,地方政府在执行中央政府的任务时无法按照统一的要求来完成,在履行与不履行及不同程度地履行之间都能找到"合理依据"。

由于上述两个方面的矛盾,导致地方政府权力责任清单难产。明确政府责任范围最好的方式就是列举其权力和责任清单。我国政府当前推行的权力责任清单制度源于2005年河北省实施的《关于开展推进行政权力公开透明运行试点工作的意见》,要求省直部门和市县政府逐步列出权力清单③;2013年党的十八届三中全会提出"推行地方各级政府及其工作部门权力清单制度";2014年国务院首次公布部门权力清单(国务院各部门行政审批事项汇总清单);2015年中办、国办印发《关于推行地方各级政府工作部门权力清单制度的指导意见》,要

---

①　所谓"直过民族"特指中华人民共和国成立后未经民主改革,直接由原始社会跨越几种社会形态过渡到现代社会形态的民族。

②　朱光喜、金东日:《工作报告中的政府绩效自评估——基于2006—2010年省级政府工作报告的分析》,《公共行政评论》,2012年第3期。

③　河北省委、省政府选择邯郸市、省商务厅、省国土资源厅3个单位进行试点。2015年4月,邯郸市直64个部门先自行清理,汇总后向市政府法制办申报了2781项行政权力,其中涉及行政许可权、非行政许可权、行政处罚权、征税权、行政事业性收费权,牵涉部门职能交叉的有60多项。市法制办至少查阅了4000部法律法规,经过初审和再审,并报省政府法制办最后审定,最后保留行政权力2272项,其中市政府本级的行政权力有92项。参见王方杰:《河北清理行政权力公布"权力清单"引起各界关注》,《人民日报》,2016年1月16日。

求"省级政府 2015 年年底前,市县两级政府 2016 年年底前要基本完成政府工作部门依法承担行政职能的事业单位权力清单的公布工作"。尽管是权力清单,按照政治的基本常识,权力与责任对等,权力范围理应自然决定责任范围,《关于开展推进行政权力公开透明运行试点工作的意见》也指明依据清单"强化权力监督和问责"。为了进一步明确责任范围,各地试行时很多直接改为"权力责任清单",即在每项权力内容后面对应说明违反权力的责任细则。这表明政府自身也试图通过"权力清单"的契机来厘定其责任范围。然而必须引起注意的是,权力(责任)清单制度在地方的实行并不理想。其一是地方政府的清单拟定缺乏公众参与;其二是清单很容易被"调整";其三是部分地方甚至由于各部门之间协调困难而导致清单难产。出现这些问题固然有政府部门利益的因素,但转型社会时期急剧的权力收缩与生长并存、地区间客观上的差异,会使地方政府部门即使不考虑自身利益因素,也难以真正厘清权力和责任范围。权力责任清单的难产,自然会使政府所问之责失去清晰的"靶心"。

(二)社会参与不足

责任政府和问责制是西方国家在现代化进程中经历比较漫长的时间逐渐建立起来的。从西方国家的历史经验来看,较为完善的责任政府和问责制建立是需要相应的基本社会条件的。主要包括:选举制度,解决的是公民与国家关系之间的责任关系;分权制衡,解决的是政府架构内部之间的责任关系;独立媒体,解决的是社会对政府责任的监督问题等。这些条件的形成并不是短期内完成的。例如,源于 18 世纪中叶从孟德斯鸠三权分立思想的分权制衡,在美国经历了 200 多年的发展才得以有较为成熟的框架;再例如,作为西方国家最重要政治制度的全国选举制度从 1812 年首次实施以来, 用了 100 多年时间才完成匿名选举、直接选举、男性普选、女性普选等重要发展阶段。这也是西方国家在古代社会诸如古希腊、古罗马时期没有出现严格意义上的责任政府和政府问责制的原因,也是现今诸如拉美国家直接"引入"西方问责政治技术而效果不佳的原因所在。

当然,这并不是说我国要符合与西方国家经验完全相同的社会发展阶段和社会条件,才能够建立完善的责任政府和政府问责制。但是西方国家政府问责制发展中的某些条件因素反映了现代政府责任必备要素,例如西方选举体现的是"民主"的要素,虽然不一定要出现西方选举式民主,但有效的"民主"的确是政府问责制不可或缺的条件,而不管其具体采用什么样的"民主"技术,因为"民主"能够保证社会的参与和监督。

　　真正意义上的责任政府的建立和政府问责的实现,不可能仅仅靠国家和政府自身的运行,比如最起码会存在"谁来监督监督者"的常识性问题。而从稍微深层次的政治学的基本原理来看,无论是政府责任范围的合理划定,还是政府责任的有效追究,都需要政府与社会之间的长期互动和博弈。历史上的帝制国家和现今仍然存在的一些极权政府国家,正是由于没有任何社会力量的参与制约,成为典型的"非责任政府",即使错误的政府政策和行动导致灾难性的后果,也"无责可问",只能由全体社会和公民个人"承担责任",也就是支付灾难性后果的成本。因此,包括公民个人、民间组织在内的社会参与政治和政府活动的状况直接关系到政府问责制的形成和运行。

　　从政府责任范围的确定来看,理解和解释政府责任的基本视角是,政治与行政的关系(即行政对政治负政策执行的责任)和行政与社会的关系(即行政落实决策内容并管理社会的责任,以及政府对社会的回应性)一起划定,给政府限定责任框架。社会与政府的关系是确定政府责任范围的条件之一。尤其是对于与公民个人生活密切相关的地方政府而言,例如县及其以下的基层政府,百姓和社会组织只有尽可能地广泛参与政府活动,才能在与自己生活质量相关的问题上拥有话语权和影响力,否则政府又如何知道自己具体应该做什么和如何做才是"正确"的呢? 更为重要的是,从政府责任的追究来看,当政府明知做什么和怎样做是"正确"的情况下,却没有"正确"地选择做什么或没有"正确"地做的时候,如果社会和公民个人"不闻不问",不管出于什么原因,即便遇上很糟糕的政权或政府及其行为结果,甚至承受由此导致的某种灾难性的后果,那也是"活该"。

　　尽管各国对政府问责的主体及其问责方式不尽完全相同,但无外乎"两分说"和"三分说"。"两分说"将问责分为横向问责(内部问责)和纵向问责(外部问责),横向问责是指政治系统内部之间的权力制约,如立法机构、司法机构对政府的问责;纵向问责是指政治系统外部的社会主体及其权利对政府(也包括行政府以外的其他国家权力机构)权力的制约。[1]"三分说"则将问责划分为决策者问责,上级和专门监察机关问责,以及社会及代议机构、中介组织和公共媒体的问责。[2]"两分说"和"三分说"虽然在具体划分视角上略有不同,但都将社会主体

　　① 黄冬娅:《以公共参与推动社会问责:发展中国家的实践经验》,《政治学研究》,2012年第6期。

　　② 金东日:《"三三问责制":责任政府的实现途径》,《学习与探索》,2008年第1期。

的问责视为重要组成部分。社会主体问责的本质是以权力制约和监督权力，其实现途径包括选举问责和社会问责。选举问责是公民围绕选举活动而展开的问责，当然这里的选举活动不仅仅是指狭义上的投票选择公职人选的活动，而是围绕投票选举而产生的一系列行为。选举问责具体包括直接路径（选举官员、参加公决和复决）、间接路径（选民通过民选议会启动的倒阁、弹劾、质询、调查等）、复合路径（选民诉愿、调解员和监督专员介入等）。①社会问责是"通过普通公民或社会公民组织直接或间接地参与来实施问责的问责方式"②，其形式包括公民信息权保障、参与式政策规划和监督、参与式公共开支管理和绩效监控等。显然，包括选举问责和社会问责在内的纵向问责最显著的特点是政治系统之外的社会系统的参与，并且这种问责具有明显的主动性和赋权性。如果社会中都是"顺民"和"肉食者谋之"的思想，或者由于某些限制而"心有余而力不足"，政府问责只能是"自娱自乐"。

社会问责依赖于公民个人和社会组织等主体的全面参与，而社会主体的全面参与则需要有相应权能的社会力量。一般而言，一个广义社会的合理结构是国家（政府）、市场（企业）、社会（公民及公民组织）三个领域之间处于相对平衡的状态，不同领域中的主体之间才能拥有比较对称的权能结构。从我国的实际情况来看，在近代之前的帝制时期，"家天下"的政治与社会结构不存在区分国家、市场、社会三个领域的可能，而在中华人民共和国成立之前，由于国家主权自身不完整和社会的分裂，国家建设任务没有完成，也不可能存在国家、市场、社会三个领域间的权能制约。中华人民共和国的成立，虽然解决了主权独立和社会统一的问题，但却构建了一个"超权能"的政府体制，以公有制和计划经济为基础，一切私有的和社会的要素全部国家化，"国家不仅完全控制了经济领域和公共领域，而且渗透到了私人领域"③，因而市场和社会（包括私人领域和公共

---

① 关于基于选举的具体问责路径及其特点参见：汪前元、朱光喜：《西方国家选民问责政府的路径分析——兼谈西方国家选举对政府问责的影响》，《当代世界与社会主义》，2007年第5期。

② 关于社会问责的概念参见：Andreas Schedler, Diamond Larry& Marc Planner (eds.). *The Self-restraining State: Power and accountability in New Democracies.* New York：Boulder，1999；马骏：《政治问责研究：新的进展》，《公共行政评论》，2009年第4期。转引自黄冬娅：《城市公共参与和社会问责——以广州市恩宁路改造为例》，《武汉大学学报》（哲学社会科学版），2013年第1期。需要说明的是，这里的"社会问责"是狭义上的概念，文中的"选举问责"途径很多也是社会公民和组织参与的问责，也属于广义上的"社会问责"。

③ 马骏：《经济、社会变迁与国家重构：改革以来的中国》，《公共行政评论》，2010年第1期。

领域)几乎不存在。改革开放之后,随着经济体制由计划向市场的转型,以自由交易、私营经济发展为标志的市场领域开始从国家领域中分离出来并逐渐形成强大的力量,但社会领域的发展却十分缓慢,其突出表现为在今天"公民社会"依然是十分敏感的政治性概念,而社会组织的成立需要在民政部门"审批",即使最近的文件规定社会组织可以不用审批可以直接登记,但也仅仅限于部分社会类型组织①,并且要接受党的领导和监管。因此国家、市场、社会三者之间的权能结构的基本态势是,国家(在地方层面主要通过政府体现)最为强势,市场次之,社会最为弱势。当然三者之间要形成合理对称的权能结构,并不是改革开放三四十年就能实现的,需要更长时间的演化发展。

由于社会领域真正意义上的发展时间极短,社会的权能不足,政府问责过程中的社会参与十分有限。从参与主体来看,在历次有社会参与的问责事件②中,主要是律师、学者、记者等少数社会"精英分子"以及网络媒体参与其中,而普通公民和有组织的社会团体极少参与。从参与途径来看,虽然宪法和法律规定公民有选举、申诉、控告、检举的权利,但选举除最基层"村民自治"等个别领域之外,基本都限于"象征性"选举,即使法律规定县级以下的民意代表由民众直接选举产生,民众也无法在选举中行使自己的权利。而对于申诉、控告、检举等直接问责的权利,由于缺乏制度性安排,无法有效实施,更多的是借助于网络举报而"有幸"被有关部门重视。从参与领域来看,社会参与的问责局限于腐败查处和少数地方实施的民众参与政府绩效评估③等领域,很少有参与政策规划、监督和公共开支管理等更为重要的领域的,因为这两个领域涉及政府行政中最为核心的"政策是如何出台的"和"钱是怎么花"的两个方面。对于政策规划和监督,虽然各级地方政府都会在官方网站上履行政策制定前"征求意见"的程序,但民众提出的意见和建议是否被接受和采纳,以及政策是如何决定的等核心环节依然是"黑箱",而所谓的"决策听证"等也只是流于形式;对于公共开支管理的参与,每年各级政府例行提交给人大讨论的预算和决算报告,普通公民无法获知

---

①　2016年8月中办、国办印发《关于改革社会组织管理制度促进社会组织健康有序发展的意见》,规定行业协会商会类、科技类、公益慈善类、城乡社区服务类社会组织时可以直接向民政部门申请登记,但"民政部门审查直接登记申请时,要广泛听取意见,根据需要征求有关部门意见或组织专家进行评估"。

②　例如:2003年的"孙志刚事件"、2007年陕西"华南虎照事件"和近年来的反腐事件等。

③　2000年以来,杭州、南京、珠海等地方政府尝试开展"万人评议政府"或"万人评议机关"的活动,但这种方式是部分地方政府的自行行为,并非制度性安排。

其细节问题,而浙江温岭试点的"民主恳谈式预算"仅是个别现象,还不成气候。与社会参与主体、途径和领域的有限性伴随的是我国政治参与的"非制度化"特征。由于正常参与机制的缺失,当辖区内某个治理问题严重到"忍无可忍"的程度时,"无权无势"的民众只好采取"越级上访""群体性事件"等极端方式。[1]这种"非制度化"的参与方式是以赌博的方式寻求问题的解决,反映的正是正常的社会参与权能的不足和无奈。

(三)利益集团干扰

负责制政府意味着统治者相信自己应对治下的民众负责,应将民众利益置于自身利益之上。[2]除了政府利益与民众利益是否一致的问题之外,还存在一个更为现实的问题,即"民众"是谁? 政府管辖和服务的对象(包括公民个人和组织团体)都是民众,但问题现实中的"民众"并非由状况完全一致的个体单位构成,而是程度或高或低的分化为不同利益要求的社会群体。即使假定政府完全没有自己的特殊利益,也会由于"公共选择的困境"[3]而无法同时对所有群体"负责"。如果社会群体处于比较严重的利益分化,甚至形成了若干强势的特殊利益群体,并且渗透到政府行政活动过程中而又缺乏严格的制度约束,其结果要么是政府被强势利益群体"俘获",要么与这些强势利益群体自身形成某种程度的利益联盟。在这种情况下,政府实际上只对部分"民众"负责,并且其他"民众"也无法对政府行为问责。近年来我国很多地方频繁出现的诸如"强拆房屋""强征土地""环境恶性污染"等违规违法事件而有些"问责"最后却不了了之,很大程度上就是这种原因造成的。

改革开放前,我国社会是以"单位制"为基础的总体性社会[4],公民依附于高

---

① 参见王明生、杨涛:《改革开放以来我国政治参与研究的回顾与展望》,《清华大学学报》(哲学社会科学版),2011年第6期。

② 参见[美]弗朗西斯·福山著:《政治秩序的起源:从前人类时代到法国大革命》,毛俊杰译,广西师范大学出版社,2014年,第321页。

③ 公共选择的困境最为典型的理论是阿罗不可能定理, 即当不同的社会成员具有不同的偏好,而社会又有多种备选方案时,即使是在最为"民主"的制度之下,也无法形成让所有人满意的共识性结果,也由此推论,严格意义上的"公共利益"是不存在的。关于阿罗不可能定理参见:肯尼斯·约瑟夫·阿罗著:《社会选择:个性与多准则》,钱晓敏、孟岳良译,首都经济贸易大学出版社,2000年。

④ 参见孙立平、王汉生、王思斌、林彬、杨善华:《改革以来中国社会结构的变迁》,《中国社会科学》,1994年第2期。

度行政化的各级各类单位，加上计划经济体制和相对平均主义的分配机制，社会成员间的差异体现为粗线条的工人、农民、知识分子等主要群体之间的差别，最大的利益差异是由户籍制度形成的城乡差异，但各群体内部并无太大差异，再加上高度政治化的社会管理模式，利益的公开表达受到压制，难以形成明显的特殊利益集团。改革开放以来，总体性社会逐渐向分化性社会转型，在经济体制改革的驱动下，社会控制减弱，生产要素的流动和配置市场化，社会要素构成在复杂化的同时差异化也不断扩大，体现在"民众"的构成上就是由之前简单的城乡差异和工农商学兵群体至少扩大至"十大阶层"①。

如果存在有效的利益整合机制，不同社会利益群体之间能够沟通对话，社会分化也是社会发展的正常现象。问题在于，由于两个方面的原因我国社会分化过程中还缺乏有效的利益整合机制：一是不同利益群体之间尤其是富裕群体与贫穷群体之间的差距太大②，二是规范各利益群体行为的法律制度不健全。尽管"中国进入利益博弈时代"③，但缺乏约束和协调利益的"社会基础秩序"④，强势利益集团就应运而生。尽管学者对于哪些群体属于利益集团的看法并不完全一致⑤，但诸如官僚集团、石油和电信等国有垄断行业、烟草和食盐等"亦官亦

---

① 早在2002年中国社会科学院课题组通过调查分析认为我国社会阶层分为国家与社会管理者阶层、经理人员阶层、私营企业主阶层、专业技术人员阶层、办事人员阶层、个体工商户阶层、商业服务业员工阶层、产业工人阶层、农业劳动者阶层和城乡无业失业半失业者阶层十大阶层。关于各阶层的构成和特点参见：陆学艺主编：《当代中国社会阶层研究报告》，社会科学文献出版社，2002年。

② 常见的说法诸如20%的人占有80%的财富、基尼系数已经超过0.5的警戒线等。

③ 孙立平：《利益关系形成与社会结构变迁》，《社会》，2008年第3期。

④ 孙立平：《改革开放以来中国社会结构的变迁》，《中国浦东干部学院学报》，2009年第1期。

⑤ 例如：王玉凯认为包括以官员为代表的权贵利益群体、以官员垄断企业为代表的垄断利益群体和以房地产和资源行业为代表的地产资源利益群体；邓聿文认为包括强力政府部门及其官员、地方政府及其相关官员、国有垄断企业特别是央企和地方重要国企及其高管、跨国资本及其国内代理人、房地产开发商、大的民营企业和民营资本以及依附于这些利益集团之上的部分专家学者和专业人士；杨光斌、李月军认为包括机构型利益集团（建立在产品和行业基础上的政府经济主管部门）、公司型利益集团（垄断行业的大型国有公司和暴利行业的公司）、社团性利益集团（半官方的人民政治团体和大型自治性民间社团）、非组织化利益集团（以政治权力或经济资源为依托而形成的非组织化利益集团和弱势群体形成的潜在利益集团）；程恩富、詹志华认为包括损害公企的利益集团（损公利益集团）、损害中方的利益集团（损中利益集团）、非法经营的利益集团（黑商利益集团）、充当买办的利益集团（买办利益集团）、贪污腐败的利益集团（贪腐利益集团）、主张西化的利益集团（西化利益集团）、分裂国家的利益集团（分裂利益集团）。具体参见：汪玉凯：《中国已形成三大利益集团》，爱思想网，http://www.aisixiang.com/data/49088.html；（转下页）

商"的专营行业、大民营资本企业和房地产行业等是公认的利益集团。这些利益集团是伴随改革以来经济体制转型而产生，尤其是 20 世纪 80 年代的"官倒"、90 年代的"官员下海"和"国企改革"以及 21 世纪以来的"住房和房地产改革"等与政府行为密切相关的事件为孕育强势利益集团提供了大量机会，也决定了利益集团有两个显著特征，即经济利益指向明确和与各级政府关系密切。

利益集团大量存在而与之配套的基本行为规则制度尚未出台或尚未定型，其结果是经济性的利益集团对政府活动的形成"深度"参与，这与社会公民和群体的极其"有限"的参与形成对比。利益集团深度参与政府活动，或者与政府形成利益联盟，或者俘获政府。尤其是地方政府，一方面自身级别甚至还没有某些中央国有企业行政级别高①，无法规制其行为，另一方面在 GDP 增长压力的驱动下，还不得不"仰仗"各级各类大型企业（包括国有和民营）的投资。于是出现"政府强制公务员帮开发商买房""红头文件摊派公务用酒""房屋被强拆而政府不闻不问""央企污染农用地而政府视而不见"等极端行为就不足为奇。当地方政府的"不负责任行为"涉及某些利益集团时，要依靠政府自身纠错机制或社会的参与问责来解决问题，其难度不言而喻。

二、问责制的体制机制困境

（一）党政双重官僚体制

社会发展所处阶段导致的地方政府问责困境具有某种客观性，因为社会发展的程度以及社会内部要素是否达到合理的结构不是完全以人的意志为转移的。尤其是相对于发达国家，甚至是某些发展中国家，我国现代化的进程时间非常短，严格意义上说社会的稳定发展仅限于中华人民共和国成立之后，尤其是改革开放后的几十年时间。要想在几十年时间里使社会的结构和发展程度达到现代化的水平是不可能完成的任务。

问题是，社会发展阶段的局限是否可以通过某种方式来弥补？比如，对政府职

（接上页）邓聿文：《中国有哪七类利益集团》，价值中国网，http://www.chinavalue.net/General/Article/2013-5-11/202319.html；杨光斌、李月军：《中国政治过程中的利益集团及其治理》，《学海》，2008年第2期；程恩富、詹志华：《当前我国利益集团问题分析》，《毛泽东邓小平理论研究》，2015年第10期。当然，对于这些观点笔者并不完全苟同，例如杨光斌、李月军提出的非组织化利益集团尤其是弱势群体利益集团，实际上只能看成是某种"利益群体"，而不能视为"利益集团"。

①　例如中央国有企业大多是副部级甚至部分为正部级，而一般地级市政府才是正厅级。

责的范围尽可能明晰地划定,严格限制利益集团的行为同时增加社会成员和组织的权能?这就需要国家政治架构中的体制机制的科学设计来解决。因为体制是"规定社会组织或领域的基本运行方式和性质的概念"①,机制是人们基于"对某种因果关系的认识"而"为避免负面影响或更好发挥正面影响而做的安排"②,只有科学合理的宏观层面的体制和中观层面的机制构造,才能有微观层面的良好秩序。

然而,体制和机制虽然都有"人为性",但并非是"任意选择"或"为所欲为"的。因为体制具有整体性、同基本理念(或意识形态)和权力的密切关联性、象征性、自我强化的倾向等特征。这其中,意识形态和社会阶层构成意义上的权力结构是与社会发展阶段(包括所在阶段所"传承"的历史文化传统)相匹配的,具有较长阶段稳定性的特征,不是随时可以更换或实验的(除非发生革命式变革)。因此在既定的社会发展阶段,某个领域的体制也具有很强的"非人为性"。体制的"非人为性"特征决定了与体制配套的机制的"非人为性特征"。机制是宏观体制之下的中观层面的范畴,尽管机制与体制之间并非一一对应关联,相同体制之下可以采用多种机制,但任何机制都必须以不阻碍体制的核心价值为底线。因而社会所处的阶段(较长历史意义上的社会发展阶段)很大程度上影响(有时甚至是决定)某个领域体制机制的特征。

对于政府问责制而言,由于社会发展所处阶段的特征及其存在的问题,决定国家政治架构领域的体制机制必然会存在某些缺陷,例如政府责任范围的快速变换和边界不清晰会使"缺位"和"越位"行为都能"合理地"纳入运行轨道,并且容易使政府与其他权力主体之间的关系难以厘清,社会参与的不足则为权力高度集中和封闭运行创造了空间,而利益集团的干扰则会使既定的体制机制陷入某种自我闭锁的状态。正是通过这些从理性层面来看存在某些缺陷的政治与行政领域的体制机制,使地方政府问责存在"很容易看到却不好解决的大的问题",其中最为核心的是党政双重官僚体制。

在现代国家政治架构中,政党扮演不可或缺的角色,现代政治可以说就是"政党政治",任何国家的政治运行和公共事务治理过程中,都有政党或直接或间接的功能发挥,"党政"关系是国家治理中最基本的关系。基于对苏联等社会主义国家模板的参照和中国共产党在革命根据地尤其是延安时期"治理"经验

---

① 金东日:《论体制及其先进性》,《学海》,2012年第1期。
② 金东日:《论机制》,《广东社会科学》,2014年第5期。

的延续,我国采用了"党政合一"的关系模式。党政合一模式的基本特点是"党政不分"和"以党代政","党以治理主体的方式直接介入国家治理过程,党和政府构成合二为一的高度融合关系"①。党政合一模式的外在表现是包括政府在内的任何国家机构和社会团体组织都设有党的组织,而且各级党组织掌握了决策和执行的双重功能。

这种党政关系满足了中华人民共和国成立后国家机器的重新建构和短时期内进行大规模的经济基础建设的需求,能够实现稳固政权和集中资源进行国家建设的功能。但是这种党政完全合一的模式也导致权力过分集中和政府管理僵化的严重问题,更是无法适应改革开放的需要。于是,20世纪80年代我国的党政的改革提上日程。先是邓小平提出要"着手解决党政不分、以党代政的问题"②,然后在党的十三大报告中提出"实行党政分开"。但由于众所周知的原因,党的十三大报告提出的"党政分开"并没有实现,而且之后不再提"党政分开"的说法,只是宏观上强调党组织发挥大政方针的政策的把关,不再直接插手经济社会事务的管理,而且这种"调整"的前提是不断强调和强化党的"领导地位"和"核心作用"。因此党政关系的基本模式并没有改变。

我国党政关系可以视为一种双重官僚体制。由于在所有层级的政府机构(以及其他国家机构)中都设立党的组织,在正常的政府科层体系内部,嵌入了一套党的科层体系,是"亦党亦政"的双重科层体系架构。而且这种双重科层体系由于其中的党组织处于领导地位,还导致了国家政治与行政活动关系的不合理状态。政治是"政治主体通过可影响其他主体的行为来将自己所代表的政治基体的利益上升为政策内容并予以实现的活动",而行政是"把这些已经确定了的政策内容予以执行的活动"③(图2–1),或者简言之,政治是国家意志的表达,行政是国家意志的执行。④政治与行政活动,或者说政策的制定与执行活动在运行方向、权力来源、行为方式和倾向等方面有显著的不同⑤,两者之间需要实行

① 刘杰:《党政关系的历史变迁与国家治理逻辑的变革》,《社会科学》,2011年第2期。

② 《邓小平文选》(第二卷),人民出版社,1994年,第321页。

③ 金东日:《中国政府过程的体制症结:以政策过程为中心》,《学海》,2008年第2期。

④ 参见[美]F.J.古德诺著:《政治与行政》,王元译,华夏出版社,1987年,第12~13页。

⑤ 政治与行政两者间的差别和联系具体分析参见:金东日:《中国政府过程的体制症结:以政策过程为中心》,《学海》,2008年第2期。本书导言部分也有相关论述。下文关于"政治上位的政治行政一体化"的内容主要来自于这篇论文。

必要的分离和保持各自的相对独立,将行政从政治中"独立"出来,正是现代政府和公共行政产生的基本原因。在我国党政双重官僚体制之下,"党"和"政"之间的关系就是政治与行政的关系,然而这种关系却存在"政治上位的政治行政一体化"问题。

"政治上位的政治行政一体化"是指因政治活动的优势地位,在政治行政化的同时也推动了行政政治化。政治行政化是指政治组织及其过程带有明显的行政化特征,而且政治同时承担着行政功能的状态。具体表现为:除宗教以外几乎所有社会组织,尤其在公共组织中都设有党组织,包括党务工作者在内的各级官员都以各级行政级别定位并享受相应级别的待遇,这种组织安排不仅成为聚集和动员社会力量并作出决策的政治核心,同时也承担贯彻执行上级指示的执行组织功能。这种政治行政化的导致的另一面是行政政治化,即行政组织及其运行严重丧失自己的固有状态,有效执行政策所需的官僚制的合理性和客观性淡化,而热衷于政治理想或权利斗争,或被政治所左右。

政治上位的政治与行政一体化,使党的"政治"功能和政府的"行政"功能相互交融,各级机构尤其是地方机构集决策权和新政权于一身,因为越是地方政府,政治和官僚机构的构成越简单,党务机构和行政机构的交叉重合度越高。[①]其结果是决策者与执行者角色不分、责任不清,政府行为在政治的推动下重视结果而忽视程序的合理性,相关法律和政策也是随意修改,无法产生真正的约束力。这种体制直接导致政府问责的主体、客体、标准和程序等具体制度方面无法明确和规范化。[②]

(二)职责同构功能机制

任何稍微复杂的组织都存在纵向上不同管理层级,国家也不例外,除极少数"袖珍型"国家之外[③],都在纵向上设置全国性政府(中央政府或联邦政府)和区域性政府(联邦制国家的成员单位政府和一般意义上的地方政府),或者俗称为中央政府和地方政府,并且地方政府往往有多个层级。[④]多个层级的政府之间

---

① 例如:市县政府职能部门中党组织的书记就是部门的行政首长,甚至在乡镇一级有相当部门党委书记和乡镇长是一肩挑。

② 金东日、张蕊:《论问责制的体制困境:以地方政府为中心》,《学习与探索》,2014年第8期。

③ 例如:新加坡、凡蒂冈、圣马力诺、摩纳哥、安道尔、列支敦士登。其中圣马力诺、摩纳哥、安道尔、列支敦士登虽然无地方政府,但实行分区管理。

④ 这里的政府是指政权意义上的广义政府,而非狭义上的行政府。

必然存在权责的设置问题。一般而言,不同层级的管理机构可以简略地划分为最高决策层、中间管理层和基层操作层。最高决策层对外代表组织而对内要负有关该组织生存和发展方面的责任,因此根据所处环境及不同领域的走向,不仅要负整合组织的责任,更要对组织整体的体制和机制负责,还要适当分配组织各层级和部门所需各种资源。尤其是在大规模的组织中,中间管理层要负将最高决策根据所辖部门或地区的实际情况予以具体化并责成基层落实的责任,而且把操作层所面临的问题反映到决策层以便修正或完善原先政策。将决策内容和相关规定予以落实的就是基层操作层,这也是解决实际问题的层次,即决策层和管理层都不负解决实际问题的责任。但这仅仅是从理论上而言,实际当中不同层级政府之间的权责设置十分复杂。

从中央与地方以及地方不同层级政府上下级之间的分权和集权程度来看,地方政府有自治体、行政体和混合体三种基本类型。自治体地方政府是由当地居民依法选举产生的地方政府,行政首长由当地居民直接或间接选举产生,权力直接来源于居民的授予,代议机构和行政机构各自独立,政治与行政相对分离,并且无论是议决机构还是行政机构,与中央政府或上级政府之间不存在的直接行政隶属关系,中央政府或上级政府无权干预其法定自治范围内的事务,与中央政府或上级政府之间的权限划分比较明确;行政体地方政府是由中央政府或上级政府任命产生的地方政府,不存在通过选举产生、代表当地居民利益和意愿的地方权力机关,只存在一个作为中央或上级政府下级机构的行政机关,首长及主要部属由中央或上级政府任命,权力直接来源于中央或上级政府,往往集政治权和行政管理权于一身的实体,并且秉承中央或上级政府的命令,受到他们严格的指挥和监督,其权限范围取决于中央政府或上级政府的授权意愿;混合体地方政府是由当地居民选举产生且受上级政府较多影响的地方政府,行政首长形式上由当地居民直接或间接选举产生,代议机构和行政机构分设,上下级权力机关之间不存在行政隶属关系,但存在法律监督关系,但上下级行政机关之间存在行政隶属关系,其权限范围不太确定,经常变动。显然,自体制地方政府强调分权和分工,行政体地方政府强调集权和落实指令,混合体地方政府则兼有自治体和行政体两者的特点,谋求分权和集权的平衡。从权责明确的角度看,越是分权的自治体地方政府,上下级之间的权责越清晰,而混合体尤其是行政体地方政府,上下级之间的权责难以分清。

由于历史传统的延续①,为维护中央集权体制,我国不可能采用自治体地方政府体制,而是采用接近混合体地方政府体制,即地方政府是由地方居民选举和上级政府干预"共同作用"产生的。但这种混合体地方体制是在形式上满足,实质上更接近行政体政府,原因有三:首先是地方居民的选举形式化严重,上级的干预才起实质性作用;其次是代议机构虽然在法律意义上不存在上下级隶属关系,但实质上存在;最后也是更为重要的是由于上文分析的由于党政双重官僚制,通过党的系统进一步强化了上下级间的服从关系。因此我国中央与地方政府以及不同层级地方政府之间的权责划分需要解决相互矛盾的问题:一方面是要维护中央和上级的利益和权威,确保政策落实和政令畅通;另一方面则是要求地方政府一定程度上能够灵活处理地方性问题,同时还要保证第一个方面的优先地位,以发挥"中央和地方两个积极性"。实现这种权责划分要求的是"职责同构"②功能机制,它伴随党政双重官僚体制而生。

"职责同构"是指"不同层级的政府在纵向间职能、职责和机构设置上的高度一致"③,表现为四个方面:"第一,从机构设置而言,做到上下对口,左右看齐;第二,从权力关系而言,上级命令下级,下级服从上级;第三,从职能结构而言,上下一致,左右分散;第四,从主要内容而言,各级政府大多将决策权、执行权、监督权集于一身。"④与"职责同构"相对应的是"职责异构",即不同层级政府承担不同或不完全相同的权责。⑤我国的"职责同构"的外在表现就是从中央到地方,公安部、公安厅、公安局、派出所依次对口,教育部、教育厅、教育局、教育组依次对口,以此类推,各级政府的各职能部门之间形成类似于矩阵的结构。

"职责同构"功能机制直接造成各级政府"条""块"职责不清。所谓"条"是指上下对口部门间的关系,所谓"块"是指某级政府及部门间的关系。首先,在"条"的关系上,上级政府部门与下级政府对口部门之间权责不清,下级政府部门执行上级政府部门的指令和要求,但这种要求并不是法令意义上的,而是行政和政策意义上的要求,出现问题时很难划分各自责任,往往是上级政府部门"推

---

① 参见本书第一章中"纵向层级的不同责任及其复杂性"部分的分析。

② "职责同构"的概念在学术界使用较少。

③ 朱光磊、张志红:《"职责同构"批判》,《北京大学学报》(哲学社会科学版),2005年第1期。

④ 中国行政管理学会:《政府层级管理》,人民出版社,2009年,第101页。

⑤ "职责异构"的代表是美国,其联邦政府、州政府和各级地方政府都有法律规定的互不干预的专门职责,并且是以列举的方式加以明确。

卸"给下级政府部门,下级政府部门再"推卸"给下下级对口部门。其次,在"块"的关系上,某级政府虽然"领导"其部门,但这种"领导"往往会受到该部门对口的上级部门的牵制,"领导"关系还掺杂"上下级"关系,政府主要领导与该部门行政首长的职责也难以划分;最后,每个部门实际上受到本级政府和上级部门的"双重领导",两者的指令和要求如果发生冲突,会造成该部门的错误行为,但责任无人承担,同时也会给该部门合法地选择性履行或逃避履行某些职能提供了机会。

(三)单向干部任用机制

人是组织中最为重要的要素,组织的任何职责和功能必须要靠人去实现,公务人员的配置和任用机制是政府治理中的关键环节,所谓"治国先治吏"。良好的政府治理要求有一套合理的官员选拔、任用、考核、晋升机制。官员的管理机制如果出现问题,不仅政府的行为会偏离其应负使命和正常轨道,而且还难以纠正其偏离问题。尽管以韦伯的官僚制为基础的官僚体系被认为是到目前为止依然是合理和有效的官员管理机制,但不同国家具体采用何种机制则受制于国家的基本的政治行政体制。因此我国政府官员的管理没有采用常见的文官制度。我国是"党建国家",党建国家的特点是党处于国家的核心领导地位,并且党的高层意志层层落实到基层单位,因而构建党政双重官僚体制和从中央到地方的政府职责同构功能机制,与此相适应,在政府官员的管理上则是党管干部的单向干部任用机制。

单向干部任用机制有三个方面的基本特点:一是管理主体单一,即党管干部,这是首要的原则。"政治路线确定之后,干部就是确定因素"①,这是党在革命和国家构建过程的重要经验总结,干部(官员)的选拔和任用必须由党直接管理,才能确保路线的实施。尽管政府系统中有管理官员(人事)的专门机构,但真正在官员选拔和任用上起决定性作用的是党的组织部门,尤其是上级党的组织部门,因为实际中是"下管一级"②。受西方文官制度的影响,我国建立了公务员制度,但作为国家法律的《公务员法》中也明确规定了"党管干部"原则,并且作为实施《公务员法》的诸多配套法规并非由人大或政府制定出台,而是由中央组

---

① 《毛泽东选集》(第二卷),人民出版社,1991年,第526页。
② "下管一级"是指下级党政机构的领导干部由上级党的组织部门管理。

织部单独和牵头制定出台的。①因此，"中国存在着两套公务员管理的规则体系。一个是以《公务员法》为代表的国家法律法规系统，另一个便是以党的名义颁发的相关文件"，并且"在现实的运作中，党的文件和规定甚至起着比国家法律和法规更重要的作用"。②二是管理模式单一，无论是政府组织等国家机构工作人员，还是党组织自身的党务工作者，以及承担一定公共管理职能的社会团体组织和事业单位工作人员，以至国有企业人员，基本采用统一的干部管理模式，我国公务员不仅包括国家机关工作人员，还包括非国家机关工作人员。③所有干部不分政务官和事务官，按照统一的级别划分行政等级，权力与责任更多不是与岗位而是与获得的行政级别相关，不实行政治中立，而是高度强调政治信仰，相当部分国家机关干部同时具有国家工作人员和党务工作人员身份④，官员的职务分配和晋升在"党管干部"的原则下在一个相对封闭的系统中循环。三是官员的考核评价标准单一，虽然近年来各地政府也从其他国家或企业借鉴了形式多样的考核评价办法，但最终都是由党的组织部门来定论，因此服从党的需要和上级目标成为地方政府官员行政行为的基本准则。

单向干部任用机制给责任政府和地方政府问责造成的影响显而易见，作为权力机构的地方人大（任命地方政府主要官员）、作为专门监督地方政府的监察和审计部门（政府系统的自我"纠错"机制）等在处理问题官员时的作用基本失效，是否处理以及如何处理是由党组织（纪委）决定的，造成党委（纪委）不点头，无法追究干部责任的现象。例如，副县长的责任要由市委纪委处理，而县长的责任则需要省纪委处理，有时甚至要往上两级的党组织才能处理，本级的人大、监察、法院等部门只是在党组织作出决定后落实执行而已。这种机制要求党组织（纪委）有足够的精力和洞察一切的能力，且自身不出问题，才能实现"违法必究"，显然是不可能的。同时，地方政府及官员问责的标准，即是否违规违纪，

---

① 例如：《公务员考核规定（试行）》《公务员录用规定（试行）》《公务员奖励规定（试行）》《公务员调任规定（试行）》《公务员职务任免与职务升降规定（试行）》《公务员申诉规定》，等等。

② 竺乾威：《现代官僚制的重构：中国干部制度改革的回顾与展望》，《江苏行政学院学报》，2011年第6期。

③ 《公务员法》规定的公务员范围包括：中国共产党机关的工作人员、人大机关的工作人员、行政机关的工作人员、政协机关的工作人员、审判机关的工作人员、检察机关的工作人员、民主党派机关的工作人员。

④ 例如：地方政府行政首长必须是同级党委的副书记，而行政副首长有不少也是同级党委常委成员。

很大程度上不是依据法律，而是依据党的方针政策，只要符合政治正确和党组织所希望的终极目标（如国民生产总值、维稳等），过程中的责任追究伸缩性非常强，缺乏明确的标准。

还有一个重要的方面，由于干部的管理主体单一、模式单一和评价单一，官员的职务分配和晋升在一个相对封闭的系统中循环，党组织可以随时调整干部的职务，甚至可以很容易地实现官员在党组织、政府、事业单位、国有企业中调换岗位，当然从某种意义上讲，这也是党管干部（选任用人）的一种策略，而从官员自身的角度看，也会尽可能投党组织和上级所好，谋求更好和更高级别的职务。在缺乏严格选任体制和常任文官体制的情况下，各级政府官员就没有明确的任期标准，导致作为责任政府重要条件的任期制的失效。

政府官员任期制又称限任制。①这种制度的理论依据源于政治学中的权力制约和民主政治思想，即通过限制任职期限来防止权力滥用，同时实现权力的民主监督和更替。在古希腊时期，柏拉图在《法律篇》中就提出了限制公职人员任职期限的思想②，亚里士多德则基于平等和民主的原则，提出实行"轮番为治的制度"③。在雅典宪政和罗马共和国时期，一些城邦国家中的执政官和监察官开始实行了任期制。在近代代议制理论中，哈灵顿认为民选的官员应该"平等地轮流交替"④，但要保持官员权力的平衡而不是束缚官员的手脚。此后，西方国家普遍探索实行各级官员的任期制。任期制作为现代政治制度，其理论思想也体现在马克思国家理论体系中，1847年马克思和恩格斯建立第一个共产党时就规定了党的领导人要由选举产生并且要有任期。⑤此后在社会主义国家建立和发展中也是普遍探索实行任期制。

任期制在本质上是以明确规定相同职务的每届任职时限和任职届数为核心内容的人事管理制度。从理论层面来看，这种制度设计实际上包括了防止权

① 下文关于官员地方官员任期制及其现状的分析内容主要来自：朱光喜、朱燕：《地方党政领导职务任期制：现状、原因与对策——基于广西市县两级主要党政领导职务的考察》，《中州学刊》，2016年第2期。部分内容有修改，分析的对象不仅包括地方政府官员，也包括市县两级党委书记。

② 参见潘培伟：《浅析行政首脑限任制思想和实践起源》，《理论界》，2013年第1期。

③ ［古希腊］亚里士多德著：《政治学》，吴寿彭译，商务印书馆，1981年，第132页。

④ ［英］哈灵顿著：《大洋国》，何欣译，商务印书馆，1981年，第36页。

⑤ 参见人民网理论频道：《党的建设辞典·任期制》，人民网，http://theory.people.com.cn/GB/49150/49151/10410185.html。

力滥用和保持权力平衡两个层面。也就是说任期制既是相对于终身制而言的，也是相对于随意性而言的。①这种任期制在国家治理体系中可以起到如下作用：首先是限制权力集中，由于任职时间有限制，在职务上拥有权力，届满后自动丧失权力。其次是激发活力，不仅可以让官员在明确的任期时间内谋划施政，也可以让不称职的官员自动退出。最后是固定的任期可以使国家的权力和官员更替有稳定的时间预期，有利于国家治理体系的健康运行。

我国在官员任期制方面曾进行过探索和尝试，其雏形产生于新民主主义革命时期党章的相关规定，从党的第二次到第七次全国代表大会通过的党章都不同程度地对各级党组织及党的干部的任期作出了规定。②中华人民共和国成立以后，1954年的《宪法》和1956年党的八大通过的党章等重要法规规定了国家机关和党组织中的高级干部实行任期制。但这些制度并没有得到真正实行，实际上实行的是终身制，并由此造成权力长期过度集中、管理思想僵化、干部队伍缺乏活力的问题。改革开放初期，邓小平认识到终身制的严重弊端，提出"对各级各类领导干部职务的任期，以及离休、退休，要按照不同情况，作出适当的、明确的规定"③。从20世纪80年代中期地方开始试点以来，我国领导干部任期制经历了30年的探索历程。2006年《党政领导干部职务任期暂行规定》的颁布，标志我国领导干部任期制在文本制度上确立。

依照《党政领导干部职务任期暂行规定》的基本要求，中央机关和工作部门的正职领导成员，县级以上地方党委、政府领导成员和纪委、法院、检察院正职领导成员，省级和地市级党委、人大常委会、政府、政协工作机关和工作部门的正职领导成员适用任期制。上述党政领导职务每个任期为5年，在相同职务上任职不超过两个任期，其中民族自治地方的少数民族领导干部可以适当放宽。《党政领导干部职务任期暂行规定》还明确规定，党政领导干部在任期内应当保持稳定，除达到退休年龄、由于健康原因不能或者不宜继续担任现职务、不称职需要调整职务、自愿辞职或者引咎辞职和责令辞职、因受处分或处罚需要变动职务或者被罢免职务和因工作特殊需要调整职务这六种情况外，应当任满一个任期。因此按照制度的规定，县级以上地方党委和政府领导成员在同一职务上

①　罗中枢、刘吕红：《论任期制与干部制度体系建设》，《上海行政学院学报》，2013年第3期。

②　参见韩强：《党内领导职务任期制的沿革及启示》，《中共中央党校学报》，2002年第5期。

③　《邓小平文选》（第二卷），人民出版社，1994年，第331页。

除特殊情况外，任职时间不能少于 5 年，只有在 6 种特殊情况下才可以在任期中调整职务。

从最初的目的来看，领导干部长期在相同职务上任职甚至是终身任职的问题基本上得到了解决。然而，在任期制实施的实践中却出现了相反的问题，即任期过短和相同职务上的领导干部更换过于频繁。为了落实任期制，中央组织部2009 年还专门下发了《关于严格执行干部职务任期规定保持干部在法定任期内稳定的通知》，并特别规定"市、县、乡党政领导班子成员在同一个岗位应当任满一届，无特殊原因未任满一届不得调动"。然而这些制度的效果并不明显，地方官员岗位频繁更换的情况愈发严重，其中最为关注的典型事件有河北省邯郸市20 年更换 12 任市长①、湖北省武汉市 10 年更换 5 任市委书记②等。自 2013 年以来，先后有湖北、贵州、山西、安徽、云南、辽宁、福建、浙江 8 个省份被中央巡视组指出突出存在市县党政领导更换频繁、任职时间过短、任期制执行不到位的问题。

为了更细致地观察地方官员任期制的执行现状，本书以广西壮族自治区2003 年以来的情况为例进行详细的考察。之所以选择广西壮族自治区为例，是因为两个方面的原因：一是《党政领导干部职务任期暂行规定》中规定，民族自治地方的少数民族党政领导在相同职务上的连续任职届数和累计任职年数可以突破"连续任职不超过两届、累计任职不超过 15 年"的限制，这就意味着广西壮族自治区部分地方党政领导的任期可以更长一些，如果广西壮族自治区地方党政领导任期普遍偏短，那么其他一般地区的党政领导任期可能会更短；第二个原因是广西壮族自治区作为没有被中央巡视组指出存在市县党政领导更换频繁、任职时间过短的省份之一，如果广西壮族自治区的实际任期都偏短，那么那些巡视组指出问题的地区，问题可能会更为严重。因此广西壮族自治区具有很好的典型性。之所以选择市县两级党委和政府正职领导职务，是因为这些领导职务是最为重要也是最具有代表性的地方党政领导职务。之所以选择 2003年以来的职务变动资料，一是因为广西辖区内的贺州、来宾、崇左等地级市 2003年前后才正式设置，以此为起点符合实际情况。二是因为这个时期也正是新一

---

① 支振锋：《严格任期制，避免官员成"临时工"》，《法制日报》，2013年7月15日。

② 褚朝新、罗婷：《铁打的岗位流水的书记 任期制未必能有效遏制地方腐败》，《南方周末》，2013年12月20日。

届党中央和政府积极推行任期制并逐渐制度化的时期,这个时期的资料刚好可以反映出制度实际执行的效果。

通过政府网站、任命文件和公告以及查阅县志等途径,搜集了2003年以来广西地级市市委书记和市长、县(区)党委书记和县(区)长的任职的起止时间和去向以及领导干部的个人任职简历等资料。为了保证分析资料的准确性和完整性,剔除了在任职信息或个人任职简历存在缺失的任次。最后,获得全部14个地级市42任次书记和47任次市长的资料,以及110个县(区)中108个县(区)227任次书记和104个县(区)205任次县(区)长的资料。这里使用任次而不使用人数,是因为不少情况下存在相同领导干部在相同级别职务上在各地平调的情况,在这种情况下,一名领导可以有多个任次,因此计算任次比计算人数要准确。

任职时长情况。为详细考察任职时长的情况,本书分析了各个职位上各任次领导干部任职的平均时长、最长任期、最短任期、不同任职时长上的任次分布及直方图峰值。分析结果见表6-1。205任次县(区)长的平均任职时长为36.6个月,最短为3个月,最长为102个月;227任次县(区)委书记的平均任职时长为39.9个月,最短为4个月,最长为128个月(有1人超过了2个任期);47任次市长平均任职时长为40.1个月,最短为9个月,最长为111个月;42任次市委书记的平均任职时长为44.5个月,最短为9个月,最长为103个月。从平均任职时长来看,4个领导职务都在3~4年之间,离制度规定的5年时间相差1年多;其中县(区)长和县(区)委书记基本3年过一点就要更换,市长和市委书记略长,但也不到4年就要更换。

表6-1 任职时长统计

		县(区)长	县(区)委书记	市长	市委书记
	样本数(任次)	N=205	N=227	N=47	N=42
任职时长分布	1年以下	15(7.3%)	8(3.5%)	4(8.5%)	2(4.8%)
	1—2年	49(23.9%)	48(21.1%)	11(23.4%)	7(16.7%)
	2—3年	38(18.5%)	60(26.4%)	7(14.9%)	6(14.3%)
	3—4年	56(27.3%)	48(21.1%)	8(17.0%)	8(19.0%)
	4—5年	28(13.7%)	32(14.1%)	12(25.5%)	11(26.2%)
	5—10年	19(9.3%)	30(13.2%)	5(10.6%)	8(19.0%)
	10年以上	0	1(0.4%)	0	0
	5年以上	22(10.7%)	44(19.4%)	9(19.1%)	9(21.4%)
	等于5年	4(2.0%)	13(5.7%)	4(8.5%)	3(7.1%)
最短任期(月)		3	4	9	9
最长任期(月)		102	128	111	103

	县（区）长	县（区）委书记	市长	市委书记
样本数（任次）	N=205	N=227	N=47	N=42
平均时长（月）	36.6	39.9	40.1	44.5
直方图峰值 说明：单元格中第1行数字 为任职时长（月）；第2行括 号中的数字为任次数和所 占比例。	11—13 （12：3.9%）	25—29 （25：5.3%）	12—13 （13：6.4%）	24—26 （24：4.8%）
	24—26 （24：8.8%）	40—44 （40：3.5%）	24—25 （24：6.4%）	37—40 （37：7.1%）
	46—48 （46：4.9%）	60—64 （60：5.7%）	59—60 （60：8.5%）	54—60 （54：9.5%）

　　从所有任次不同任职时长的具体分布来看，能够任职 5 年以上的县（区）长、县（区）委书记、市长、市委书记分别只有 10.7%、19.4%、19.1%、21.4%，除市委书记之外，平均 5 任次领导干部中能够任满一届的还不到 1 任次。在 5 年以下的任职时长分布中，县（区）长和县（区）委书记较为集中于 1—2 年、2—3 年、3—4 年三个时段，市长和市委书记较为集中于 1—2 年和 4—5 年两个时段。从更为精确的任职时长分布的直方图峰值来看，县（区）长的更换集中于 1 年前后 1 个月内、2 年和 4 年之后的 2 个月内；县（区）委书记的更换集中于 2 年后的 1 到 5 个月内、3 年半后的 3 个月内和 5 年后的 4 个月内；市长的更换集中于 1 年后 1 个月内、2 年后 1 个月内和接近 5 年的 1 个月内；市委书记的更换集中于 2 年后 2 个月内、3 年后 1 到 4 个月内和接近 5 年的 6 个月内。

　　如果严格按照制度的规定，地方党政领导干部的更换应该是在法律规定的任期 5 年届满的时候，也就是第 60 个月的时候，但正是由于实际任职时长绝大部分都不到 5 年，因而也就难以在法律意义上的时间点实现领导干部的更换。在样本中，刚好任满 5 年并更换的县（区）长、县（区）委书记、市长、市委书记分别仅有 2.0%、5.7%、8.5%、7.1%。而在任职时长超过 5 年，也就是连续任第 2 届的任次中，也都是在任期中途更换的，而不是到第 2 届任期满的第 120 个月更换。因此，能严格执行任期制的任次只占很少部分。

　　任职去向情况。为保证党政领导干部在任期内的稳定，制度还规定了在任期未满时调整职务和更换领导干部的 6 种条件。实际中的职务调整是否符合规定，可以从领导干部任职后的去向情况来判断。本书统计的所有不到规定任职时长（包括连任但最后一个任期仍然不满的情况）任次的市县两级党政领导正职的任职去向见表 6-2。

表6-2 任职去向基本情况

	县(区)长	县(区)委书记	市长	市委书记
样本数	N=201	N=214	N=43	N=39
晋 升	136(67.7%)	109(50.9%)	19(44.2%)	24(61.5%)
平 调	57(28.4%)	90(42.1%)	24(55.8%)	10(25.6%)
退居二线	0	0	0	1(2.6%)
国企任职	0	1(0.5%)	0	3(7.7%)
辞 职	2(1.0%)	0	0	0
违纪违法	6(2.9%)	7(3.0%)	0	1(2.6%)
死 亡	0	1(0.5%)	0	0
殉 职	0	1(0.5%)	0	0
退 休	0	1(0.5%)	0	0

本书根据样本的实际情况将任职去向分为晋升、平调、退居二线、国企任职、辞职、违纪违法、死亡、殉职和退休9种。晋升包括晋升到更高级别职务上的情况和由政府领导正职调整到同级别党委领导正职情况两种,之所以后一种情况也视为晋升,是因为虽然两种职务行政级别相同,但由于政府受党委领导,在行政管理实践中都是视为晋升,例如由县长职务调整到县委书记职务以及由市长职务调整到市委书记职务的情况;平调是指调整到县(区)之间或地级市之间的相同职务上的情况,以及县(区)党政领导正职调整到市直部门正职、地级市党政领导正职调整到省直部门正职的情况;退居二线是指调整到同级人大、政协或非领导职务的情况;国企任职是指从党政领导正职调整到国有企业任职的情况。

从分析结果来看,所有任次的县(区)长、县(区)委书记、市长、市委书记的任职去向高度集中于晋升和平调两种情况,除市委书记职务外均在90%以上;而其他去向情况除到国企任职和违纪违法被处理占据一定比例外,基本都只有个别任次才出现。如果对照制度规定的6种情况,退居二线、辞职、违纪违法、死亡、殉职和退休6种情况可以对应于达到退休年龄、健康原因不能或者不宜继续担任现职务、不称职需要调整职务、自愿辞职或者引咎辞职和责令辞职、因受处分或处罚需要变动职务或者被罢免职务5种情况,那么晋升、平调和到国企任职只能理解为"因工作特殊需要调整职务"。但这种"特殊性"在实际中却成为普遍性,分别占据任期不满的县(区)长、县(区)委书记、市长、市委书记去向的96.1%、93.0%、100%、87.1%。

样本中的139任次得到晋升的县(区)长和111任次得到晋升的县(区)委

书记,绝大部分是在任职后 1—2 年、2—3 年、3—4 年 3 个时间段上得到晋升的(表6-3),如果从最原始数据的直方图上观察,则更为明显地集中于 2 年前后和 3 年前后的时间点上。以 2 年或 3 年作为调整干部的时间标准在一些省份的巡视整改报告中得到了印证。例如,山西省委针对中央巡视组指出的"地方主要领导调整比较频繁、领导干部任期制执行得不够好"的问题提出的整改措施是"领导干部在同一单位同一职位任职不满 2 年的不得调整。市、县、乡党政正职在同一岗位任期不到 3 年进行调整的,要书面报告上一级组织人事部门,经批准同意后方可进行"①。这样相同的整改措施还体现湖北、辽宁、福建等省份的整改报告中。这实际上仍然是以 2 年或 3 年作为标准,解决的只是任职 2 年都不到就调整职务这种明显过快的问题。

表6-3　晋升的任职时长分布

	1年以下	1—2年	2—3年	3—4年	4—5年	5年以上	合　计
县(区)长	8(5.8%)	32(23.0%)	26(18.7%)	42(30.2%)	19(13.7%)	12(8.6%)	N=139
县(区)委书记	4(3.6%)	26(23.4%)	24(21.6%)	30(27.0%)	12(10.8%)	15(13.5%)	N=111

从上述广西市县两级党政领导正职任职时长情况和任职去向情况的分析来看,任职时间过短和不满任期频繁调整地方党政领导职务是普遍存在的现象。这种分析结论也从其他的资料中间接得到验证。例如:有媒体报道,中部某省 90 多个县(市、区)委书记中,任期制的执行率不到 1%,云南省的县委书记和县长的平均任职时长为 2 年②;近 80% 的地级市市委书记任职未满一届③,等等。因此任期制的执行可以说是严重不到位。

任期制执行不到位和地方领导干部调整过于频繁,不仅影响到领导职务必要的稳定性,而且还会影响到地方政府治理目标和公共政策的稳定性,官员的短期行为和不负责任行为日益突出。就本书分析的广西各地级市中,就存在因主要领导干部更换过于频繁而导致出现不少"半拉子工程项目""半截子政策项目""新官不理旧政"的情况。各级地方政府及部门政策的短期行为谋求的是政绩,而不是对所治下的民众和社会发展负责,经常出现重大决策失误,但这种责

---

① 中共山西省委:《中共山西省委关于巡视整改情况的通报》,《山西日报》,2014年6月7日。

② 参见支振锋:《严格任期制,避免官员成"临时工"》,《法制日报》,2013年7月15日。

③ 参见褚朝新、罗婷:《铁打的岗位流水的书记　任期制未必能有效遏制地方腐败》,《南方周末》,2013年12月20日。

任无法追究,因为官员的调动和晋升是党组织的安排,民众无法约束,更不可能去质疑党组织的用人决策;对于地方政府官员个人而言,职务"走马灯"式频繁变动,不断更换工作性质和隶属关系,不仅民众对其不了解,也增加了纪委、监察等部门的查处难度,以至地方官员"边腐边升"问题突出。尽管近年来也有一些对调动、晋升、退休后的地方官员进行问责的案例,但并没有制度化①,并且这种责任追究由于"时滞"过长,时过境迁,造成的损失无可换回。

(四)"运动型"治理机制②

由于科学技术的进步、社会发展的转型和国际影响的深入,我国各级政府面临的公共问题的复杂性越来越强,表现为问题的跨界性、边界模糊性和战略重要性越来越突出。对于这种类型的问题在客观上需要国家各个领域各个层级的治理形成协同体系。然而我国虽然是集权体制,但并没有因此而避免各级各地政府的治理行为之间不协调的问题,甚至会出现更为严重的情况。事实上,我国集权体制下的公共治理呈现出"碎片化的权威主义"(Fragmented Authoritarianism)的特点③:国家政策的制定和执行并不是各部门各层级之间高度一致的,除了高层之外,国家部委和地方政府机构也参与决策,而且每个参与决策的官僚机构有自己的组织个性和利益,它们之间既存在一致和妥协,也存在争论和分裂;这种分离的、碎片化的国家结构使得政策制定和执行过程就是一个官僚机构之间通过协商、讨价还价还达成共识的过程。

造成政府治理"碎片化的权威主义"的原因一方面与当前社会发展阶段各种利益集团的形成及其对政策的牵制相关,当前我国社会中存在的各地规模大小不一的石油和电信等国有垄断行业、烟草和食盐等"亦官亦商"的专营行业、

---

① 到目前为止只是在个别文件中规定有终身问责,如2015年8月中共中央办公厅、国务院办公厅印发的《党政领导干部生态环境损害责任追究办法(试行)》和2017年2月中共中央办公厅、国务院办公厅发布的《关于划定并严守生态保护红线的若干意见》中规定,对造成生态环境和资源严重破坏的,要实行终身追责,责任人不论是否已调离、提拔或者退休,都必须严格追责。在两个文件只是政策性文件,不是国家法律,并且没有规定任何相应的实施机制。

② 此部分内容在朱光喜博士学位论文《政策粘嵌及其分离研究——以当代中国户籍政策变迁为中心案例》中第八章"扩展讨论"部分内容的基础上修改补充而成。参见朱光喜:《政策粘嵌及其分离研究——以当代中国户籍政策变迁为中心案例》,南开大学,2014年博士研究生毕业论文,第272~278页。

③ Kenneth Lieberthal, Michel Oksenberg. *Policy-Making in China: Leaders, Structures and Process.* Princeton University Press, 1988: 9–34.

大民营资本企业以及房地产行业等利益集团直接导致党和政府机构权威的分散。但更为重要的原因是党政一体化的制度安排。首先"党政一体化"的制度安排使党的机构和政府机构高度重合，并且党的机构居于领导地位。这种制度安排一方面提供了治理协同的额外渠道，在某些时候有利于治理的协同，因为当政府系统协调困难时，还可以直接通过党的组织来协调；但另一方面这种制度安排造成的不利后果是"政治上位的政治行政一体化"，其影响是政策的制定和执行经常出现与原有意图相反的困境：由于政治行政化和行政政治化，与从上而下的制度安排意图不同，每个部门和各行政区上的党的决策机构所作出的决策主要基于本部门和本地区的实际情况和利益乃至为自己的利益，至少是在上级的决策内容与这些相结合的基础上重新作出本部门本地区的决策。①其次是"向上负责"的制度安排。向上级负责是中央集权体制的基本要求，表现为官员的职位安排、政绩评价以及责任追究都是由上级领导或部门实施。这种制度安排尽管可以在纵向上有利于政策统一和执行，但也会造成横向上各部门之间沟通和协调的障碍，即常说的"条条"的一致性破坏了"块块"的协调性。如果横向的政策主管部门之间要进行协调，经常是不得不诉诸共同的上级领导或部门，正常的官僚组织专业化部门间的沟通退居次要地位。简言之，党政一体化的制度安排事实上造成了公共治理"碎片化的权威主义"特点，其结果是纵向上不同层级之间和横向不同部门之间的不协调风险增大。这种特点就使我国的政府架构不仅没有发挥官僚制正常运作的优势，而且还将官僚制的某些弊端加剧放大。②其结果是政府架构无法按照正常官僚制所要求的通过制度规范、合法程序、行政组织的结构完善、功能发挥与资源运用的方式来解决复杂问题。

常规官僚制功能的失败正是国家治理资源贫弱的重要表现。③而动员型治理正是弥补常规官僚制功能的失败和国家治理资源贫弱的有效方式，通过利用集权体制的优势和超常规的手段绕过现行政府架构中的种种弊端和不足，在短期内将各级政府各部门和各领域的政策和资源集中起来解决特定的问题。"这种国家治理方式以执政党在革命战争年代获取的强大政治合法性为基础和依托，通过执政党和国家官僚组织有效的意识形态宣传和超强的组织网络渗透，

---

① 参见金东日：《中国政府过程的体制症结探析：以政策过程为中心》，《学海》，2008年第2期。

② 参见周雪光：《运动型治理机制：中国国家治理的制度逻辑再思考》，《开放时代》，2012年第9期。

③ 参见唐皇凤：《常态社会与运动式治理》，《开放时代》，2007年第3期。

以发动群众为主要手段,在政治动员中集中与组织社会资源以实现国家的各种治理目的,进而达成国家的各项治理任务。"①运动型治理的基本特点是政府面对某些在其看来是极其重要的问题时以政治动员过程替代原有的科层制常规过程来解决问题,在短期内将中央的意图和信号传递到各个领域和部门,外在形式上表现为采用大张旗鼓、制造舆论声势、全面动员的形式。运动型治理不仅中央层面经常使用,地方层面更是司空见惯,例如各种直接的运动式执法、运动式整治以及变相的"战役式"政策动员,等等。

运动型治理机制对于地方政府问责造成的影响是:地方政府的诸多不合理甚至不合法行为会被"运动"所掩盖,或者被包装成"运动"的一部分,只要以某种"运动"的名义就可以师出有名,如果追究责任就等于反对上级或中央的政策目标;"运动"的目标指向也会不断变更,在一浪连接一浪的"运动"中,此"运动"中不合理不合法的行为在彼"运动"中可能变得合理合法,或者反之,什么样的情况需要问责缺乏明晰的规则标准,即使追究责任,往往也由于各地各部门都参与了"运动"而法不责众;另外,"运动型"治理甚至被引入问责行为自身之中,即"运动型"问责,当某种情况社会反响强烈,不处理不足以平民愤的时候,纪委或上级部门会以"重拳出击"和"绝不姑息"的态势"高高举起"超常规处理一批,等社会和舆论恢复平静之后再"轻轻放下"。

三、问责制的具体制度困境

(一)法律法规不健全

按照"体制 - 机制 - 秩序"的逻辑,如果地方政府问责的体制和机制存在问题,那么在具体秩序和操作性制度上必然存在诸多困境。党政双重官僚体制、职责同构功能机制、单向干部用人机制和"运动型"治理机制等体制机制,直接造成我国地方政府问责的具体制度的缺陷和不足,或者说是体制机制的缺陷在制度技术层面上的体现,首先表现为地方政府问责的法律法规不健全。

健全的法律法规制度是地方政府问责的操作指南,至少要包括两个方面的要求:一是文本结构上,无论是单一文本还是多个文本,应该形成体系化,不存在重复、交叉、缺失等问题。二是制度的制定要以国家基本法律为依据,制定过程要有相关利益主体充分参与讨论,符合合法性和合理性要求。三是制度的内

---

① 唐皇凤:《常态社会与运动式治理》,《开放时代》,2007年第3期。

容要全面，将"问责主体、问责客体、问责范围、问责程序、责任体系、问责后果"①等基本方面予以明确的规定，能够清楚地告诉公众"什么是问责""因何问责""如何问责""问责后续"②等核心方面。

为考察我国地方政府问责制度体系，本书统计了2000年以来国家和地方（省级）出台的与问责相关的法律法规和政策文件，包括党的中央组织出台的主要问责文件29项（表6-4）、中央国家机关出台的主要问责文件21项（表6-5）和地方出台的省级政府问责文件15项（表6-6）。③

表6-4　2000年以来党的中央组织出台的主要问责文件

序号	文件名称	发文机关	出台时间
1	《关于建立干部监督工作督查员制度的办法（试行）》	中共中央组织部	2000年2月2日
2	《关于加强组织部门干部监督工作若干意见（试行）》	中共中央组织部	2000年12月25日
3	《关于省、地两级党委、政府主要领导干部配偶、子女个人经商办企业的具体规定(试行)》	中共中央纪委	2001年2月8日
4	《党政领导干部选拔任用工作条例》	中共中央	2002年7月9日印发、2013年12月30日修订
5	《关于加强纪检监察基层信访举报工作的意见》	中共中央纪委办公厅	2003年6月4日
6	《关于纪检监察机关和审计机关在查处案件中加强协作配合的通知》	中共中央纪委、监察部、审计署	2003年8月26日
7	《中国共产党党内监督条例》	中共中央	2003年12月31日试行、2016年12月27日修订正式颁布
8	《中国共产党纪律处分条例》	中共中央	2003年12月31日印发、2015年10月12日修订
9	《党政领导干部辞职暂行规定》	中共中央组织部	2004年4月8日
10	《关于依纪依法规范纪检监察信访举报工作的若干意见》	中纪委办公厅	2005年2月1日
11	《关于加强和改进行政监察工作的意见》	中共中央纪委、监察部	2005年3月24日
12	《关于纪委协助党组织协调反腐败工作的规定(试行)》	中共中央纪委	2005年7月26日
13	《关于加强行政复议行政应诉工作的通知》	中共中央纪委办公厅、监察部办公厅	2005年8月26日
14	《地方党委委员、纪委委员开展党内询问和质询办法(试行)》	中共中央纪委	2007年4月22日
15	《关于严格禁止利用职务上的便利谋取不正当利益的若干规定》	中共中央纪委	2007年5月29日

①　施雪华、胡祥：《行政问责制度的评估体系和评估方法》，《学习与探索》，2015年第7期。

②　唐亚林、陈水生：《中国式无缝隙行政问责制度体系的构建》，《学术界》，2010年第6期。

③　依据全国人大、国务院、中共中央纪委及省级政府网站的法律法规库检索而成，不排除有个别遗漏的情况，但主要的法规政策都包括其中。检索时间截至2017年2月。

序号	文件名称	发文机关	出台时间
16	《中国共产党巡视工作条例》	中共中央	2009年7月2日试行、2015年8月3日修订正式颁布
17	《地方党政领导班子和领导干部综合考核评价办法(试行)》	中共中央组织部	2009年7月16日
18	《党政工作部门领导班子和领导干部综合考核评价办法(试行)》	中共中央组织部	2009年7月16日
19	《党政领导班子和领导干部年度考核办法(试行)》	中共中央组织部	2009年7月16日
20	《关于实行党政领导干部问责的暂行规定》	中共中央办公厅、国务院办公厅	2009年6月30日
21	《中国共产党党员领导干部廉洁从政若干准则》	中共中央	2010年1月18日
22	《关于领导干部报告个人有关事项的规定》	中共中央办公厅、国务院办公厅	2010年7月11日
23	《关于对配偶子女均已移居国(境)外的国家工作人员加强管理的暂行规定》	中共中央办公厅、国务院办公厅	2010年7月11日
24	《关于实行党风廉政建设责任制的规定》	中共中央、国务院	2010年11月10日
25	《推进领导干部能上能下若干规定(试行)》	中共中央办公厅	2015年7月28日
26	《中国共产党廉洁自律准则》	中共中央	2015年10月12日
27	《中国共产党问责条例》	中共中央	2016年6月28日
28	《关于新形势下党内政治生活的若干准则》	中共中央	2016年10月27日
29	《中国共产党纪律检查机关监督执纪工作规则(试行)》	中共中央纪委	2017年1月18日

表6-5　2000年以来中央国家机关出台的主要问责文件

序号	文件名称	发文机关	出台时间
1	《中华人民共和国行政监察法》	全国人大	1997年5月9日通过、2010年6月25日修正
2	《中华人民共和国行政复议法》	全国人大	1999年4月29日通过、2009年8月27日
3	《中华人民共和国行政诉讼法》	全国人大	1989年4月4日通过、2014年11月1日修正
4	《人民检察院直接受理立案侦查的渎职侵权重特大案件标准(试行)》	最高人民检察院	2001年7月20日
5	《特种设备安全监察条例》	国务院	2003年3月11日通过、2009年1月24日修订
6	《关于充分发挥职能作用,积极查办在防治"非典"斗争中发生的渎职犯罪案件的通知》	最高人民检察院渎职侵权检察厅	2003年5月20日
7	《煤矿安全监察行政处罚办法》	国家安全生产监督管理局、国家煤矿安全监察局	2003年7月2日
8	《劳动保障监察条例》	国务院	2004年11月1日
9	《中华人民共和国公务员法》	全国人大	2005年4月27日
10	《关于在行政执法中及时移送涉嫌犯罪案件的意见》	高人民检察院、全国整顿和规范市场经济秩序领导小组办公室、公安部、监察部	2006年1月26日
11	《行政机关公务员处分条例》	国务院	2007年4月22日

序号	文件名称	发文机关	出台时间
12	《关于在查处和预防渎职等职务犯罪工作中加强联系协作的若干意见(暂行)》	最高人民检察院、国家质量监督检验检疫总局	2007年10月12日
13	《关于严格依法及时办理危害生产安全刑事案件的通知》	最高人民法院、最高人民检察院、公安部、监察部、国家安全生产监督管理总局	2008年6月6日
14	《关于监察机关和海洋行政主管部门在查处海域使用管理违法违纪案件中加强协作配合的通知》	监察部、国家海洋局	2008年10月9日
15	《关于加强查办危害土地资源渎职犯罪工作的指导意见》	最高人民法院	2008年11月6日
16	《人民法院有关部门配合监察部门核查违纪违法线索暂行办法》	最高人民法院	2009年11月24日
17	《环境监察办法》	环境保护部	2012年7月25日
18	《监察机关参加生产安全事故调查处理的规定》	监察部	2012年11月15日
19	《关于办理渎职刑事案件适用法律若干问题的解释》	最高人民法院、最高人民检察院	2012年12月7日
20	《监察机关特邀监察员工作办法》	监察部	2013年10月10日
21	《关于监察机关和人民政府统计机构在查处统计违法违纪案件中加强协作配合的通知》	监察部、国家统计局	2015年2月26日

表6-6　地方出台的省级政府问责文件

序号	文件名称	发文机关	出台时间
1	《青海省行政工作人员行政过错责任追究暂行办法》	青海省人民政府	2003年7月7日
2	《天津市人民政府行政责任问责制试行办法》	天津市人民政府	2004年1月13日
3	《重庆市政府部门行政首长问责暂行办法》	重庆市人民政府	2004年5月11日
4	《广西壮族自治区行政过错责任追究办法》	广西壮族自治区人民政府	2007年6月13日
5	《安徽省人民政府行政问责暂行办法》	安徽省人民政府	2007年6月16日
6	《海南省关于实行党政领导干部问责的暂行规定》	海南省纪委、监察厅	2007年6月
7	《吉林省行政问责办法》	吉林省人民政府	2007年11月1日暂8行、2016年2月4日正式颁布
8	《云南省人民政府关于省人民政府部门及州市行政负责人问责办法》	云南省人民政府	2008年1月26日
9	《广东省各级政府部门行政首长问责暂行办法》	广东省人民政府办公厅	2008年9月1日
10	《甘肃省行政过错责任追究办法》	甘肃省人民政府	2011年5月27日
11	《北京市行政问责办法》	北京市政府	2011年6月16日
12	《四川省关于开展行政问责工作有关事项的通知》	四川省人民政府办公厅	2011年8月
13	《海南省"庸懒散奢贪"行为问责办法(试行)》	海南省委办公厅、省政府办公厅	2013年7月
14	《辽宁省党政领导干部不作为不担当问责办法(试行)》	辽宁省纪委、组织部	2014年11月
15	《湖北省行政问责办法》	湖北省人民政府	2016年2月25日

从以上地方政府问责的相关法规文件统计中可以看出,尽管法律法规的数量众多,但仍需完善。

一是法规文件需成体系,避免存在重复、交叉、缺失的现象。例如,省级问责文件中"行政问责""行政首长问责""行政负责人问责""党政领导干部不作为不担当问责""行政过错责任追究"等说法五花八门,问责的范围和对象不统一,而且还有 17 个省份没有出台省级问责制度。①

二是文件的制定在合法性和合理性仍需调整。即使国家机构出台的文件,相当部分也是政府自身制定的,作为权力机构和法律规定的监督机构人大,尤其是地方人大,却极少出台制度文件。

三是很多文件的出台是处于"临时应付",例如《关于省、地两级党委、政府主要领导干部配偶、子女个人经商办企业的具体规定》《关于依纪依法规范纪检监察信访举报工作的若干意见》《关于严格禁止利用职务上的便利谋取不正当利益的若干规定》《关于领导干部报告个人有关事项的规定》《推进领导干部能上能下若干规定(试行)》《关于充分发挥职能作用,积极查办在防治"非典"斗争中发生的渎职犯罪案件的通知》《煤矿安全监察行政处罚办法》等,都是针对当时突出的问题进行"运动型"问责制定的文件,是"非常规状态下的危机决策",其结果是某个方面"单兵突进"而非系统性完善②,同时大量的文件并不是党内或国家法规,仅仅是通知和规定等政策性文件,而属于法规的文件则有很多都是"试行"或"暂行"的,缺乏完善的顶层设计和长远规划。

四是制度文件的内容不清晰。有效合理的政府问责制度要明确规定"因何问责""如何问责""问责后续"等内容,但现行的诸多文件多重视强调问责的重要性和意义及党和国家的政治要求,对于问责的详细标准和程序等核心问题表述模糊。

(二)问责标准不明确

问责的标准至少清晰地说明"什么样的情况下需要问责"和"给予什么样的问责处理"两个方面,即问责的情形和对应的问责的方式。

---

① 这里指的是省级党政机构出台的文件,不包括该省份所辖的市县出台的文件。另外,也有可能有个别省份出台了但未公开,在网络上无法检索。

② 参见赵蕾:《高管问责制度构建模式的多维比较:以中国内地和香港为分析案例》,《公共管理学报》,2011年第4期。

对于需要问责的情形,现有制度文件基本都是采用"高度概括性列举＋其他"的方式。《中国共产党问责条例》第六条规定包括"弱化党的领导""党的建设缺失""全面从严治党不力""维护党的纪律不力""推进党风廉政建设和反腐败工作不坚决、不扎实"及"其他应当问责的失职失责情形"6个方面;《关于实行党政领导干部问责的暂行规定》第五条规定"决策严重失误""工作失职""政府职能部门管理、监督不力""在行政活动中滥用职权""对群体性、突发性事件处置失当""违反干部选拔任用工作有关规定""其他给国家利益、人民生命财产、公共财产造成重大损失或者恶劣影响等失职行为的"7种情况;《中国共产党纪律处分条例》则分成"违法犯罪行为""违反政治纪律行为""违反组织纪律行为""违反廉洁纪律行为""违反群众纪律行为""违反工作纪律行为""违反生活纪律行为"7大类情形,然后在每大类情形内采用概括性列举方式说明;《行政机关公务员处分条例》及地方性文件中也是采用相同的方式。"高度概括性列举＋其他"的方式虽然在文本形式上说明了需要问责的情形,但这种规定需对操作性判断标准给予完善。

对于问责的方式及什么样的情况给予何种方式的问责,现行制度文件同样需明确的标准。《中国共产党问责条例》规定的对党组织的问责方式包括检查、通报、改组,对党员领导干部问责的方式包括通报、诫勉、组织调整或者组织处理(停职检查、调整职务、责令辞职、降职、免职等)和纪律处分;《关于实行党政领导干部问责的暂行规定》中问责方式包括责令公开道歉、停职检查、引咎辞职、责令辞职和免职;《中国共产党纪律处分条例》中规定对党组织的处理包括改组、解散,对党员的纪律处分包括警告、严重警告、撤销党内职务、留党察看、开除党籍等;《行政机关公务员处分条例》规定的种类包括警告、记过、记大过、降级、撤职、开除等;《北京市行政问责办法》则规定问责方式包括责令作出书面检查、责令道歉、通报批评、行政告诫、停职检查、调离工作岗位、责令辞去领导职务、免职等。可以看出,不同的文件规定的问责方式各不相同,缺乏统一的序列,而且对于什么情况应该给予哪种方式的问责,除《中国共产党纪律处分条例》和《行政机关公务员处分条例》有大致原则性的规定,其他文件没有作出说明。

(三)问责程序不透明

问责程序的公开透明关系到问责的合理合法性,更关系到问责制的效果和公信力。对地方政府及其官员的责任追究,尽管不是严格意义上的司法活动,但在性质上具有准司法的特点,即由公权力机构依据既有的规定和标准对个人行为是否应该承担某种责任以及承担何种责任作出权威的决定,因此在程序上即使不完全按照司法程序所需要的"起诉""受理""侦查/取证""逮捕""预审""一审""二审"等复杂过程,但也应该有一套基本的且合理合法的公开流程。没有程序的公正,就难以保证实体公正。

从现有制度来看还缺乏公开统一的流程。我国能够实施地方政府问责的主体至少包括上级和本级党的纪委、政府行政监察部门、预防腐败局、政府审计部门、法院、检察院(包括检察院所属的反贪局、反渎职侵权局、侦查指挥中心、举报中心、职务犯罪预防等部门)、最高人民法院巡回法庭[1]及各级巡视组等。不同性质的问责主体各有自己的处理流程,具体操作和公开程度各不相同。

(四)复出制度不合理[2]

适当地为符合条件的被问责官员重新安排职务是为了有效地使用"国家管理资源",从而也是国家治理能力的体现。但我国由于官员问责制度实施才十余年的时间,被问责官员的复出也是新问题,目前我国还没有专门关于被问责官员复出的法规或政策文件,有关被问责官员复出的规定散布在公务员制度以及党政领导干部的选拔任用和问责制度中,主要包括:《党政领导干部选拔任用工作条例》(2002年颁布、2014年修订)、《党政领导干部辞职暂行规定》(2004年颁布)、《中国共产党纪律处分条例》(2003年颁布)、《中华人民共和国公务员法》(2005年颁布)、《关于实行党政领导干部问责的暂行规定》(2009年颁布)、《党政领导干部选拔任用工作责任追究办法(试行)》(2010年颁布)等。这些法规政策文件可以对于被问责官员复出的主体、时限、职级、条件和程序五个方面作出了一定的制度安排。

通过公开信息对2003年以来受到免职、引咎辞职、责令辞职和撤职[3]的县处级(含副县处级)以上地方官员的案例统计观察就可以发现:从复出的时限和职级来看,存在"火速复出"和"越级复出"的情形;从复出的条件来看,由于制度本身对条件的规定不明确,主要看被问责官员先前的任职资历和表现,但正是由

---

① 最高人民法院巡回法庭于2014年开始设立,目前设有深圳、沈阳、重庆、西安、南京、郑州6个巡回法庭。

② 此部分内容主要源于朱光喜、金东日、陶友宾:《被问责官员复出:制度安排、现实状况与争议焦点》,《江苏行政学院学报》,2016年第1期。有删节和修改。

③ 对于受到开除以及移送司法机关等处理的官员不可能"复出"。

于制度规定不明确,标准灵活,所以很难说是"违规"或"不违规";从复出的程序来看,由于政策上缺乏专门的规定和现实中缺乏详细信息,更难以判断是否符合规定。官员因被追究责任而去职之后重新担任职务古今中外均有之,但我国近年来被问责官员的复出现象备受社会诟病,尤其是随着近年来诸如"三鹿"奶粉事件、山东胶济铁路事件、山西襄汾溃坝事件、上海静安火灾事件等社会影响巨大的事件中被问责官员陆续复出,社会对被问责官员的复出问题表现出越来越强烈的批评意见,认为被问责官员复出"全然没规矩"①"无原则"②,因而官员的问责仅仅是"带薪休养",然后是"带病提拔",其结果是"伤了民心"③,甚至是"挑衅党意民意"④,由此还引发媒体对被问责官员"该不该再给一次机会"的争论。⑤

造成这种问题是由于现行的复出制度不合理。现行法规政策除对复出的时限和职级规定相对明确外,对复出的条件和程序的规定都不是很完善,而这又是学者和舆论最为关注的问题。例如在复出的条件方面,依据现行法规政策的规定分为两种情况:一是"无时限复出"(降级复出或无正式职务复出)的条件,包括:《党政领导干部辞职暂行规定》中的"根据辞职原因、个人条件、工作需要等情况予以适当安排";《关于实行党政领导干部问责的暂行规定》中的"根据工作需要以及本人一贯表现、特长等情况,由党委(党组)、政府按照干部管理权限酌情安排适当岗位或者相应工作任务";以及《党政领导干部选拔任用工作责任追究办法(试行)》中的"综合考虑其一贯表现、资历、特长等因素,合理安排工作岗位或者相应工作任务"。可以看出针对这种情况更多是考虑官员先前的个人表现和资历。对于"有时限复出"(官复原级别职务或晋升至更高级别职务)的条件,没有明确的规定,只是在《党政领导干部选拔任用工作条例》中规定"实绩突出,符合提拔任用条件"。但这些规定都比较模糊,缺乏具体的标准。但对于什么

① 陈霄:《被问责官员复出全然没规矩》,法制日报网,http://www.legaldaily.com.cn/zmbm/content/2011-12/14/content_3195277.htm?node=7569。

② 周亚越:《被问责官员:无原则复出和复出的原则》,《北京航天航空大学学报》(社会科学版),2012年第2期。

③ 陈勇:《问责官员悄然复出事件频发 学者称伤了民心》,中国新闻网,http://www.chinanews.com/gn/2012/01-05/3581459.shtml。

④ 沈小平:《"问责官员"频繁复出凸显制度设计缺陷》,《领导科学》,2009年第16期。

⑤ 梁恒:《被问责官员,该不该再给一次机会》,半月谈网,http://www.banyuetan.org/jrt/101117/17504.shtml。

是个人的"资历和表现"、什么是"实绩突出",缺乏可操作化的标准,具有很大的弹性和自由裁量空间,而且这些资料档案又都是掌握在相关党政机构中,公开渠道无法获取,考察程序是封闭性的,公众无法知晓,因此被批评为"闭门造车"。另外,实际复出的官员被问责的原因,无论是问责事件的性质,还是官员个人承担的责任定性,与是否能够复出没有必然联系,这也是复出条件不完善的表现。复出条件不完善导致的影响是,在社会舆论看来,只要不被追究法律责任,复出没有标准,任何人都可以复出。

再例如,在复出的程序方面,2010 年的《党政领导干部选拔任用工作责任追究办法(试行)》中对包括被问责在内的受处理的官员的任用程序作了一般性的规定,即"受到组织处理或者纪律处分,影响期满后拟重新任用的,在作出决定前应当征得上一级组织人事部门同意";2009 年颁布的《关于实行党政领导干部问责的暂行规定》中作出相对有针对性的规定是,"引咎辞职、责令辞职、免职的党政领导干部,一年后如果重新担任与其原任职务相当的领导职务,除应当按照干部管理权限履行审批手续外,还应当征求上一级党委组织部门的意见"。因此可以理解为被问责官员的复出除"按照干部管理权限履行审批手续"的一般任用程序外,只是增加了得到上级"组织人事部门"同意的程序。而"按照干部管理权限履行手续"这种一般程序也缺乏统一的规定,大致可以理解为《党政领导干部选拔任用工作条例》《公务员法》和《党政领导干部选拔任用工作责任追究办法(试行)》及其他相关法律法规中关于党政领导干部任职的相关程序。除此之外,对于"征求上级意见"无任何公开细节规定。因此,整体上缺乏专门针对被问责官员复出的细致程序。此外,《党政领导干部选拔任用工作条例》规定的任职前公示程序,这是向社会公开的关键环节,但由于缺乏操作性规定,在很多情况下被问责官员的复出过程根本没有公示,公众和社会是通过"小道消息——媒体报道——消息扩散——政府证实"的程序确认官员的复出。甚至有媒体总结出被问责官员的复出的"路线图",即"出事——处理(免职、辞职、撤职)——冷却——悄然复出——舆论质疑——回应合规——不了了之"①。这里似乎暗含这样一个逻辑:《党政领导干部选拔任用条例》是针对提拔党政领导干部的,而被问责党政领导干部的复出,一般都是降职或平职担任,因此只是一种组织调动

---

① 沈念祖、陈哲:《问责官员复出路线图》,经济观察网,http://www.eeo.com.cn/2013/0814/248458.shtml。

或安排，而不属于选拔，因此并不适用规定的程序。

即使是对于规定明确复出的时限和职级问题上，也有很多合理性问题的质疑。在2013年之前规定的基本原则是一年内不得担任与原职相当的领导职务，两年内不得提拔担任高于原职的领导职务。也就是一年之内可以降职复出，两年之内可以平职复出，两年之后可以晋升职级。批评的意见是认为这个时间间隔过短。理由是我国法律规定各级政府的任期是五年一届，而《党政领导干部职务任期暂行规定》进一步规定所有党政机构领导干部的任期是五年一届。无论是一年，还是两年的时间限制，相对于五年一届的任期而言都太短，不足一个任期的一半，其合理性存在问题。尤其一年之内就可以降职复出，直接导致"火速复出"的现象。虽然针对这个问题，2014年修订的《党政领导干部选拔任用工作条例》更改为"一年内不安排职务"，只是尽可能避免了"火速复出"，但并没有从根本上解决复出的时限和职级的合理性问题。

还有一点，关于被问责官员复出的法规政策除《公务员法》之外，很多重要的文件都是党政机关自身制定的，并没有像国家立法那样广泛征求社会意见和多次讨论修改，民众无法参与，这又加深了民众对相关制度合理性的质疑，甚至因此而降低了民众对地方政府问责的期望。虽然自2015年以来，在新一届党中央高压反腐之下，地方政府被问责官员鲜有复出的案例，但这并不能说明被问责官员不合理复出的问题得到了解决，只是缺乏复出的"政治氛围"。被问责官员复出的制度依然存在（甚至都没修改），其不合理性也依然存在，而且这种不合理性只是表面现象，其根源与党政双重官僚制、党管干部单一干部任用机制和"运动型"治理机制等深层次问题相关。

第七章

问责机制与国家治理现代化

一、激活官僚制

(一)中国问责制的演化脉络

我们知道,随着大清帝国的覆灭而来的是大混乱和战争,即极度的无序状态,而且这种状态持续了将近半个世纪(如果 19 世纪 40 年代开始的清末失序状态不算的话)。对于在这种无序状态中诞生又在白色恐怖(除了短暂的国共合作时期,各军阀政权将中国共产党看作是"异类"而施以打压)中求生存的中共组织而言,在根据地之外只能以秘密的方式进行活动。即便是后来的活动范围扩大了,但那又是一个战争状态。由这两个活动背景决定,中共只能采取严格的纪律(当然主要不是现代意义上的具有普适性的法律规范)来赢得生存和胜利。这种纪律不可避免地主要以强制为后盾,甚至作为主要手段(相对于法律手段和理性讨论的意义上)来采用。这种纪律虽然也有制度化的成分(如党的组织原则和活动程序,以及决议和文件精神等),但其解释权和运用力度等方面只能带上非制度性的一些特征,如领导人的判断和权威影响在决策和各种行动方面起决定性的作用。

自中华人民共和国成立之后进入了迅速恢复秩序的阶段,这个时期当然主要还是依靠强制,但也并行着各政党联合的制度化努力,其结果就是 1949 年的《中国人民政治协商会议共同纲领》与 1954 年的《中华人民共和国宪法》(这两部文献应被看成是建立中华人民共和国的最根本的"政治承诺")。但是宪法并没有得到落实,后来虽然有过较短的制度化时期(党的八大到"文革"爆发前),而且这个时期在经济社会的稳定与发展方面是改革开放前的最好时期,但至少在"文革"结束前为止的大部分时期，中国基本采取和维持的是党组织（"文革"的一段时期是"革委会"）及其主要领导人掌管问责的方式，即基本延续着中华人民共和国成立前中共组织通常采取的模式。从国家治理现代化的角度上看，其很难说是"常态"。之所以这种"非常态"持续了那么长时间，其主要原因只能归结到上述的文化传统和一体化体制及其惯性，以及主要领导人的权威的影响。

随着改革开放的深入，中国不仅发生了与此前完全不同的社会分化，制度化进展也很深入，如公务员制度的推行、法制建设等。在问责方面，出现了与之前相比完全不同的一些现象，如大批上访①、网络问责、重大事故的责任追究等。这些现象，是由基层政府等"官方"的膨胀及其妄为（膨胀到可以无视民众及其权益，其原因可能很多，但至少不能否认相对于社会的权力集中）、偏重国内生产总值的经济发展政策、以网络为主的新媒体的发展、百姓不满情绪（尤其是对官员的腐败）的积累和维权意识得到增强等因素交织在一起而促成的，而不是问责机制的变化引起的。平心而论，由于前述"政治上位的政治与行政一体化"体制没有发生变化②，尽管法制建设上取得了不少成就，但就问责机制的基本性质而言，并没有摆脱官僚制内部问责和政府内监管的方式。根据前面相关内容的考察，官僚制内部问责和政府内监管说到底是封闭型的，而所谓新公共管理的引入却导致"指标体系"成为上级手中的"指挥棒"之结果，就问责机制的封闭性而言，有过之而无不及。③

（二）拓宽问责主体的活动空间

根据前面各章的内容和以上对中国问责机制演化脉络的简要考察，可以判

① 我们知道，虽然上访者当中有些是"耍赖者"，但有不少确实是"冤"的。如被地方政府侵害切身利益者、对自家所处环境被破坏而提出抗议者等。也就是说，至少其中的不少行动应该被看作是对地方政府的种种行为及其结果不满而为之的问责行动。而上访剧增现象又反证了法治不完善的事实，这实际上表明问责机制的不健全。更为根本的问题在于，至少在基层的体制状态下，百姓没有其他"伸冤"（亦即伸张正义和维护权益）的正常途径，只能仰赖于"北京"。这真是一个非常严重的问题。这么大的国家和这么庞大的党组织及其他各种"群众组织"，还有各级"人民法院"等，怎么能都被上访者"无视"了呢？

② 在笔者看来，中国在政治体制、行政管理体制、社会管理体制等方面并没有发生实质性的变化。参见金东日：《论行政体制及其改革方向：以建设政府公信力为中心》，《山东社会科学》，2013年第9期。

③ 实际上，对官员的考绩历史和中国政府体制本身的历史一样久远，其反映的是君主对官僚的控制。虽然我们不能将新公共管理与清朝的相关情况混为一谈，但绩效考核作为控制和指挥下属等方面的功能的相似性是无法否认的。有关清朝时期对官员的考绩情况，参见[美]孔飞力著：《叫魂：1768年中国妖术大恐慌》，陈兼、刘昶译，上海三联书店，2016年，第237~243页。

断以往问责机制的根本缺陷就在于其封闭性,而这种问责方式的具体表现就是官僚制内部问责和政府内监管。当了几十年"人民公仆"的官员被揪出来时所做的犯罪行为和任意妄为超乎人们的想象,令人目瞪口呆。一个较为浅显的道理告诉我们,贪婪不足以解释腐败行为,因为如果不先掌握政治权力,贪欲就无法得到满足。①然而不禁要问,这些人究竟是怎么"官运亨通"的呢? 如果贪婪的腐败分子爬上了高层或一直很清廉的高层人士突发贪欲而腐败了,那么无论是哪一种情况,不能不提出没能杜绝和及时发现并纠正这种现象的问责机制是否健全的问题了。如果引入真正的竞争机制以及在这一过程中的(包括社会)监督机制(这必然是开放性的)比较健全,恐怕令人目瞪口呆的事情就不会发生,或至少不会带上普遍性了。要知道,在"高位"上发生的腐败,其影响可以远远超出那种行为的直接后果②,因为它会"带动"一大片,尤其是掌握人事权的高官以权谋私的情况下,会引发各种系列的层层官员腐败(且不说给社会造成的影响)。因为,一是"上行下效"的"模范带头作用",二是官场上的相互"结盟"和利用的不可避免性(如果做不到这一点,那么很可能因为不善于"团结"而得不到提拔),三是通过贿赂获得更高位置的人还要"捞回成本"。这里要说的,就是封闭性问责机制的弊端问题,也是要说明如下观点:决不能将问责机制只局限于政府系统的范围以内,换言之,封闭型问责机制是无法杜绝政府官员(尤其是高层)腐败的。

在政府运行过程和官员的各种选择行为方面,必然存在着不像程序和各种规范那么清楚的复杂情况,但这种情况存在的必然性并不能说明无效或低效问责情况的出现是合理的,因为其他很多国家也存在"复杂情况"。还有,尤其是在政治领域或官场上通常以"志同道合"而形成某种"圈子",在"一统天下"的政治环境下,这也是促使某种封闭性得以强化的重要原因,也是公开、公正的问责机制难以形成的主要原因之一。换句话说,在政治领域或官场上始终存在着"诱发"谬误的"天然"条件,因为在"圈子"内很难形成不同观点和价值观等之间的碰撞。如果我们承认政府及其官员也和其他人一样经常会犯错误,而且各种不

①　参见[美]布鲁斯·布恩诺·德·梅斯奎塔、希尔顿·L.鲁特:《提高援助发展的效用》,布鲁斯·布恩诺·德·梅斯奎塔、希尔顿·L.鲁特著:《繁荣的治理之道》,叶娟丽、王鑫译,中国人民大学出版社,2007年,第247页。

②　[印]阿玛蒂亚·森著:《以自由看待发展》,任赜、于真译,中国人民大学出版社,2002年,第274页。

确定性和产生错误的可能性根本上是无法消除的，那么采取必要措施来尽可能预防和纠正可能出现的和已经产生的各种错误才是正常的。也就是说，通过公开、公平、公正的竞争机制等，弥补以往问责机制的缺陷是完全可能的。

也许有人会提出，为了履行好政府职能就需要树立政府及其官员的权威，但这种说法不仅在当今社会不能被接受，而且中国的"官本位"（其是政府及其官员行为时常"耀武扬威"和无所顾忌的主要文化根源）和现实中的各种"特权"，是早该废弃在历史垃圾堆里却还阴魂不散的糟粕。[①]通过"人为"的安排提高官员的权威，是将"官方"神化的具体表现，必须褪去神化官方的种种安排，使之彻底世俗化（特别是在基层），这才符合当代的普遍"情绪"。这种主张并不意味着否认政府及其官员具备一定权威的必要性，因为损害执行官的尊严会降低其效用[②]，但我们知道，这种权威根本上是来自法律和制度并以国家强制力为后盾，而不是"官本位"或"官方"的神化。我们不必浪费更多笔墨也知道，"官本位""特权"等与封闭性之间的联系。况且这种"尊贵"的权威本身就是产生腐败的重要条件，而且具体官员的权威根本上是（至少应该是）通过自己的品德、业绩、学识、能力等来获得的。

还有某些人认为，通过"正式"途径（或人大、政协等所谓"体制内"）来问责有利于稳定，但是在当今中国的现实体制条件下，这又返回到前面的封闭型问责的泥坑里。带有封闭性而且主要由上级（不管是行政系统的还是上级党委的）评价，与问责无效相比更大的弊端就在于，这种情况下的政府工作会偏离百姓的生活，政府就按自己的"既定方针"运行下去，很可能会造成政府（在"政治与行政一体化"的情况下，是整个政权）同社会的断裂。如果以"为人民服务"为宗旨的党和各级人民政府却与人民的距离渐行渐远（这同即将讨论的"权力的神

① 我们知道，"官贵民贱"思想也是中国传统政治文化的核心内容之一。其思想根源于如何建构国家社会秩序的问题。这一问题包括如何看待不同阶级、选拔官员的标准及相关制度等。自儒家从公元前2世纪晚期建立正统地位以来，儒家的社会分层化理论便成为以后两千多年的指导原则，而其中又以孟子的阐述最为清晰有力，即"劳心者"与"劳力者"之分，由此产生统治阶层地位的"高贵"。这一思想中当然包括孔子的"君子"与"小人"之辩，以及后来的"刑不上大夫"（这一观念在实践中也贯彻得很彻底，例如，虽然有许多明清的官员被囚禁狱中或处以死刑，但在审判之前，总要举行一个重要的典礼，即剥夺他们的官品。于是在理论上，他们的地位已降为平民，这样才能进行审判）等观念。参见[美]何炳棣著：《明清社会史论》，徐泓译注，联经出版公司，2014年，第一章。

② [美]哈维·曼斯菲尔德著：《驯化君主》，冯克利译，译林出版社，2005年，第3页。

秘化"密切相关),这可不是简单地归咎于所谓几千年来的传统文化就可以解释得通的问题,也不可能只是谴责个别道德败坏之人的某种"失德行为"并平息民愤就可以了结的事情。由此带来的最糟糕的后果之一,就是政权合法性的严重削弱。最后一个无法否认的事实是,政府及其官员所犯错误的后果主要由百姓来承受,而且以与其程度相应地损害国家发展为代价。

以上种种,为的是要说明如下观点:我们没有任何理由能够说明政府及其行为后果不应该接受政府之外其他主体的问责。这里的结论很简单,必须将问责主体的类型扩大到政权范围以外,并给这些行动者创造出充分的活动空间,而活动空间是由公民充分行使法定自由和权利才可以创造并得以维系的(关于这一点,将在后面详述)。根据宪法的有关规定,保障这种活动空间及这些政府外主体的法定权利,是执政党和政府应尽的重要责任和义务。

(三)僵化的根源及其破解之道

由于"政治行政化"和"行政政治化",当今中国实际上已经形成并运行着党务系统和行政系统的双重官僚制。又由于官僚制的本质属性,即根据法律规章建立和运行,任何官僚制原本就具有僵化倾向,即这是任何官僚制所具有的"通病",并不是中国的特例。只是由于中国实行的是双重官僚制,因而加重了这种倾向,除非战争或大规模群众性运动冲击并"激活"这种僵化状态。然而现在是和平建设时期,而中共中央在改革开放刚开始就已作出决定,今后不再搞大规模群众性运动。在这种条件下,在中国能够激活官僚制的手段就没剩多少,只有掀起学习热潮和大搞反腐倡廉之外(笔者并不否定反腐倡廉和政府系统认真领会"上面"精神的必要性),再没有其他办法可选。其实走出这种困境的办法并不是没有,将问责主体的范围扩大到"体制"之外,并给政府之外的各种行动者提供充分的活动空间,而且引进健康的竞争机制和适当的制衡机制,那么在公正而坚实的活动平台(由法制保障的竞争机制等各种相关机制)上运行的官僚制绝不可能僵化,再加上众多"观众"利益诉求和监督及各种意见的碰撞中形成的舆论压力下,官僚制的僵化是完全可以克服的。听不到或听不进不同声音的政府(实际上任何其他作出选择行为的行动者都一样)必将自我膨胀和"刚愎自用",这在公共事务上是"大忌",因为在这种情况下很难作出合理而全面的决策,而其执行活动又必带刚性特征而不会弹性灵活,或具回应性,因为上级指示才是高于一切的"绝对命令"。与之相比,同样都是官僚制政府,而且(我们知道,新公共管理理论和方法并不是中国的创新)率先提出和实施所谓新公共管理的主张和方法等，但为什么某些发达国家的官僚制没有走向僵化的状态呢？

国家实施新公共管理却没有出现政府运行僵化征象的原因其实很简单，那些国家是通过"党派分析"①、大众媒体及社会民间组织对政府及其行为的"狂轰滥炸"等各种机制的配套安排，使得政府不可能置身于社会各种价值诉求之外，更不可能僵化。还有由于那些国家的法制健全，与以上各种安排相结合，可以杜绝在"结果导向"过程中的"违法乱纪"行为（我们在本书第二章第四节有关"全面结果"等问题的讨论中已经看到，简单地从"终极结果"来理解政府责任是很不妥当的，甚至有误导政府行为的危险，而且从"技术主义"观点来理解和管理政府行为或公共问题的立场也必然产生同样的"功效"），更不可能随意践踏百姓利益（如在前些年"拆房子卖地"过程中一些地方政府官员的恣意妄为）。

因此，必须从根儿上出发解决封闭性问题并激活双重官僚制的僵化问题。根据前述有关中国一体化体制和制度变迁理论及图 1-1 所示等内容，我们不难理解，产生严重的腐败和政府行为的其他负面现象的深层原因，就在于体制机制上。

还有，从上述某些发达国家的制度安排中显然可以看到公共权力的分割状态，而中国始终强调思想"统一"或组织一统。但是我们必须明白，统一不一定产生更大的力量，反而可能促进僵化，历史上不乏这方面的例子。而在理论上，阿伦特的如下观点更好地说明了其中的道理：权力可以被分割而不受削弱，而且权力之间的相互制衡甚至倾向于产生更多的权力，只要这个相互作用的模式有活力而不限于僵死状态的话。②

我们当然不能满足于官僚制的激活，但这种激活绝不仅仅意味着走出僵化状态那么简单，因为这意味着包括问责机制在内的国家治理体系建设走上正轨了。

二、"善治"基层与"顶层设计"

（一）治理的本质

在社会领域（乃至于整个生命世界），封闭或开放当然是相对的概念。在封闭与开放的两个极端（在生命世界或有机体中并不存在这两个极端的绝对状

---

① "党派分析"是林德布洛姆在研究政策制定过程时作为与"专家分析"（这里的专家就是林德布洛姆所说的"分析人员、知识分子、具有特殊分析能力的人"）相对而提出的概念，即虽然各个党派只在追求自己利益方面利用分析，但这些行动可以形成相互作用，因此也有可能有助于解决问题。参见［美］林布隆（即林德布洛姆的不同译名）著：《政策制定过程》，朱国斌译，华夏出版社，1988年，第四章。

② 参见［美］汉娜·阿伦特著：《人的境况》，王寅丽译，上海人民出版社，2009年，第158页。

态)之外,任何社会系统的活力恐怕取决于其两端之间的偏重程度。在人类社会领域,封闭的系统走向"制度之熵"是不可避免的命运,"窗愈密闭,愈易错失旭日东升"①,走出这一困局的唯一出路,就是封闭系统的开放。从某种意义上可以说,无论是新公共行政理论还是新公共服务理论以及治理理论,都可以看作是为打破政府之封闭状态的努力。那么打破这种状态的具体方向在哪里呢?

由于地方政府是公共事务(就其"发生地"而言,大部分是地方性的,尤其是基层政府所面临的公共事务)及其管理的主要的直接承担者,地方政府处在主要问责对象的位置上(仅就百姓对官方不同层级的评价而言,越是靠近百姓生活的官方,百姓给予的评价越差的原因主要也是这一点,还有一个原因是基层官员的公众"暴露度"相对高,因而可引起不满的行迹也相应地遗留得多)。但是地方政府(主要是以县级为主的基层政府)要对谁负责呢? 对地方政府的问责主体又应该是谁? 关于政府运行的程序和职权范围等都比较清楚,如果政府及其成员在比较清楚的规范方面出了问题,当然要由相关的机构来问责,如前述的官僚制内部问责或政府内监管等都可以,而且是应该的。然而仅限于这方面的问责是历史上的和现存的任何国家和政府都一直在做的,但其效果并不怎么好。当今中国所缺乏的也不是这个方面的问责制。

周庆智在研究县政治理时指出,治理本质上是地方性的;县级政权是国家治理执行力的实践者和代理人,其治理本身及其存在的大量问题体现了国家治理体系的总体性特征和发展趋向;县政治理处于民主治理的转型过程中,其治理现状和发展趋向具有中国基层政治发展的一般性意义。②在这里,笔者也很赞同关于县级政权及其治理之意义的以上观点,但是觉得关于治理的定性却可能产生歧义。在治理最终要落实在百姓生活的意义上,其是地方性的观点没有错,但如果将"治理的本质"定性为"地方性"层面上,我们就要问:这里的治理者是谁呢? 是中央还是上一级政府或两者都是? 治理根本上是在包括政府在内的所有参与者(当然包括社会各种行动者)的互动中促使各种公共事务加以完善的过程。换言之,周庆智给治理的定性中是否排除了也作为治理对象的某些领域或层次,如中央或省一级政府是否也是治理的对象? 这两个层次难道是不食人间烟火的神而治理地方的存在吗? 如果我们还记得最高决策层和中间管理层在

① [英]齐格蒙·鲍曼著:《寻找政治》,洪涛等译,上海人民出版社,2006年,第190页。
② 周庆智著:《县政治理:权威、资源、秩序》,中国社会科学出版社,2014年,第354~355页。

体制机制建设等方面的固有责任（更不必提中央和省部级高官中的贪官污吏或提拔这些人的机构或人员的责任），那么就会理解这种议论并不是在故意找碴或刁难。

在公共问题（当然包括公共治理，政府存在的价值更不在话下）上，根本的问题是通过努力要达到什么样的未来状态，而其中的核心问题是百姓的生活质量。在公共问题上，我们必须牢固树立这一核心理念，其他任何价值都不能超出这一点。

（二）去"两化"

如果将讨论的范围仅限于地方政府问责问题上，那么如何去实行有别于以往的政府问责机制，或者说其改革方向在哪里呢？简要地说，要去"政治行政化"和"行政政治化"（即这两个方面的"去制度化"），并在地方层次上重新划定政治与行政的关系和政府与社会的关系。"政治行政化"和"行政政治化"的弊端我们已经讨论过，在此不再赘述。这种去"两化"的政府问责机制，要求党组织回归到政治组织的性质上并去"行政化"，而不是直接承担各种行政职能，而行政则要忠于各项法律规章及岗位角色要求并去"政治化"且专注政策执行和公共事务的管理。如果做到了这两种"去制度化"并在新的理念基础上推动相关领域的再制度化，那么政府与社会的关系自然也会重新划定。

如果做到以上两个方面的"去制度化"，至少在其范围内能够实现图 2-1 的实际情况。这意味着什么呢？对该图的直观中可以看出，从高度整合的状态（由"政治与行政一体化"而形成的强势政权且其控制社会，尤其是以改革开放之前的状态为典型）或"一强一弱"（即强政权与弱社会），会转变成至少相对自主性较强的四个领域——政权、政治、行政、社会——并存的状态。如果撇开县政以上（不含县政）的政权最高层和管理层不谈，那么就剩下基层政治、基层官僚制、基层社会。在这里，基层政治根植于社会并担负汇聚利益和监督政府的功能，基层官僚制承担落实国家政策法规和管理社会的职能，而基层社会则在与基层的政治与行政的互动中解决百姓所面临的实际问题。有必要说明，这里所说的两种"去制度化"，仅限于县政及其以下。这么强调这一点的理由，就是在其范围内确实与百姓生活直接相关而有必要实行两种"去制度化"，而且也可以据此指望得到即将下述的"隔离"效应并缓冲可能产生的冲击。

还有，这里有必要深思杜赞奇的如下一段话：在中国，是缺少了一个强大的国家来为市民社会提供法律保障,才促成了排斥地方社会创造性的后果。①虽然这是在研究 19 世纪与 20 世纪之交的中国时提出的,但我们必须承认,其也符合当今中国的基本情况。由于"政治上位的政治与行政—体化"体制和"集中制"(即以个人服从组织,下级组织服从上级组织,地方服从中央等为内容)原则,以及现实中与之相应的制度安排(如省及其以下的各级政权的主要领导人基本上都是上一级党代会及由此产生的党委委员),当今中国的国家和社会的基本关系主要偏重从上而下的执行,却由此形成了限制地方自主性和创新的格局,使得地方忙于"应付"上级的各种要求而难觅富于创新的活力。虽然中央有一阵号召"制度创新"且各地各部门纷纷响应,但在这种格局下不可能有真正的创新。为相应号召而"创新"的创新不可能与为解决现实问题(各地所面临的问题必然带有差异)而自主作出的创新相比较,这是显而易见的道理。对事物在其实际环境中的具体达成态度的直接认识,是没有任何东西可以代替的,要回复到具体事实以求得灵感。②虽然这是怀特海在讨论科学、教育及理性主义时提出的观点,但道理是相通的。下述观点虽然也是在讨论清王朝时提出的,但给我们提供一些可参考的观点:国家虽然操纵着精心设计的思想控制机器,实际上并没有达到使官员们更加忠实可靠的目的,因为清王朝太重视官员们的驯服了。这反倒使当官的在创新性和责任感方面变得不可信赖——这意味着,政治与社会的运行直接受到损害,而清王朝的这种思想控制的特征对维护其统治起到了适得其反的效果。③

　　我们在与制度变迁相关的理论中已经看到,制度演化的主要动力就是个人学习和组织学习,我们当然也不能排除一些重大"外力"的推动作用或提供的契机在制度演化过程中的动力之可能性。但即便只限于个人或组织学习的范围内,其所需要的组织结构(就个人学习而言,需要的是自由的环境)是"松散的"而不是"紧凑的"。有关松散的组织结构的思想来自维克等人的研究。④松散耦合

　　①　[美]杜赞奇著:《从民族国家拯救历史:民族主义话语与中国现代史研究》,王宪明等译,江苏人民出版社,2009年,第164页。

　　②　参见[英]A.N.怀特海著:《科学与近代世界》,何钦译,商务印书馆,2016年,第219页,第221页。

　　③　参见[美]吉尔本特·罗兹曼主编:《中国的现代化》,国家社会科学基金比较现代化课题组译,江苏人民出版社,2003年,第93~94页。

　　④　以下有关"松散的"组织结构的内容及所具有的七个方面的功能,参见Orton,J. Douglas and Karl E. Weick 1990,Loosely Coupled Systems:A Reconceptualization,*The Academy of Management Review*,15(2):203-223;Karl E.Weick.1976,Educational Organizations as Loosely Coupled Systems,*Administrative Science Quarterly*,21(1):1-19.

组织是一种在组织的任何位置(上层、中层、下层)都包含根据自身数量和能力的互相依赖的元素。耦合是指这些元素相互连接并且保持了一定的确定性,松散是指这些元素也是受到自发变化的影响并且保持了一定的独立性和不确定性。松散耦合的系统既是开放的也是封闭的,是不确定的也是理性的,是即兴的也是审慎的。松散耦合有以下七个方面的功能:

其一,松散耦合可以降低(作为整体的)组织对于环境中每个小变化回应的可能性;

其二,提供一种敏感的感知机制;

其三,是一种适应本地化的良好系统;

其四,可以保存元素更多的特性,系统可以保持相对集中组织更大量的变化状态和创新解决方案;

其五,一部分松散组织的崩溃是相对封闭的,不会影响到组织的其他部分;

其六,给予组织中的行动者更大的自由裁量的空间;

其七,松散耦合组织由于可以减少组织协调的必要,因此所需要的协调等运行成本也比较低。

在与松散的组织结构相反的状态中,尤其是在等级性较强的组织结构中,不太可能有富有创造性的学习,即使有学习也只是模仿性的或简单复制性的。因为等级森严意味着上下之间的权力“心理距离”大,因此很可能带有僵化的倾向而阻碍有效的互动,而在“松散的”结构中各行动主体在重新认识组织和环境及相关信息等方面具备更多的“宽容”氛围,而且在相关信息的解释方面也较为“自由”,由此能够具备探索问题及其解决途径的精神,因此可以创造出不断学习的更多机会。如果将“松散耦合”功能的上述观点联系到将在后面要讨论的“基层自治”和“百姓自理”的观点上,其意义便更大。

不必多言,在实现了县政及其以下的“政治非行政化”和“行政非政治化”的情况下,即上述“两化”的“去制度化”,这实际上是在基层政治、基层官僚制、基层社会等方面的“再制度化”,那么在其范围内能够创造出“松散的”组织结构,而在基层政治、基层行政、基层社会之间的互动中不仅可以创造出促进学习的多种机会和“制度创新”的宽松环境,更重要的是必将有效地解决基层所面临的各种实际问题。从更深远的视野上看,这是国家治理和社会治理(即“善治”基层)的希望所在。

（三）"顶层设计"是什么

这里有必要讨论孔飞力提出的根本性议题和关键性难题，因为其本来就以中国现代化作为核心问题而认真思考并提出的，而且每道问题都切中了中国现代化问题的要害。在孔飞力所提的六项问题中，"国家的财政需求如何同地方社会的需要协调起来"的问题同本书的主旨不怎么关系很紧密之外，其他的五项实际上都属于本书的讨论范围。

我们知道，现代政府是通过广泛参与来获取合法性，这是绝大多数先进国家的通例，甚至其他绝大多数国家不管实际情况如何也采取这种形式。那么为什么在中国"参与的扩大如何同国家权力及其合法性加强的目标协同起来"会成为问题了呢？答案其实很简单，因为大清帝国根本上是清朝贵族政权（只是其"异族统治"的事实加大了这一问题的重要性），这是要对自己的"社稷"负责的，说得更直白一点，就是同其他所有王朝一样是封闭型的政权，因此参与的扩大肯定会危及其"社稷"。正因为这一"基点"所带来的封闭性，即便有政治竞争，也不太可能以前述的"真正公益"（即政治基体的利益）为中心，而是表现为"忠诚竞争"或"派系竞争"，因此"政治竞争如何同公共利益的概念协调起来"的问题几乎无法得到解决。这种根本的局限性使得大清帝国面临三大难题是自然的事情。（传统）官僚体系的僵化，尤其是在当权者的威严独断或被上层牢牢地扣住"仕途之鼻"的情况下，只能带来所谓精英们的唯唯诺诺和火烛小心。[①]而在整个社会对官僚体系几乎没有什么牵制的情况下，与上述几点结合在一起产生批量的官员权力滥用和腐化堕落是必然的。在以上情况下，难以做到"利用并控制大批受过教育、却不能被吸收到政府中来的文人精英们的政治能量"才是正常的结果[②]，且不说"利用和控制文人精英"是否应该和正常。孔飞力在另一本书中指

---

①　孔飞力关于统治精英的火烛小心的解释是，"毫无疑问，异族统治——尤其是事无巨细均要插手的乾隆的统治——使汉族文人们变得心存恐惧、小心翼翼"。还有，"任何人若是反对皇上宠臣的'结党'行为，他们自己就会被扣上'结党'的帽子"。而关于"文化精英"和"官僚精英"之间的"鸿沟"，也正好说明该体制更加深重的"封闭性"。另外，孔飞力是将"由狭小的官僚机构统治庞大的社会"这一问题同上述"根本性"的第三道议题，即财政问题联系起来考虑的。参见[美]孔飞力著：《中国现代国家的起源》，陈兼、陈之宏译，生活·读书·新知三联书店，2013年，第9页，第10页，第14~19页，第20~23页。显然，笔者在这一段中的说明有些超出孔飞力根据"史实"的解释范围。

②　见[美]孔飞力著：《中华帝国晚期的叛乱及其敌人：1796—1864年的军事化与社会结构》，谢亮生译，中国社会科学出版社，1990年，第127页。

出，在清朝后期的混乱中基层社会中的"文人"具有很大能量，不能将其"附属于国家体制……并让他们对地方秩序负有责任"，是难以整治地方叛乱的重要原因。这里的"文人"集团"包括有功名的人，也包括那些受过几分教育但在科举考试中落第的形迹可疑的人"。这里要说的是，如果给所谓"文人精英"提供可以施展自己才华的活动空间，如解决基层社会面临的实际问题（如环境问题、制造假冒伪劣产品、官员腐败等），而不是一味地要"利用和控制"他们，那么这也不会成为什么难题了。而最后一道难题，即"怎样才能通过一套相对狭小的官僚行政机构来统治一个庞大而复杂的社会"，在上述条件下根本就不可能解决。但罗威廉在总体上考察清帝国的历史之后指出，清帝国长久的政治特征之一，就是拥有相对于社会与经济规模小的正式国家机器。在这种省钱的政府制度下，许多似乎属于政府部门的工作转包给了当地精英（绅衿、村庄领袖、地方武力领导与商业上的牙人）或团体（宗族、村庄、行会）。①这里既有正式国家机器之外的公共事务承担者，又与当今中国不同的"小政府"，那么为什么没有得到"善治"了呢？实际上，至少与当时或前述"民族国家"形成时期的西欧国家相比，清帝国主要依靠带有强烈"传统"味道的当地精英和所谓"团体"，但缺的是以法治（国家整体上的"守护承诺机制"）和公民的基本自由与权利为基础的社会参与。我们当然知道，清朝后期的情况当然不能与当下同日而语。但是，对于一个只以"社稷"为重的封闭性体制（这一点明显地将基层社会置于政权的对立面）来说，这一难题注定是不能破解的。狭小而僵化的官僚机构原本就不能统治庞大而复杂的社会，因此才"皇权不下县"而让乡绅通过一系列道德规范和传统权威来管理乡里。同理，只要让社会参与（即打破封闭）与百姓生活直接相关的公共事务上并产生实质性的影响，不仅能够吸引"文人精英们的政治能量"，还能实现所谓"善治"，这是毫无疑问的。

再次强调，为解决"小的问题不容易发现"的问题，在基层与百姓生活密切相关的问题上必须扩大公共活动领域，以诱导各种民间组织和公民的广泛参与，从而增强发现问题的能力及其影响力的路径，如强化社会及公民的组织化和专业化等。而为了解决"大的问题不好解决"的问题，就需要"顶层设计"并重新安排至少地方（县级及其以下）层面上的体制机制。这里所说的"顶层设计"问

---

①　参见[美]罗威廉著：《最后的中华帝国：大清》（《哈佛中国史06》），李仁渊、张远译，中信出版公司，2016年，第258页。

题,实际上是在呼唤下述的"体系合成"能力。

18 世纪的英国能够得到迅猛发展,得益于以下几种关键体系的综合:依据观察到的事实引申出普遍理论的科学体系;应用这些知识来解决实际任务的技术体系;向技术创新提供奖励的产权体系;对外部世界抱有一定的文化好奇心;在科学和技术领域培养愈多学生的教育体系;在同一时间允许和鼓励以上各种项目的政治体系。福山正确地指出,体系的合成功能最终还得由政权来提供,而19 世纪的中国可能拥有上述体系中的几个,但缺乏所谓的"体系合成"能力。①但是我们必须清醒地认识到,这种能力绝不是某一政府或某一国家领导人所拥有或可以独创的,而是在一定的体制和机制下才能产生的综合能力。但在中国的现有条件下,又只能指望(在以和平的方式改变现状的前提下)"顶层设计者们"的启动。这里所说的有关体制机制的问题,绝不可能是个人层面的道德或法律意义上的责任问题,而是作为共同体的整体层面的问题,因此只能由"顶层"层面上的权威当局来承担和解决。如果我们充分认识到其他先进国家的发展之路以及体制机制在现代化过程中的重大意义,那么这种主张并不很难理解。

三、掀开基层权力的"神秘面纱"

(一)基层政权的"接地气"问题

随着清帝国的崩塌,各种政治势力纷纷登场并揭示各自的政治立场和中国的未来走向(即愿景)。逻辑上讲,政治主体为实现自己的政治理想或某种愿景,首先要掌握权力。在这种意义上,毛泽东提出的"枪杆子里面出政权"是"绝对真理",尤其是在当时中国的各种社会条件下。但我们必须指出,这是在夺取政权的意义上,而不是从维持政权的角度提出的。夺取政权和维持政权,以及通过所掌握的政权来追求什么政治理想,乃至这几个过程所需要的条件和由此产生的结果所具有的意义等,都具有极为不同的含义和特点。

维持政权首先需要具备合法性,而这一点又主要取决于政权产生过程和"在位"时的所作所为。合法性根本上是被统治者的同意或至少是某种认可一定统治者地位的问题。这种意义上,下面的一句话也是"绝对真理",即"枪杆子里面出不了合法性"。也许可以说,这是"全面结果"的问题,而"枪杆子里面出政

---

① [美]弗朗西斯·福山著:《政治秩序与政治衰败:从工业革命到民主全球化》,毛俊杰译,广西师范大学出版社,2015年,第324页。

权"是"终极结果"的问题。还有,在当今的国际交流和通讯媒体都很发达的条件下,通过灌输某种观念和宣传教育来获得真正的合法性,除非长期封闭状态下的"洗脑"(这当然必须与某种强制或甚至无可名状的"恐怖"氛围结合在一起才能做到),如果不是不可能也是极为有限的。虽然讨论的话题不同,但伯格和卢克曼所说的下面一句话有助于理解这一点:夸大理论思想在社会和历史中的重要性,必将成为一个注定失败的理论家,而常识性的"知识"构成了各种意义的结构,离开它们,任何社会都无法存在。①格尔茨也曾说过类似的观点,他说,所有国家的政治进程,都比设计出来规范它们的正式制度更广泛和更深刻,涉及公众生活方向的一些最关键的决定,是"集体良知"(涂尔干提出的概念)的非正式领域中作出的。②从一般层面上讲,常识是社会文化秩序的基础。③实际上,这句话同样适用于垄断话语系统并热衷于改变和控制人们思想的实践领域,无数史实(如纳粹的宣传机构及其所作所为等)可以证明这一点。这当然并不否认其"一时"的效用,但其也会作为历史评价的一桩证据而会受到"历史审判",并终将被社会所唾弃。我们必须清醒地认识到,通过开放的探索知识和相关问题上的理性讨论来达到某种共识,并在此基础上逐步完善共同体的状态是一回事,而通过封闭系统的强制且操作舆论来试图改变人们的想法则完全是另一回事。

　　在这里,我们讨论的是政权层面的合法性,而不是"领袖"层面的合法性和权威(权威与合法性之间具有内在的联系)。这种意义上的合法性的基本含义意味着,统治者至少要与被统治者进行沟通,并将自己的运行程序、执政意图及愿景、其主要领导层的构成、其成长背景、选拔程序,等等,告知被统治者,而且在实践中将所奉行的理念和合法性依据(如宪法和其他法律)付诸实际,由此得到最起码的认可。如果不具备这种合法性,不仅其统治和政策推行都将面临巨大困难,甚至会危及其地位。但是为获得合法性的这些要求并不是在政权系统的所有层级上同样重要,其主要原因在于不同层级政权所承担的角色不同,和其组成人员及其所从事工作在公众和媒体中的"暴露度"或"呈现度"不同。这里要强调的是基层政府层级的特殊意义。

---

①　参见[美]彼得·伯格、托马斯·卢克曼著:《现实的社会构建》,汪涌译,北京大学出版社,2009年,第13页。

②　参见[美]克利福德·格尔茨著:《文化的解释》,韩莉译,译林出版社,2011年,第374页。

③　所谓常识,指的是现存文化秩序设定的基础,因而其所包括的明确或不明确的概括,都与文化行为的一些规则相连接。参见见[美]弗洛里安·兹纳涅茨基著:《知识人的社会角色》,郑斌祥译,译林出版社,2012年,第40页。也可以把常识理解为大部分人所认同的通常知识。

(二)权力的神秘化及其主要影响

阿伦特在讨论极权主义时提出了很有启发意义的如下观点:只要公民远离权力来源,"权力神秘化"就越容易达到,而这里的权力超越了被统治者的理解能力。[①]权力的神秘化在一定程度上是可以理解的,正如戴高乐所说,"没有神秘感就没有威望,因为过于狎近将滋生侮慢之心。所有的宗教都有其圣地,而所有的英雄也必有其仆役"[②]。这里的"圣地"和"仆役"所起的实际上是一种"隔离膜"的作用,由此才产生神秘感。尤其是在魅力型领袖及其追随者之间的关系等问题上,一定程度的神秘感是必要的。但是"公民远离权力来源"显然不是这一层次上的问题,而县一级官员的公众"暴露度"较高,因此尤其是在当代社会能够长期维持这种"神秘感"有些不太可能。这里借用阿伦特的观点来要引申的是如下问题,即如果这种现象发生在基层政府的层级上并成为常态,将对政府运作和政权的合法性以及社会其他层面产生何种影响?

如果"权力超出被统治者理解能力"的状态长期持续而且固化,将导致分割"统治者阶层"和"被统治者阶层"的状态。自古以来(尤其是明清社会),尽管中国社会也有社会流动[③],但统治阶层和被统治阶层的划分是牢固的。我们已经知道,在以皇权为中心的帝制时代,虽然通过科举制等来组成的官僚制承担行政的主要责任,但皇帝经常起用"近臣"来监督或排挤官僚制。在这里,政权的核心层和被这一核心层录用的阶层之间,以及被录用的阶层和百姓之间的界限分明,也就是说,即便有个别人的社会流动,但官阶的高低和官民之间的关系本身和"贵贱"之分是不可动摇的。无疑,这种做法加剧了"统治阶层"和"被统治阶层"的固化。而且,这里讨论的并不是个别人或家庭的身份流动问题。姑且不谈"金钱力量"的问题及其各种社会后果(正反两个方面的),在向上流动即进入高等身份时,其个体必须接受其身份圈子所要求的意识形态并形成相应的心智和行为模式(如何炳棣所举《儒林外史》中范进的故事,更有意思的是,范进中举人后家境和社会地位大有改善)。也就是说,何炳棣所说的社会流动和整个统治机

---

① 参见[美]汉娜·鄂兰著:《极权主义的起源》,林骧华译,时报出版公司,1995年,第363页。

② [法]戴高乐著:《剑锋》,蔡东杰译,猫头鹰出版社,2000年,第77页。

③ 像明清社会那样以皇权为中心的古代社会,高社会身份主要由高科举功名与官僚制度中的职位来决定,但也不完全忽视金钱的力量,而在整个明清社会,身份制度是流动的,有弹性的,没有阻止个人和家庭改变社会身份地位的有效法律与社会的障碍。参见[美]何炳棣著:《明清社会史论》,徐泓译注,联经出版公司,2014年,第316~317页。

制之间实际上没有任何关系，即后者不仅没有得到改变，反而在不断地重复相关行为的过程（包括考科举及为此所做的准备过程）中强化了"统治阶层"的地位和政府运行模式，因此对社会的进步不会起到推动作用，更不用说完善政府问责机制方面的积极意义。这就是封闭系统的最大弊端所在。没有竞争（特指开放性的竞争），只有垄断（以皇权为首的统治阶层对权力及其他资源的绝对独占，绝不允许其他行为主体对其的染指），故步自封（以维系"社稷"为主要基准，不求社会和百姓生活的进步和提升，"愚民政策"或"反智政治"是其明显表征），而在行动向度上是不断地向后看而不是向前看（向"后"看齐并不断重复圣贤之道和古制）等，是这一系统的"自然"特征。

如果权力躲藏在"神秘面纱"后面的情况长期持续下去，或"超出被统治者的理解能力"的情况比较严重，给社会将带来极为不利的影响，如尤其是地方层次上的权力难以"接地气"。而在"拜权主义"盛行的情况下，社会文化、学术等领域（实在难以"指手画脚"的自然科学和理工类领域排除在外）的衰弱是不可避免的，因为膨胀了的权力毫无顾忌地干预其他领域是很"自然"的事情。阿伦特指出，法律的限制从来不能完全可靠地防御从政治体内部产生的行动，行动建立关系的巨大能力（行动从来不可能孤独中存在），也就是它特有的生产性能力的另一面，恰恰是它的无限性，这就是为什么节制、不逾矩的古老德性被看作是最卓越的政治德性之一的原因。而且行动的第二个特征（行动固有的不可预见性），也无法根本上防止行动内在的无限性。[①]因此我们当然不能把权力的"无限性"只托付到"节制""古老德性"上，正因为其"无限性"，必须将其限制在现实的体制机制的框架之内。而社会各种资源也很"自然地"偏向权力而不会流向其他社会领域，更不必提这一过程中必然伴随的腐败和堕落。换句话说，这实际上就是处在强势地位而又没有制衡力量的权力，将自己的逻辑强加给其他领域并扭曲其他领域的运行逻辑，由此导致其他社会领域的衰弱。历史上和现实中，我们并没有少见这种情况及其严重后果。

关于"权力超出被统治者理解能力"的现象，我们还可以从另一个层面进一步探讨，这就是拜权主义将导致败坏公德的危险。"权力超出被统治者理解能力"，必将滋生"拜权主义"之风，因为社会资源也根据权力大小来进行分配，而在这种情况下，道德和其他（如人品、道德、学识等）衡量标准只能让位于等级身

---

① 参见[美]汉娜·阿伦特著：《人的境况》，王寅丽译，上海人民出版社，2009年，第147页、第139页。

份。而且，围绕"神秘面纱"必然形成错综复杂的人际关系，这将造成滋生腐败的土壤。还有，为接近权力中心（由于权力必然以不同层面和层级来构筑，权力"中心"肯定是"复数"，由此产生覆盖全社会的强劲的"辐射"效应），欲接近这一中心的人们肯定做出这一中心所喜欢的言行，或至少表面上不会做出这一中心禁止的言行。与此相关，我们还要注意如下现象，即被树立为"英雄"的通常是遥不可及而又"不食人间烟火"的"圣人"，而不是遵守法律和道德常识之要求的凡人，这当然与"言论统一"有关，"官本位"的资源分配机制也脱不了干系。而在现实中，通常是积极接近某一"中心"的人才有"出人头地"的可能性。在这一过程中必然盛行掩盖自己真实想法的风气，"说真话"几乎成为奢望，由此败坏社会公德。最后，必须强调指出，在"拜权主义"盛行的条件下，"官场"上肯定会"培养"出大批的"平庸的恶"之人。阿伦特是观察和思考在耶路撒冷被审判的艾希曼之后提出了这一概念。艾希曼是无思的，没有共通意识或思考能力，也无法做出独立的判断，只渴望官僚层级中得到升职，取悦他的上级，证明自己可以又快又好地工作。他可以背诵道德准则，甚至康德著名的绝对律令。然而艾希曼不会自问，也不会去思考一个被阿伦特视为对道德经验至关重要的问题："如果我做了这件事，我是否还能够容忍我自己？"①正如在第一章所指出的那样，以"权力"和"金钱"作为认定社会身份的条件下，社会公德走向衰败似乎是必然的结局了。

　　笔者在讨论如何构建诚信社会的问题时，特别强调知识界、宗教界、言论界的作用。②这里所说的知识界并不是简单地指有高学历或高级职称的"标准"群体，而是指以独立的人格梳理和创造新的知识，并积极地关注社会公共问题，以理性的态度批判政府和社会的不合理、不公正现象，而且秉持良知代言时代精神的群体。宗教界和言论界也不能简单地以所从事"职业"为判断标准的概念。虽然在现实中我们难以寻觅完全达到这种"标准"的人，但作为逻辑分析所需要的概念，同其他社会科学上的学术概念一样，是不可否认其实在性的。这"三界"的共性除了承担上述社会功能之外，就是独立性，而且是承担着秉持良知而培

---

　　①　[美]伊丽莎白·杨-布鲁尔著：《阿伦特为什么重要》，刘北成、刘小鸥译，译林出版社，2009年，第2页；[美]理查德·J.伯恩斯坦著：《根本恶》，王钦、朱康译，译林出版社，2015年，第268~269页。当然，正如阿伦特清楚地认识到的那样，"平庸的恶"只是事实现象，仅仅是纳粹之恶的一个方面，恶的新形式会在不同的历史环境下产生（见伯恩斯坦的《根本恶》，第276页）。

　　②　有关知识界、宗教界、言论界等内容，主要来自金东日、朱光喜：《诚信社会建设中的政府责任及其局限性》，《学习与探索》，2012年第10期。在此有所修改和补充。

育和呵护社会道德的主要"职业"群体。只有在能够促成社会公德所必需的群体——知识界、宗教界、言论界之生存和发展并保障其正常发挥作用的现实途径的情况下，而不是只根据"权威发布"或道德教化，才能真正促进社会公德和良知得到呵护和提升并起到正能量的作用。因为，此"三界"的共性除了上述几点之外，就在于其开放性，即相关领域的权威要么是大家都能享有的"经典"，要么是大家能够普遍接受的"公理"，而最终的评判者只有"公众"，还需经过"众目睽睽之下"的"验证"。而且公民围绕社会问题的组织化和专业化并积极参与解决公共问题的实践，以及前述的理性讨论充分展示其魅力的状态下，才能在物欲横流的当今社会中能够促进公德起到善政良治的作用，并杜绝一些政府官员的腐化堕落。要知道，公众讨论和社会参与，对于在民主框架下制定政策，具有中心意义。①

我们知道，权力具有多种面相，即至少有积极的和消极的双重性质。在"权力超出被统治者理解能力"或权力躲藏在"神秘面纱"的后面时，意味着权力很容易"异化"或已经"异化"了。"异化"一词是借用马克思的，他说："劳动所生产的对象，即劳动的产品，作为一种异己的存在物，作为不依赖于生产者的力量，同劳动对立。"这就是劳动本质的异化。而在马克思看来，劳动通过"外化"（在资本主义生产关系或财产关系下，通过外在的东西和劳动过程）而异化，而最后，人同他的类本质相异化，即一个人同他人相异化，以及他们中的每个人都同人的本质相异化。②而在阿伦特看来，权力必须通过行动和言说得以"显现"，从而要"建立关系和创造新的现实"。但是尤其是在当今中国的现实中，权力是以实实在在的官僚制来显现（这也说明权力外化并异化具有一定程度的必然性），并通过选拔官员和管理模式或机制来超出被统治者的理解能力。因此，我们要尽可能谨防和限制权力的全面异化，必须寻找现实可能的途径并予以落实。怀特海所论的人对人的强制统治所具有的双重意义，也给我们敲响了长鸣的警钟。他说，强制统治有好的结果，即保障了为社会繁荣所必需的协调行为，但致命的是它让这种统治超越了为合作所必需的最低限度。③

---

① 参见[印]阿玛蒂亚·森著：《以自由看待发展》，任赜、于真译，中国人民大学出版社，2002年，第103页。

② 参见[德]卡尔·马克思：《1844年经济学哲学手稿》，《马克思恩格斯全集》（第42卷），人民出版社，1979年，第91~103页。

③ 参见[英]艾尔弗雷德·诺思·怀特海著：《观念的历险》，洪伟译，上海译文出版社，2013年，第82页。

可见,权力的"神秘化"及其影响是非常有害的,尤其是从国家构建的长远的角度上看,其毫无疑问是必须要克服的对象,而权力的世俗化及在先进国家中尽其所能消除特权的理由,也应该由此得到理解和说明。

(三)权责相当

在本书的第一章曾提到,即在责任与资源交换网络中的地位有关的部分中,我们提出了如下可供思考的问题:能否存在一种由无责任的行动者组成的社会共同体? 如果能够存在这种社会共同体,这会是什么样的共同体,其秩序将是什么样的? 虽然我们很难想象由无责任者组成的社会共同体,但如果这种共同体真的能够存在,那么肯定是秩序大乱或根本就是无序的状态,即其已经达到了不能称之为共同体的状态。因为无责任意味着对自己的行动感受不到责任感,其行动只能是无所顾忌的,而在这种社会中除了"弱肉强食"的"森林法则"之外,任何道德和法律规范都难以起作用。虽然这是想象中的状态,但由此我们可以知道责任的重大意义,而责任大小与权力相当。换言之,无权者则无所谓责任,即对于那些没有权力的行动主体,我们不能指望做出负责任的行动和社会领域中的自律。正如怀特海所说,只要摆出神秘主义,那么上帝存在的证据可以从我们的世俗世界中得到,而上帝的无所不能的最坏之处是,它伴随着对每一件发生的事件的所有细节的责任,而政权的专权也会让知识分子丢弃"以天下为己任"的情怀。①在此,提醒读者回忆起在第二章第四节中有关"行动者的自主性"的讨论中提到的如下观点,即行动者的自主性是讨论某一主体之行动责任的前提。从这种意义上我们也可以认为,躲藏在"神秘面纱"后面的权力由于已经超出被统治者的理解能力,因此能够获得无所不能的"权威",由此造成或与此相应地导致被统治者不负任何责任的状态,因为"全能者"已经拿走了"所有细节的责任"。试想,这种状态下的国家或社会能够得到"善治"吗?

另一方面,我们还要注意如下问题,即有权者深深地感到与自己权力相当的责任,而且为之很真诚地工作,但这一行动者对自己的责任却有错误的理解,或其所认识的责任明显与时代精神相悖。不必多言,这种情况下会带来极为严

---

① [英]艾尔弗雷德·诺思·怀特海著:《观念的历险》,洪伟译,上海译文出版社,2013年,第159页。明清两代的知识分子已经没有"以天下为己任"的士大夫精神,因为皇帝不许你有这种自负。最典型的例子就是,当乾隆皇帝读到宋朝人说宰相以天下为己任这句话,就大动肝火。乾隆认为,天下是由皇帝管,岂能容宰相如此擅专? 参见[美]余英时著:《中国思想传统的现代诠释》,江苏人民出版社,2006年,第107页。

重的后果。这里要说的是,对掌握公共权力的行动者的责任问题,必须要经常进行公共讨论,并予以监控,而掀开权力"神秘面纱"的必要性就在于此。

权力必须得到实现(具备实在性的意义上),而不应该躲藏在"神秘面纱"的后面。阿伦特的下面一段话有助于我们理解"神秘面纱"以及权力和政治的真正含义等问题:首先削弱继而消灭政治共同体的,是权力的丧失和它最终的无权。权力只能存在于它的现实化当中。权力无法实现的地方,它就消失了,再大的物质财富也不能弥补无权的损失。只有在言行未分裂,言谈不空洞,行动不粗暴的地方,在言辞不是用来掩盖意图而是用于揭露现实,行动不是用来凌辱和破坏,而是用于建立关系和创造新的现实(人自身就是一个开创者)的地方,权力才能实现。权力是公共领域——潜在于行动和言说的人们之间的显现空间——得以存在的东西,因为权力是从一块行动的人们中间生发出的力量。①

从本书主旨的角度上看,"权力超出被统治者理解能力"或权力躲藏在"神秘面纱"的后面,那么根本上切断了被统治者问当权者责任的途径。

在县级层次上掀开权力的"神秘面纱",最大的益处就在于能够获得广泛而实实在在的合法性基础,而不是像"历史的必然"或"人民的选择"那样比较"过时"(我们当然知道,"历史"对于"当下"的价值,但其总不能替代"当下")的或"虚"的合法性根据,而且由此才能建成与以往不同的问责机制。不仅如此,还有利于权力与责任的分散,从而促使形成对各自行动负责的社会状态,而政权也可以脱开过分的负担。

那么在基层政府的层级上,掀开权力"神秘面纱"的具体而现实的途径究竟在哪里呢?

四、"基层自治"与"百姓自理"

(一)政治的地方化倾向

虽有上引阿伦特关于权力的"理想状态"论述,但我们知道政治的世界或权力过程绝非是"尽善"的,当然也不都是"肮脏"的,现实的情况是处在这两个极端状态之间,而且是善与恶交织在一起。但有一点可以肯定,那就是权力在不同层级上的议题和所"承担"的功能迥然有别(可以回忆在第一章中所述的观点,即政府层级上的"上、中、下"是为国家整体发展和提升百姓生活质量的必要分

---

① 参见[美]汉娜·阿伦特著:《人的境况》,王寅丽译,上海人民出版社,2009年,第157页。

工,以及孔飞力所提公德超出县级就起不到作用的问题及相关讨论等)。至少在基层,政府所要承担的主要是两个方面"责任",即执行上级或中央的政策和处理具体的公共事务,而执行活动根本上也不能脱离后者。从组织理论的角度上看,吸纳复杂性是组织的下层必须面对的,因此组织中的上级相对于下级在应对复杂性方面的能力更差。因此,复杂性的每一次增加,都有利于下级而改变权力关系,所以组织系统越复杂,它的方向感就越差。①这种方向感只能通过上级来认定。随着层级的向上推移,都需要做一些进一步的概括和提炼问题、比较不同地区的情况等工作,以及在此基础上的较为全面又合理的相应对策并揭示今后的基本走向等。正如卢曼所说,比较复杂的系统只可能使对利用强制的决策,甚或对作决策的决策前提的裁定权等予以集中。②而从权力的合法性及所处理的公共事务等角度上看,越是高层,其"算法"就越复杂、抽象,而且在有关公共事务的公开表态中越倾向于讲原则性的"大道理"(即在其"元论性"越强的意义上)。

　　还有一个问题需要我们必须关注,这就是政治的地方化倾向。这是鲍曼引用曼纽尔·卡斯特的如下观点来讨论"国家扩张主义"衰弱现象时的话题:在信息社会,一旦资本自由流动,政治只能绝望地成为地方性的。鲍曼进一步指出,流动的速度使得真正权力超出了控制,而随着现存政治制度不再能够减缓资本的流动速度,权力正逐渐从政治转移——这种情况可以同时解释何以政治冷漠在日益增长。③当今中国还远没有达到"资本自由流动"的程度(因为对"央企""国企"的国家控制等),但至少与改革开放之前相比其程度已经很高,而且基本上已经进入了"信息社会",再加上大部分公共事务所具有的"地方性"特征,因此政治的地方化倾向是值得关注的问题。按照这一逻辑,即如果说信息社会及相关社会发展趋势是不可阻挡的,也许政治的"地方性"也难以回避,那么从国家构建的角度上这无疑是必须慎重考虑的问题。但其意义并不仅限于如何应对政治的地方化倾向的问题,实际上该问题是为解决基层公共问题而如何安排基层体制和机制(当然包括与以往不同的问责机制)问题范围内的,更是与百姓的生活质量息息相关的问题。

　　在上引阿伦特和鲍曼的观点中, 有不少内容似乎是针对中国的现实而说

---

①　参见[德]尼可拉斯·卢曼著:《权力》,翟铁鹏译,上海人民出版社,2005年,第117页。

②　同上,第11页。

③　参见[英]齐格蒙·鲍曼著:《寻找政治》,洪涛等译,上海人民出版社,2006年,第11页。

的。但是我们要关注的是以下观点,(在权力必须得到实现的前提下)权力要实现需要言行必须围绕真实问题来展开,而且客观上确实存在着政治地方化的倾向。这里就包含着重新安排有关基层公共事务上的体制机制之必要性和可行性的问题。

(二)"基层自治"

在本章的第二节我们谈到,如果做到去"政治行政化"和去"行政政治化"(即这两个方面的"去制度化"),那么在县政及其以下就剩下基层政治、基层官僚制、基层社会。这是一个什么样的状态呢?一句话,就是"基层自治"和"百姓自理"的状态。这至少是县政及其以下治理结构的再制度化。

这里的"基层自治"当然不是"村民自治"。这里不必全面评价"村民自治",但有一点必须说清楚,其并不具备"自治"的基本条件。按照相关规定,村民自治也是处在党的领导下①,那么在村民意见和党支部的意见难以达成某种合意时,如何处理党的领导与"村民自治"之间的关系? 这是一个根本性的问题。而且在村民的规模小而农村空洞化(尤其是年轻人离村较多,这一点促使农村的活力会相应地降低)现象较为严重的情况下,其他民间组织介入村民生活的诱因也不很充分(公共事务上的议题太过"琐碎"或超出该层级的决策影响范围等,也是诱因不充分的原因),在由此形成的狭小活动空间和"偏远"乡村的特征使得"自治"很容易偏离公正的轨道,也难以形成和维系能够抵制"霸权"势力的制衡力量,在这种情况下通过围绕实际问题而进行理性讨论的可能性就会更加渺茫。还有一点很重要,除非一些突发事件或明显的议题摆在眼前并成为必须奋起共同维护的利益,通常情况下的村民难以组织化(仅限于正常的第三部门或民间自组织化的意义上,而不是"被动员"组织起来,即自组织化),而孤立的农民无力抗衡非正常组织的压力来维护自己的正当权益。其理由其实很简单,没有自组织化的社会根本无法实现真正的自治,或者说,没有组织起来的农民是根本无法自治的。唯有组织才可显现百姓的真实力量,正如阿伦特所说,"在行动转瞬即逝后还能把人们结合在一起的东西(我们今天称之为'组织'),同时又通过持续的共同生活而保持活力的东西,就是权力"②,而"有组织的思想是有组

---

① 参见《中华人民共和国村民委员会自治法》第一章第四条及其他一些《自治条例》中的相关内容。
② [美]汉娜·阿伦特著:《人的境况》,王寅丽译,上海人民出版社,2009年,第158页。

织的行动的基础"①。基层社会自组织化的意义即在于此,而思想和言论等自由和权利的必要性也在这里。"基层自治"必须建立在自组织化及公民的自由和权利的基础之上。

"基层自治"并不是基层独立。且不说自治的基层官僚制执行的是上级的政策并在全国统一的法律范围内做出政府行为,基层不得染指超出其职责之外的事务(这也是官僚制的主要特征之一),而且上级或中央在自己的职责范围内合法地随时可以介入基层事务。按着这里的逻辑,基层政治主要负责基层层面的利益聚集和政策议题选定,制定相关政策并建议基层政府,参与组建和监督基层政府,而基层社会既可以参与基层政治过程,也可以独立发展自己的组织并围绕基层范围内的公共事务提出议题并开展公共讨论。在这一过程中,至少在基层层面上可以"激活"官僚制并掀开权力的"神秘面纱"。与此相关,如果做到去"政治行政化"和去"行政政治化",还至少有以下四个方面的"意外"但绝不是无足轻重的收获:一是开辟摆脱"官本位"的有效途径,因为政治的非行政化和基层政治及基层社会对基层官僚制的监督,以及有关基层公共问题上的议题和政策方案等方面的互动,由此至少在基层层面上会导致"官"的"贬值",这对中国政治发展具有深远的意义,而且摆脱"官本位"及在减少"平庸的恶"方面也具有釜底抽薪的作用;二是由于基层公共事务的具体性特征及实现自治的基层,对于那些希望自己有所作为却不愿在"大衙门"里碌碌无为的人们具有很强的"诱惑力",从而还促进人才的"下沉",由此可以强化基层(我们知道,当今中国基层政府及其具体部门以及基层社会等普遍很缺人,尤其是较高水平的人才);三是将促进竞争机制与问责机制的建设,因为自治的基层围绕公共问题而自然形成有关议题和解决方案上的竞争,而这种竞争的裁判是相关地域上的全体公民,由此可以指望如下局面的出现,即被赋予真正自由和权利的公民仅以自己家园的"善治"出发也要对自己的行动负责,而且公共讨论将明辨各参与者的责任所在;四是提供社会公德发扬光大的场域,因为基层公共事务的具体性和仕途取决于百姓态度的现实,使得官场上的人们不必"唯上"、奉承、说假话,而是要具备解决基层问题的"真本事",而且公德在"熟人社会"的竞争中将成为重要的评价标准。当然,公认的价值观不能保证集体行动一定能成功,但是正如李丹

---

① 怀特海之语,转引自[美]汉娜·阿伦特著:《人的境况》,王寅丽译,上海人民出版社,2009年,第259页。

所指出,它们以以下几种方式对集体行动有帮助:它们增加了对那些冒犯公认价值观的人进行分散的社会制裁的可能性;它们激发人们为集体福利着想;它们提供要点,以这些要点为中心,可以产生习俗,以有利于集体行动。①

我们也不必担心"基层自治"会带来"地方主义"。地方主义的最大危害就是以下关键性的倒退:它将存在于自傲自重的官僚们之间的那种理想的非人格化关系,变为地方政权当中依靠军事攫取权力的官员们之间的一种人格化依附关系。②因为这里的"基层自治"是以法治为基础的,而且是在保障基层政治、基层行政、基层社会(以民间组织为主轴)等之间的相对独立性为前提的互动,基层更不可能掌握军事权力。相反,从上而下的层层控制以及某一特定职位的权力集中,才是导致当前人格化依附关系(即各种各样的"圈子"或派系)的重要原因。打破各种不正常的"圈子"和派系的根本途径就在于掀开权力的"神秘面纱",并使之暴露在"阳光"(此乃意味着基层政权层面上的权力公开化)之下。

还有一个很重要的问题,即政府的道德责任问题。从前引阿伦特关于道德以同意为有效性基础,并以对抗行动的巨大风险的观点来看,道德沦丧的社会隐含着巨大风险,因此道德在社会治理中原本就具有重要价值的问题。从这个角度上看,政府的道德责任问题决不仅仅是如何维护政府形象那么简单③,更不应该只停留在公务员个人的"品德"和良知等方面来理解。如果政府必须承担有关道德建设方面的责任(而不仅仅是由于其成员违背道德规范而不得不承受的修复形象那种被动责任),即政府之所以致力于社会公德建设的根本理由的意义上,必须要在"社会治理"的高度上进行讨论。

社会公德的衰弱意味着社会诚信的减弱,而无论社会诚信还是政府诚信都与其弱化程度相应地影响共同体的凝聚力并增加交往成本。实际上,在包括公德问题在内的诚信建设中,政府要做的就是管理好公务员自己的道德节律,提高政府运行的公开性和透明度,以所掌握的权力和法律来保障公民的自由和权

---

① 参见[美]李丹著:《理解农民中国:社会科学哲学的案例研究》,张天虹等译,江苏人民出版社,2009年,第44~45页。

② 参见[美]吉尔本特·罗兹曼主编:《中国的现代化》,国家社会科学基金比较现代化课题组译,江苏人民出版社,2003年,第71页。

③ 当然,维护政府的道德形象也不是那么"简单"的事情。"柏拉图对哲学王的想象实际上也是试图以统治者的自律作为政治统治的正当性依据:修身可以治天下。"参见[美]伊丽莎白·杨-布鲁尔著:《阿伦特为什么重要》,刘北成、刘小鸥译,译林出版社,2009年,第68页。

利,监督和惩戒政府及其公务员和社会组织和个体行为的违规犯法行为,建设并呵护社会诚信所必要的机制和制度等各种条件,切不要以"卫道士"自居而积极作为。必须明白,社会原本就具备道德上的"自我净化"能力,再加上上述各条基本得到满足,那么完全可以相信公德至少在基层发挥善政良治的作用。因此,在与权力运作和实现途径完全不同的社会领域中,必须排除权力干扰其他领域逻辑(如道德领域、文化领域、学术领域等)的各种条件。这种观点并不意味着政府在这些领域里要采取"不干涉主义",而是主张,政府的作为必须限定在制定和完善相关领域运行所必要的制度机制平台并据此监督方面。我们必须认识到,全面介入某一领域意味着全面被卷入并"额外"承担相关领域责任的风险,因而不能推脱被卷入领域上出现的任何问题的相应责任。更为重要的是,由于权力的强制性和关系性等特征,只要不受限制,其必然干扰所涉领域的运行逻辑,从而影响该领域的正常发展。

主要以基层层面上发生和存在的问题为中心,由基层政治、基层官僚制、基层社会等之间的互动来实现基层的"善治",并以此来提升百姓的生活质量,就是"基层自治"的核心内容。因此,"基层自治"必须与"百姓自理"联动实施,两者间具有互为前提的关联性。

(三)"百姓自理"

"百姓自理"并不是不要政府和政治(包括上级和中央的),而是主张百姓在基层的公共事务上发挥本应拥有的话语权和影响力。

"百姓自理"意味着尽可能减少"中介掮客"。"中介掮客"是孔飞力在讨论中国现代国家的根本性议题,即"国家的财政需求如何同地方的需要协同起来"时提出的。在孔飞力看来,这是清朝后期及以后任何一届政府(包括民国及其后的政府)都遇到的问题。①在此重提这一问题,并不是为了讨论财政问题,而是为说明基层层面上的"百姓自理"之依据。如果超出财政范围,那么"中介掮客"的问题在这里就转化成如何减少官员的压迫和剥削的问题。在乾隆时期的县衙里,为了完成税收的任务而雇佣成百上千的"编外人员",而为了养活这些"中介掮客"只能去进一步压榨百姓,由此出现恶性循环。为了养活这么多"编外人员",只能去"创收"(韦伯早就指出了这一问题,即朝廷要对付那种根深蒂固的"创

---

① 参见[美]孔飞力著:《中国现代国家的起源》,陈兼、陈之宏译,生活·读书·新知三联书店,2013年,第三、四章。另外,有关"编外人员"和"创收"政治文化,见该书的第20~21页、第86页。

收"政治文化)。无须多言,现在的电子化征税系统和国税地税的划分,"中介捐客"的必要性已不再源于财政问题。当下与"中介捐客"相关的情况是,人浮于事的现象严重(主要是在中上层的管理部门,这一点只要与国外的同类组织及其相关部门的实际情况进行比较就可明了),社会工作与服务意识远没有像先进国家那么发达,公益性组织又受限制,而中央及上级那么多部门都乐于"一竿子插到底",使得基层政府只能作出"选择性执行",因此基层政府为"应急"而雇用编外人员也不是很难理解的问题。但是我们必须清醒地认识到,在"忙着的事务"中,有哪些是正事,而哪些又是在"瞎忙",甚至在"帮倒忙"。

这里有必要涉及吉登斯的"解放的政治"和"生活政治"。①解放的政治主要关涉的是减少或消除"剥削""不平等""压迫",包括社会生活从固化的传统和习俗中的解放,而且关注的是权力和资源的差异性分配,但遵循由正义、平等和参与规范所提倡的行事规则。解放意味着集体生活以如下方式被组织起来,即个体在其社会生活环境中有能力进行且独立行动。此处,自由和责任达至某种平衡。生活政治则是一种生活方式的政治,或者说,是有关生活决策的政治。吉登斯所列生活政治的要点如下:源自选择自由和生成性权力(即作为转换能力的权力)的政治决策;形成一种在全球背景下能促进自我实现且在道德上合情合理的生活方式;在后传统秩序以及在存在性问题的背景下形成有关"我们如何生活"的伦理问题。根据吉登斯的表述,生活政治是"极盛现代性时期"的政治。在这里,我们关注的是解放的政治,而其具体形式背后存在一种调动人类行为之原则,"那可能就是自主原则"。就这两种"政治"的关系而言,保持和扩大公民权仍是最根本的,因为这些权利保证了生活政治问题得以为民众公开辩论,而解放的政治已被描述成似乎仅仅是为生活政治的勃兴做了基本的铺垫工作。本质上讲,生活政治的所有问题均会引发一种解放的政治。

与吉登斯所说的"解放的政治"和"生活政治"相比,"基层自治"与"百姓自理"简直是一种"朴素的自治"或"狭隘的自理"(与女权主义、全球性影响等视角相比),但绝不是"肤浅"的。如果一定要给"基层自治"与"百姓自理"命名,可以称之为"日常生活的政治"。这虽然与吉登斯所说的"生活政治"有某种关联性,但其主要内容确实有重要区别。如果这个概念没有太大的缺陷,那么百姓在日

---

① 吉登斯的以下观点,参见[英]安东尼·吉登斯著:《现代性与自我认同》,赵旭东等译,中国人民大学出版社,2016年,第197~211页。

常生活的政治中的主导地位和作用,是再自然不过的事情了。在"基层自治"与"百姓自理"中我们明显可以看出"解放"的味道,而在"解放的政治"和"生活政治"的关系中我们也可以体会"基层自治"与"百姓自理"所具有的意义。

还有,鲍尔斯和金迪斯的观点有助于我们理解共同体的治理需要哪些要素:共同体成员在解决他们共同面对的问题时,应当分享成功的利益,分担失败的损失;如果监督机制和惩罚不合作者的机制能够内化进入互动的结构中去,那些会颠覆共同体的破坏合作机制的行为就能被制止;运作良好的共同体需要一个法律和政府环境支持其发挥功能;倡导平等对待的自由道德观念和加强反歧视政策。①显然,他们对共同体的理解是较为小规模的(他们所说的共同体,是指一种社会结构,具有很高的进入和退出成本,并且成员之间相互认识),但即便如此,这些"要素"对我们理解治理好基层需要哪些条件等方面,是有所裨益的。

由于"基层自治"与"百姓自理"是基于公民的自由和权利为基础,并根据法律程序可以选择和监督并更换基层政府的"代理人"或"管理者"(这实际上就是与以往不同的问责机制),而且同基层政治一同发现公共议题并进行围绕地区性公共问题的理性讨论,因此有望遏止当下基层政府层面上存在的大部分问题。

我们当然知道,通过"基层自治"与"百姓自理"不可能实现绝对公正的基层。不难预料,在其落实过程中(甚至其实现之后)会出现各种各样的问题,但只要我们认识到"基层自治"与"百姓自理"能够解决基层层面上存在着的大部分公共问题,以及以往问责制的缺陷,那么必须以坚定的态度并通过审慎的安排来推行下去。正如森所说:如果不是认识到世界上存在明显的但可以纠正的不公正,巴黎市民或许不会起义攻占巴士底狱,甘地或许不会质疑大英帝国的殖民统治,马丁·路德·金或许也不会在号称"自由和勇敢者家园"的土地上奋起反抗白人种族至上主义。这些人并不是在追求实现一个绝对公正的社会(即使他们对那样的社会有普遍的共识),但他们的确更希望尽其所能地消除那些显而易见的不公正。公正的推动和不公的消除需要制度设计(协调个人收入与公共物品)、相应的行为调整和社会制度修正程序的联动,而这些都是以对政府承诺、

---

① 〔美〕萨姆·鲍尔斯、赫伯特·金迪斯,《社会资本和共同体治理》,参见赫伯特·金迪斯、萨姆·鲍尔斯等著:《人类的趋社会性及其研究:一个超越经济学的经济分析》,浙江大学跨学科社会科学研究中心译,上海人民出版社,2006年,第82~85页。他们还在另一处(即该书的第92页)指出,共同体的兴起、消亡和变革,并不是由早些时期所遗留的价值观,而是由共同体的能力所造成的。

实际制度运行和改进方法的公开讨论为基础的。①请注意这里所提到的"政府承诺""公开讨论""希望尽其所能地消除那些显而易见的不公正"等，这些就是"善治"基层的主要内容，即其并不是远在天边的乌托邦。根据其他先进国家的经验，在实现了"基层自治"与"百姓自理"的范围内，会逐渐消除严重的腐败、环境污染、公德败坏等现象，而那些不正常的或常识之外的现象（如严重的侵权行为、为发展"经济"而一些地方政府公然与污染企业相勾结等）绝不可能像一些基层社会中所看到的那么嚣张。也就是说，通过政府承诺（尤其是宪法所规定的自由和权利）和公开讨论等途径，消除基层社会中存在的显而易见的不公正是完全可能的。

从本书主旨的角度上看，"基层自治"与"百姓自理"的最大意义却在于，其可开启与以往不同的问责机制和国家治理现代化的新途径，并拓展为此所必需的实实在在的空间。根据国家治理及其现代化，以及先进国家的基本情况，可以肯定认为，很难想象没有"基层自治"与"百姓自理"的国家治理现代化。

五、批判与问责

（一）省察与进步

但凡中国人都知道曾参所说的"吾日三省吾身"（《论语·学而》），而孔子的"见贤思齐焉，见不贤而自内省也"（《论语·里仁》）则更清晰地表达了自我省察的要求。在这里，自我省察就是以自己所定的"标准"（对于曾子而言，为人谋而不忠乎？与朋友交而不信乎？传不习乎？）来审视自我，即以批判的态度来察看自己，如果发现不当之处即采取纠正措施，从而将自己的言行及心态等保持在自己所认定的基准上。这里借孔子和曾参之语来要引申的话题就是，作为个人的进步要通过经常的反省来推动，何况是一定的共同体，即社会共同体必须要通过经常的"反省"来提升自己。当然，由众多个体组成的共同体与个人之间存在着很大区别。但是无论个人还是共同体，都要以某种反省或（自我）批判来提升自己，这是不可否认的。在此要强调的是，任何共同体的完善过程必须以某种问责机制的存在为前提，而这里的问责机制同批判机制之间存在着明显的相通性或密切联系。

明确地将批判意识及其相关机制与责任问题联系起来并说明政府问责制

---

① 参见[印]阿玛蒂亚·森著：《正义的理念》，王磊、李航译，中国人民大学出版社，2013年，第1页、第249页。

的想法,是从怀特海的如下一段精彩观点受到的启示:在人类生活中那种唤起高贵的不满之情的因素乃是一种逐渐显露的批判意识,这种批判意识根植于对美的鉴赏,对理智的分辨力及责任的肯定的评价,而不满是文明的牛虻,因为不满的价值乃在于这样一种希望,即永不放弃对完美的期望(实际上,这里"完美的期望"是一个"自我超越的目标")①,而理性的增长就是在节制想象性享有中增加批判性判断的重要性。②这里的逻辑是,预设经过深思熟虑的某种"完美"目标,而没有达到这一"完美"目标的不满作为"牛虻"来"骚扰"自我(即"牛虻"的批判功能),社会的文明程度由此得到提升。换言之,这里的"完美"目标是判断现实的基准或尺度,以此来审视社会现实或行动者的言行,并判断"完美"的理想与现实的差距及其原因,从而采取相应措施来完善共同体。为了更好地理解上一段话的含义,有必要了解怀特海关于"美"的如下定义:经验事态中诸因素的相互适应,即相互之间不存在相互的阻碍,而在综合体的联结引导出客观内容与客观内容之间的新的对比, 这种对照引进了对每种感觉而言都是自然的、新的、保形的强度,由此部分对整体的巨量感受有所贡献,而整体对部分的感受度也有所贡献,因此美被定义为协和的完善。虽然这种"美"当然可以包括其他的"美",如美人、美丽的花园或自然等,但从本书的角度上看,这实际上是一定社会共同体的和谐之美。真正的和谐是这样一种状态,即作为整体之部分之间存在着正向的相互适应和促进关系,部分和整体之间亦如是,而这种关系是以各部分及整体和部分之间等,都以某种程度的相对独立性(即"客观内容",虽有区别且有各自的存在价值,而且是客观实在)为前提的平等关系为基调的和平相处,并在这种状态下的相互适应和促进发展。

在社会领域,这种和谐显然排除了暴力,即不"以大欺小"或"仗势压人"。排除了强制方式,那么只能采取和平的方式,这就是围绕某种公共问题或政策议题要采取理性讨论的方式,这实际上也是共同体的批判机制。而上引"对理智的分辨力及责任的肯定的评价",实际上与吕森所说的如下一段话是一脉相通的:

① 参见［英］艾尔弗雷德·诺思·怀特海著:《观念的历险》,洪伟译,上海译文出版社,2013年,第11~12页,第82页。而下述怀特海关于"美"的论述,来自该书的第240~251页。显然,他关于美的说明远远超出了通常所理解的 "美学" 的范围, 即完全可以将其理解为如何建设美好社会或文明社会的意义上的"美",即广义上的和谐之美。

② 参见［英］怀特海著:《过程与实在——宇宙论研究》,李步楼译,商务印书馆,2011年,第276页。

人对自己的作为或不作为负有责任,责任迫使个体和超越个体的行动主体面对他们应做或不该做的事情或曾经应做事情的观念,也是理解和解释人类作为和不作为的一个着眼点。当一个人类群体基本剥夺了另一个人类群体的人的价值,并进行灭绝种族的行动使之合法化,那么这一群体就丧失了它人类归属性的历史"自我"①。在这里,"应做"或"不该做"的观念就是判断某种作为和不作为的标准,也是衡量人类个体或集体行动之"合法性"的基础。在这种意义上可以说,没有责任感的人可视为已经放弃了做人的资格,而这一点对于占据某一角色或地位的(政府及其官员等包括在内)行动者也同样有效。我们知道,"自我"是通过省察自己及所属类群的对比中型塑的,因此"对理智的分辨力及责任的肯定的评价"之进步程度(相关观念上的,也是评价的价值基准),可以等同于文明化的程度。

(二)批判的制度化

金荣枰在评介西蒙的程序合理性理论时曾经提到"批判的制度化"概念,其是程序能够合理的条件之一。所谓批判的制度化,就是在决策过程中,把各参与者所揭示的政策方案互相进行批判的机会以程序的方式制度化。批判是理性判断的出发点。在决策程序的诸多阶段上,指出其不适当的推理和观点,从而排除不适当的方案,这就是批判的制度化。没有批判的程序很难说是合理的。因为,这难以得到排除在某种政策方案上可能出现的独断和偏见的机会。通过批判的制度化,即使不能寻找最佳方案,但能够排除最坏方案。允许批判,将促进体制学习。②批判的制度化虽然是在讨论决策过程的角度上提出的,但由于决策在一定共同体中所具有的重要意义,也可以将其视为完善共同体的条件之一。

批判必须以分析为基础③,而分析要符合逻辑。因此,尽管某种观点或奇思妙想可能来自"灵感"或感性甚至激情,但分析的过程只能是理性思维的过程,或者说,是找寻能够让其他人接受某种观点或方案的理由的过程,选择共同体

　　①　[德]约恩·吕森著:《历史思考的新途径》,綦甲福、来炯译,上海人民出版社,2005年,第203页、第209页。吕森在该书的第255页又指出,只有当过去获得一个不同的质,未来才会和现在有所不同,才不会陷入乌托邦的状态。怎样才能激发过去,使它和现在的生活关系中的自我理解和一维性相反? 其实很简单:将历史的回忆与现在的新的导向需求相联系。必须由现在对历史回忆提出质疑,使它变成现在的一个变革的运动的基础。对于这一回忆的功能,起关键作用的是批评的元素。

　　②　[韩]吴锡泓、金荣枰编著:《政策学的主要理论》,金东日译,复旦大学出版社,2005年,第14页。

　　③　[英]安东尼·吉登斯著:《批判的社会学导论》,郭忠华译,上海译文出版社,2007年,第17页。

领导人也具有同样的性质。因此,无论是批判还是决策过程,都必须采取理性讨论的形式(尤其是在与暴力或强制相对的意义上)。实际上,理性讨论是排除了暴力或强制,是在公平、公正的环境下,而且是在社会的"众目睽睽之下"以和平的方式来解决实际问题的过程。从大的趋势来看,世界的创立,也就是说,具有文明秩序的世界是劝导战胜强力的胜利。①这是毫无疑问的。而从政策过程的角度上看,最好的决策方式就是民主,因为只有在这一机制下,才能最有效地动员不同的价值观、立场、专业、观点、利益等,从而作出较为全面的决策,而且排除最坏的政策方案或最差的候选人。也就是说,无论在完善共同体的问题上还是公共领域的"善治"方面,排除暴力或强制的理性讨论的价值和地位是不可否认的。

批判需要有一个前提,这就是宽容。正如伯林在评述穆勒的思想时所指出的,没有宽容,理性批判和合理责难的条件就会被摧毁。我们可能带着激情与仇恨争辩、攻击、拒绝、责难,但是我们不会压制或者倾轧,因为压制和倾轧将毁灭善恶,这等于是集体性的道德与理智自杀。②正是由于这一原因,上述的理性讨论需要前提条件,即要充分保障公民和言论媒体的自由和权利。森关于新闻与媒体对我们生活质量所做出的贡献的如下经典概括,有助于我们理解基于自由和权利的批判及公共讨论对社会"善治"和提升百姓生活质量方面所具有的真正价值:缺乏自由的媒体和压制人们相互沟通的能力,其后果是直接降低人们的生活质量;在传播知识和允许批判性的审思上,新闻发挥了重要的信息作用;在使被忽视者和弱势人群发出自己的声音方面,媒体自由有着重要的保护功能,这非常有助于人类安全;开明而不受限制的价值观形成需要开放的交流和辩论;一个运行良好的媒体在促进公共理性方面一般都起着至关重要的作用,而对正义的评价和追求不只是孤立的工作,也是一个互动的过程。③森在另一本书指出(在评价阿罗的"不可能定理"时),阿罗的定理表明,什么是可能的、什么是不可能的,关键取决于在进行社会决策时实际采用哪些信息。通过扩大信息基础,就有可能得到社会和经济评价的连贯的和一致的决策标准。公共政策的作用不仅在于实施那些从社会价值标准和认同中产生的优先顺序,而且在于推

---

①　参见[英]艾尔弗雷德·诺思·怀特海著:《观念的历险》,洪伟译,上海译文出版社,2013年,第25页。

②　参见[英]以赛亚·伯林著:《自由论》,胡传胜译,译林出版社,2011年,第233页。

③　参见[印]阿玛蒂亚·森著:《正义的理念》,王磊、李航译,中国人民大学出版社,2013年,第312~313页。

广和保障更充分的公共讨论。①无疑，政府诚信或公众对政府的期待等，都要建立在相关信息的广泛交流和共享的基础之上，在此基础上的决策才能得到社会的广泛支持，而这也是政务公开和透明要求的价值所在。互动意味着围绕公共问题的相互作用，这当然要通过与公共问题相关的言行。在此重要的是能够保障这种言行的自由和权利，而宽容的必要性即在于此。很难想象，在公民自由和权利没有得到保障的情况下，一个共同体能够开展充分的理性讨论和健康的批判过程。

还有，对共同体而言，批判是自我的（不同共同体之间当然也可以开展批判性的互动和交流，但这也可以看作是更大范围内乃至人类共同体的"自我批判"），但对共同体内部来说，只能成为各参与者之间的相互批判。这一过程当然不排除各参与者个人的自我反省，即自我批判。而且在据理批判某一特定人或特定集团的过程中，社会的"旁观者"也受到教育。实际上，这里的旁观者也是参与者。当然，相互批判免不了攻击对方甚至恶意揭丑的言行，从而参与其中的人会受到伤害，但在据理的批判与反驳的过程中能够明辨是非与善恶，而整个共同体将由此得到净化和提升。因为局部互动的参与者会导致全局范围的影响②，虽然这种影响因议题等因素的不同而会有区别。公共讨论的重大"意外收获"（也是公共讨论应有的价值）就在于此。在这一问题上，我们有必要分开个别意见和经由公共讨论而产生的意见，两者之间存在着巨大的差别。因为前者只是"私见"，而后者是批判和理性讨论的结果。意见是在一个公开讨论和公众论战的过程中形成的，没有机会形成意见的地方，有的只是情绪，而不是意见。③

另外，在公共讨论中也会出现截然不同或相互对立的两种或更多的观点，由此可能导致共同体发展方向或政策方面的动摇和阻碍，从而降低政府运行效率，甚至可能发生共同体的分裂等情况，这也是反对或怀疑所谓"民主"（民主绝不是"投票"那么简单，笔者关于民主的理解参见本书第三章最后部分的相关内容）的人们通常提出的理由之一。但是，我们关于这一问题的立场是，通过法律（包括适当的权限划分及其相关规定）和相关程序（投票也是解决此类问题的重

---

① 参见[印]阿玛蒂亚·森著：《以自由看待发展》，任赜、于真译，中国人民大学出版社，2002年，第254页。

② 参见[美]罗伯特·阿克塞尔罗德著：《合作的复杂性：基于参与者竞争与合作的模型》，梁捷等译，上海人民出版社，2008年，第2页。

③ 参见[美]汉娜·阿伦特著：《论革命》，陈周旺译，译林出版社，2011年，第252~253页。

要程序之一)可以克服这一问题,而且即便有发展方向上存在着严重分歧并由此出现上述负面影响,也比在错误的方向上采取坚定而统一的行动来走下去要好得多,因为这会带来无可挽回的灾难性后果。有关这方面的例证,在中外现代历史上是很多的。

(三)竞争与合作

在上引各种观点中,"完美"的标准及反省或批判的理由来自相关领域中已经获得的知识,也是对"现状"而言更高的要求,而这种要求和为此的努力是发展的动力。在其他条件基本相同的情况下,对于行动者来说,能够更早认识到这种要求并付出相关努力的行动者与其他同类行动者相比,其生存和发展肯定更能适应环境且发展得更好。这就是竞争。这种意义上的竞争是有输赢的,也有所分得利益多寡的问题,其竞争主体也是宽泛意义上的,即有个体间的和集体间或共同体之间的。当然,也可以根据竞争的目的,即为私益还是为公益来划分不同的竞争,还可以根据合规则性程度来予以分类。竞争还可以根据其他依据(如竞争的方式、激烈程度、参与者的多寡等)做更多的分类。在此要强调的,是根据竞争的目的或对象而做的分类和合规则性程度(其决定竞争所采取的方式及其公平与否)问题。在经验世界中,根据行动的目的是基于公益还是为了分赃,能够给共同体带来或发展繁荣或两败俱伤的后果,甚至出现共同体的倒退或毁灭等截然不同的结果。这里的目的或对象及相关行动的后果,是如何定性某种竞争行动的评价标准问题,而合规则性实际上是如何保障竞争行动基于公益的问题。这里所说的目的或对象,是指行动的准则或出发点是法律还是私人间的"义气",或其是公共正义还是私人感情,或为谋取更高、更实惠的职位而对某一"靠山"的"排队"上的,还是以真正实力并基于公正且公开的竞争等。

实际上,竞争是与合作相对的概念,竞争关系的核心概念是"替代性",而合作关系的核心概念是"互补性"[①]。但我们知道,竞争中也可以合作(即基本竞争关系中的部分合作),反之亦然。关于竞争与合作的关系,阿克塞尔罗德提出了更深层次的观点。他说,扩大可能的合作方式,即意味着扩大可能的竞争方式。

---

① 参见汪丁丁:《何谓"社会科学根本问题"?——为"跨学科社会科学研究论丛"序》;汪丁丁、罗卫东、叶航:《人类合作秩序的起源与演化》(导读一)。[美]萨姆·鲍尔斯、赫伯特·金迪斯:《人类合作的起源》,见赫伯特·金迪斯、萨姆·鲍尔斯等著:《人类的趋社会性及其研究:一个超越经济学的经济分析》,上海人民出版社,2006年。汪丁丁是从语义出发解释,"合作"关系在经验世界里与"竞争"相对比构成了足够显著的差异。

合作的程度如何在有些时候会导致独立参与者放弃大部分的独立性，这是一个更深刻的问题。放弃独立性的结果是在新层次上形成组织，作为一个新的独立参与者行动。①也就是说，合作与竞争是和行动者的独立性或从属与否某一共同体及其程度密切相关，也有如何判断组织或共同体的边界的问题。而且这也是"承诺"及对其恪守程度的问题，即保持独立性或从属与否某一共同体，是将行动者的自主性以什么条件、在何种问题上保持多少的问题，而这在很大程度上决定所采取的行动是合作性的还是竞争性的。当然，无论是合作还是竞争，都必须在相关的规则上进行，因此这一问题又必然与能否恪守行动者达成某种共识的规则的承诺问题密切相关。权利和法律保障人们共同生活的领域，并只有在这个受国家保护的空间里，自由和政治行动才成为可能。②阿伦特非常清楚地表明，竞争与政治相似，要求延续性；而共同竞争的延续性和公共性空间的集体规则则是竞争延续性的前提。③实际上，就这里所说的规则的意义而言，对于合作也同样适用。

个体表现合作的倾向通常依赖于对他们交往的人的认同，"内部人"优于"外部人"。④换言之，人们在认同或利益的互惠关系上通常会合作，而与之相反的状况下就会竞争。还有，我们知道，集体间的竞争通常采取自我强化逻辑（特别是在该共同体所认同的共同利益和核心价值方面），并通过组织纪律来约束和管理其成员的行动。这种情况使得"内部人"之间难以进行坦诚或"恶意"的批判（与"外部人"的关系相比），甚至常常发生"内部人"之间相互包庇的现象，由此会降低该集体自我省察的能力，从而容易陷入集体思维误区。这种情况往往在竞争激烈（尤其是"生死攸关"的竞争）且"可替代性"较强时出现。因此，在公

---

① 参见[美]罗伯特·阿克塞尔罗德著：《合作的复杂性：基于参与者竞争与合作的模型》，梁捷等译，上海人民出版社，2008年，英文版序言第2页、第6页。

② 参见玛丽·路易·科诺特：第四章第41节《承诺》，见[德]沃尔夫冈·霍尔、贝恩德·海特尔、斯特凡尼·罗森穆勒主编：《阿伦特手册：生平·著作·影响》，王旭、寇瑛译，社会科学文献出版社，2015年，第572页。

③ 参见约翰–沃尔夫·阿克曼、邦尼·霍尼希：第五章第1节《竞争》，见[德]沃尔夫冈·霍尔、贝恩德·海特尔、斯特凡尼·罗森穆勒主编：《阿伦特手册：生平·著作·影响》，王旭、寇瑛译，社会科学文献出版社，2015年，第598页。

④ 参见[美]萨姆·鲍尔斯、赫伯特·金迪斯：《人类合作的起源》，见赫伯特·金迪斯、萨姆·鲍尔斯等著：《人类的趋社会性及其研究：一个超越经济学的经济分析》，浙江大学跨学科社会科学研究中心译，上海人民出版社，2006年，第61页。

共问题上或为共同体的发展着想,需要有一个或多个为反对而反对的"反对派"(即合法的反对派,也是承担"批判"功能的某些群体)。在现实中,前述的知识界、言论界、宗教界等"三界"恰好符合这种"反对派"的条件,因为其基本本分之一就是揭露现实和不当现象,而且不具备与政权的"替代性"竞争性质(当然,这以政权的适当边界为前提,即如果政权具有比较典型的"全面性",那么这种判断就将无效),而此三界内部的公开竞争是参与者和"观众"都能接受的公理或"经典"(这意味着,其"竞争"的根据本质上是开放的),因此其内部竞争(即如果此"三界"的个别成员到其他领域去参与竞争,那么由于竞争的根据就必须以其参与领域的逻辑来界定,因此是另当别论的话题)只能有利于相关共同体的发展。这种意义上还可以说,没有"反对派"或批判机制的共同体是危险的。在此借用怀特海的如下一段话来理解批判或反对所具有的价值:伟大的观念在进入现实世界时,会伴随着邪恶和令人讨厌的附属物。但是它们的伟大依旧存在,促使人类缓慢进步。宗教的终极理想仍是现实的长期不变的批判者,并且它们自称是自己的捍卫者。[1]如果我们将此处的"宗教"换成"正义"或"良知"(即真正的"三界"群体),那么怀特海的这句话可以适用于任何人类共同体。

问题的关键在于,如何将合作或竞争导向于共同体的发展上,即如何才能通过合作或竞争来促进共同体或社会的进步,其判断依据又应该是什么? 笔者觉得,其判断的基本标准必须放在上引怀特海的"美"的状态。通过合作或竞争能否达到或接近这种"美",总的来说主要取决于两个方面,即心智结构和公平规则。心智结构意味着认知水平和心态能否具备某一共同体发展(即为真正的公益)所必需的知识和心态,而这在实践中要看其共同体是否具备健全的公共讨论或批判的制度。而公平规则要求的是,在共同体中制定和实施的规则不得以有利于参与合作或竞争的某一方行动者的状态来打造,即合作或竞争的平台不得倾斜或扭曲。但是,在此必须强调指出,即便具备了上述的心智结构和公平规则,如果缺乏恪守承诺的各种安排,那么任何心智结构、伟大思想、公开标榜、规则都将毫无价值。因为,在现实中有可能出现对某种价值的"被迫"公开标榜却实际上采取与之相悖的行动,而规则是不能自我维系的。真正能够实现恪守承诺的根本途径在于,迫使各种行动者(尤其是强势行动者)在自己的权限范围内行动,而公共领域中的行动要尽可能公开。

---

[1] [英]艾尔弗雷德·诺思·怀特海著:《观念的历险》,洪伟译,上海译文出版社,2013年,第19页。

六、僵局及其破解之道

(一)机制间的嵌套

"机制非实体"，即机制是不能作出行动的，机制的"本分"就是明确规定一定领域类行为的参与者或行动者(即行动实体)所必需的各种权利和义务，而为实现这些权利和义务或一定类行为相关的问责目的的各种程序和轨道，就是问责机制。这意味着，机制这一平台的构建者必须要权衡将在这一平台上行动的各参与者的利益和权力，更要合理地安排与责任和义务相应的维系系统和补救措施(包括改革程序等)，而这些相关的内容均要合理地反映在具体的制度中。

我们仅就考虑与共同体(即包括政府在内的各种组织或社会领域)相关的责任与问责，并后缀"机制"一词的就已经很多：诸如，组织或社会领域为了生存和发展，要构建传承"自我"的各种机制(效仿和适应并融入组织或社会的机制)，如辨认边界及身份认同的机制，而且这些过程要借助某种合法化、程序、途径、仪式、象征，以及淘汰或退出有碍于组织和社会领域的成员的机制等，以确保"自我"的整体性和存在价值(在此就不必提为完善某种共同体而常用的所谓统治机制和治理机制等)。为了保全和传承组织和社会领域，还需要生产、分配、消费各种产品及资源的机制(包括供给、交易、流通、价格、救济、分工、反馈等机制)，而这里的产品和资源除了物质上的以外，还包括信息、知识、政策等方面的。还有，在经济的、政治的、学术的等组织和社会领域中，不仅上述各种机制都存在，还需要相互间建立信任关系的机制，以及给组织和社会领域注入活力的竞争机制。而且为了保持动态而长久的生存，组织和社会领域要具备遏制垄断的制衡机制，还需要启动改革和变化及传播和扩散其成果的机制，与此相关的还有学习机制。除了上述保存和维系自我的机制，以及学习和发展等方面的机制之外，还有不少机制是所有组织和社会领域中常见的，如沟通(包括信息沟通中的过滤机制)、缓解压力、化解冲突、政策(决策、执行、评估、终结等)、政策或制度间的互补、政策或制度间的捆绑或松绑、归因、补偿、应急、选拔和用人、审查、惩罚和奖励、认知和辨识、合作与协商等方面的机制。不仅这些机制都与责任和问责相关，而且这些机制的正常运行又取决于问责机制的正常启动和运行。当然，问责机制又以上述各种机制的正常运行为条件。

以上说明，与责任和问责机制相关的上述众多机制都相互嵌套在一起，而且每一种机制中又有极为复杂的利益和权力关系，由此形成某种"僵局"。因此，在其他机制都还"原封不动"的情况下要完善或提升某一机制,几乎是不可能的。这一点在改革户口制度的艰难过程中我们也可以领略一二。[①]如果再加上传统文化和惯例及关系网络很发达、利益和权力结构固化的程度较高等情况,那么某一机制的改革多么艰巨是可想而知的。从这一角度上看,由于机制间的密切关系,在机制变迁的问题上可能采取协同进化或"同步"退化的方式。也就是说,由于机制间的关系"锁定"效应,某一机制单独发生改变的可能性并不大。以上机制间的嵌套关系也可以视为奥尔森所说的"制度僵化症"[②]。

(二)机制变化的可能性

那么我们还可以考虑构成机制的要素发生变化而改变某一机制的可能性问题,如通过去制度化或再制度化、利益关系的调整、权力结构的变化等能否达到某一机制的改革目的? 我们不能排除这种可能性,其典型就是中国农村经济改革,但这需要具体分析这一过程是怎么发生的。简要地说,由于在原先管理模式下很难获得利益(无论是农民还是相关领域的管理者),但又被管理模式牢牢控制(权力影响),因此只能冒险采取秘密的方式"调整"了相关行动领域的制度。这一变化提供了利益诱致导向,引发了相关机制(如利益分配机制等)的变化。在这里,重要的是作为行动者的个人(即几个农民)经验学习和付诸实际的秘密方式。我们知道,在当时的政治形势下,如果农民的改革行动被压制(如那些农民被抓起来或不许进一步扩散土地承包方式),或没有痛苦的学习效果(从极度的贫困和"三自一包"中学到的痛苦与甜头),那么迈向这一变化实际上是不可能的。另一方面也必须看到,从逻辑上讲,仅限于三个构成要素的变化并没有超出机制范围,如果达到或超出了这一范围,就不是作为机制要素的调整问题,而是机制或体制的改革问题(即后来的农村经济体制改革)。可见,通过这种"微观"层面上的调整来实现机制变化的可能性需要特殊的条件——学习和实施方式,或至少没有受到机制和体制的限制或打压,从而获得发生变化的"空间"。由此也可以明白,"微观"层面受制于中观或宏观层面。换言之,如果当时的相关机制和体制都正常启动并发挥了作用,那么至少不会遇上引发一系列改革

---

①　参见朱光喜:《政策粘嵌及分离研究——以当代中国户籍政策变迁为中心案例》,南开大学博士论文,2014年。

②　[美]曼瑟·奥尔森著:《国家的兴衰:经济增长、滞涨和社会僵化》,李增刚译,上海人民出版社,2007年,第77页。

的契机,或只能等到其他难以预料的契机的出现。

因此,机制变化的可能性基本上要关注以下两种情况:其一,战争或重大的外部冲击使这种"僵局"被打破;其二就是体制改革。第一个情况并不是我们所希望的,而且其又通常是"不期而至"(当然,"不期而至"的不一定都是坏的,上述的农村经济改革契机也是"不期而至"的,而且我们也要充分考虑"创造性破坏"可能带来的新的生机或出路),因此这里主要讨论后一种情况。

关于第二种可以改变的可能性还要具体分析以下两种情况:一种情况是,像韩国和苏联等国家的体制改革。这是在社会经济等方面的巨大压力下,原体制的核心领导层发生分裂或动摇,并(自愿或被迫)与社会其他势力达成某种合意而完成的体制转型。另一种情况的典型就是中国。由于某种压力(国民经济濒临崩溃),经济体制中的某一次级体制(如农村经济体制)"悄悄地"发生变化,不管其变化是被逼无奈(当时的一些农民)的还是"睁一只眼闭一只眼"的试错或宽容(无论当时当地当政者有意识地"放任"农民的行动来寻找解决问题的途径,还是因为体会到当时农民的生活状况而出于怜悯之心,或出于现实困境的无奈之举),还有后来的核心领导层达成某种合意(这一过程当然伴随着权力斗争),而由此发生的变化给其他领域的一些变化提供利益诱导,从而带来城市经济改革。这里需要注意的是,这实际上是利用不同体制间的"隔离"效应的措施,即不同体制间的相对隔离缓解了体制改革所带来的冲击(因此避免了"休克疗法"可能产生或在原苏联产生的混乱)。这里所说的"隔离"效应同社会学上所论的"制度秩序的区隔化,特定类型的个体作出特定的行为"①有些类似,但显然不是同一层次的问题。

如上所述,20世纪70年代末的经济状况逼着一些农民改变了生产方式(即农村经济行为模式上的改革),但实际上是秘密"行使"了不被允许的"自主权",由此引发了中国经济的一系列改革。市场体制以经济主体的自主权为前提,但现有的其他体制(政治的、行政的、社会管理的等)则限制行动者的自主权。问题在于,虽然这里所提到的体制及其领域都有自己的核心价值和运行逻辑,因此一定程度上能够获得"隔离"效应,但各领域又不可能处在"密不透风"的相互隔离状态,相互间的联系和交流是必然的,由此会必然引发其他领域的某种变化。但产生这种变化的根本原因就在于此,由于体制的整体性和与意识形态和权力

---

① [美]彼得·伯格、托马斯·卢克曼著:《现实的社会构建》,汪涌译,北京大学出版社,2009年,第68页。

核心的密切关联性等特征,只要上升到体制层面的任何问题都是政治性的。我们必须清醒地认识到这一点,即这是无法回避的问题。因此,这种对行动者自主权的放宽与限制本身已经包含着"不可调和"的矛盾,而这种矛盾的直接"承受者"就是政权,但其"受害者"是整个国家和社会的进步(特别是经济领域之外的自主权限制给相关领域的进步所造成的羁绊及其后果,如相关领域的停滞不前)。这绝不是危言耸听,而是我们必须正视的事实。

不管对中国经济体制作出什么样的判断,走向市场体制的大方向是不可否认的。而经济在整个国家中所具有的意义和其对其他领域的渗透性,说明经济领域中已经出现的体制和机制变化及由此向其他领域提出的要求,已经成为不可回避的问题了。在众多相互交织在一起的机制中,被推到上述矛盾之"风口浪尖"上的,就是问责机制。

(三)体制的"节点"

正是由于以上理由,在第一章中提到要充分利用体制的"节点",即我们要认真考虑县政及其以下实行与以往不同的问责机制。

所谓"节点"是指,在较大规模的组织或社会领域中,因不同性质的运行逻辑或所追求的核心价值不同,必然地分成不同的范围(由此产生不同组织或社会领域的基本性质和运行方式的不同体制,而由于性质和规模的不同,体制是有"大小"的),但又由于组织或社会的整体性和相互交流的必要性,这些组织或社会领域还需保持范围间的相互联系,这些不同范围的分节处和连接处,就是这里所说的"节点"。在某种意义上,也可以将"节点"看作是组织部门或社会不同领域间的"边界",但"边界"给我们的语感上具有更僵硬的意味,其又具有以某一领域为"中心"的边缘含义,而且在寻找灵便多样的改革关键点或突破口的问题上,"节点"或许给我们提供更恰切的意蕴。显然在组织或社会领域中,"节点"有纵横两个方面的,而在本书中强调的是其一定的"隔离"效应。

在逻辑上,现在我们面临的问题是,机制间的嵌套而形成错综复杂的关系,使得我们的改革思路陷入了某种"僵局",但因体制的整体性特征而如果出现"体制无效"或体制转型过程中"断档"等情况,又可能引起"全面"失序。但是由于现实中存在的问题以及与先进国家的各种差距,迫使我们必须改革。一句话,既要稳定也要改革。为了摆脱这一困境而寻找到的,就是"节点"的"隔离"效应。但是我们也要清醒地看到,"节点"效应只有相对的"隔离"效应,其本身不能给我们提供完善组织或社会状态的方向,以及构建与以往不同的问责机制(包括其他机制在内)的任何基础。

从以上各方面的讨论中,我们已经知道了与以往不同的问责机制在国家治理现代化中的重要意义,而能够满足"既要稳定也要改革"要求的,就是利用县级这一"节点"推行改革。通过这一改革要达到的,就是"基层自治"与"百姓自理"的状态(即满足改革要求),但通过县政这一"节点"来赢得缓冲效应(即满足稳定的要求)。这种状态的实现可能带来一定的风险。但是可以肯定,冒险有时是必要的,而且很多先进国家都经历过社会实践上的不少冒险才达到如今的境地。正如怀特海所说,一个种族只要对已经做到的和可能做到的有一个真正的比较,在活力的鼓舞下超越过去最稳妥的东西,它就会保持自己的活力。没有冒险,文明也就完全地衰退,因此冒险属于文明的本质,而活生生的文明需要学习,但又超越它。①

一个共同体的成员被要求对他没有参与但却是以他的名义做的事情负责,对那些我们不曾做过的事情的后果的毅然承受,是我们为作为一个共同体成员的事实而必须付出的代价(前引阿伦特之语)。这里的"毅然承受",绝不仅仅是对自己"名义"的责任问题,还更要强调作为共同体成员而对共同体的责任,但这是以其成员的自由和权利为前提。实际上,以上所论体制间关系和机制间关系问题,是只限于共同体的话题,私人领域不可能提出这一问题。这就意味着,改革和完善问责机制的问题,必将涉及并终将取决于公民的自由和权利。

七、平台的重修与行动者的权利

(一)现代化的基石

在 21 世纪,如何为繁荣而治理,可能就是最重要的政策问题。②如上所述,中国的经济从崩溃边缘发展到如今的伟大成就,一言以蔽之,其原因就是通过政府原有的经济管理权力逐步落实到经济主体——企业那里,并在这一过程中实现了向市场经济体制的转型(当然还有不完善的部分)。换言之,向市场经济体制的转型改变了原有经济运行方式并给相关领域的行动者提供了平台,而从

---

① 参见［英］艾尔弗雷德·诺思·怀特海著：《观念的历险》,洪伟译,上海译文出版社,2013年,第265~266页、第281页。

② 参见［美］布鲁斯·布恩诺·德·梅斯奎塔、希尔顿·L.鲁特：《当坏的经济成为好的政治》,布鲁斯·布恩诺·德·梅斯奎塔、希尔顿·L.鲁特著：《繁荣的治理之道》,叶娟丽、王鑫译,中国人民大学出版社,2007年,第26页。

政府那里获得自主权的企业(即行动者)在这一平台上尽可追逐利润(利益诱导所致),促成了当今中国的经济状态。其成就与尚存问题,均可通过考察这一平台和行动者的状态来予以说明或得到解释。逻辑上,这就是在图1-1中所说的解决问题的两个(不同思路)方面的具体体现。实际上,这里所涉及的经济主体的自主权和市场体制的关系中,已经包含着改革开放后的中国经济飞速发展(即经济现代化,见页下注释中福格尔的相关观点)的秘密。

笔者曾经在一篇论文中指出①,在西方国家现代化进程中,市场、企业组织、②行政(从政治独立出来并主要采取官僚制形式)的产生及其作用是难以截然分开的同一个过程,而正是这三者之间所形成的相辅相成的关系谱写出西方现代化过程的。在现代的市场体制、企业组织、公共行政三者之间具有密切的内在联系,其主要表现在合理性与抽象的法规上。也就是说,经济现代化的程度虽然直接取决于经济效率的提高,但这种效率根本上来自遵守抽象的法规(合法性)和做出符合理性的行为(合理性)。因此,合理性和合法性是贯通于现代的市场、企业、行政中的两条基本轴线,也是衡量现代化程度的两个主要尺度,因此是现代化的两块基石。有必要说明,这里所说的"抽象的法规"是宽泛意义上的,是指在一定领域中经过长期的知识积累而形成可遵循的规则,特别是与"人的主观随意性"相对意义上的概念,因此有也与同样宽泛意义上的"合法性"相通的含义。故在此将"抽象的法规"和"合法性"两个概念混着使用。还有合理性是以某种公理为前提的推理过程,即符合理性的程度。因此这里的合法性和合理性两个概念之间存在着内在联系。顺便多说一句,这里所说的知识是包括关于自然、人及其社会等方面的,亦即依照专业领域的逻辑可以广泛接受的所有知识(其中当然可能掺杂谬误),而我们理解和建构的世界只能取决于或反映的是,掌握这种

---

①　参见金东日:《合理性与合法性:现代化的两块基石》,《南开学报》,2005年第3期。

②　这是罗伯特·福格尔的观点。他指出,到1750年为止,东亚国家(主要是中国)远远领先于西方国家。但此后,西方国家不仅赶上而且远远超过了东亚国家。其主要原因有:一是,创造了能够把人力、资源、技术及资本聚集到生产目的上的企业组织;二是,建立了这些企业组织能够很好地生存和发展的环境,即市场经济体制。转引自[韩]宋丙洛著:《全球化和知识化时代的经济学》,金东日译,商务印书馆,2003年,第40页。而研究美国、英国、德国等国家的工业发展史之后,钱德勒认为,作为核心动力的是企业作为一个整体的组织能力,即只有当企业的各种设备和员工的技能得到合理的整合和协调的时候,企业才能发挥竞争力。参见[美]小艾尔弗雷德·钱德勒著:《规模与范围》,张逸人译,华夏出版社,2006年,第693~696页。某种意义上,钱德勒所说的组织能力,类似于福山所说的"体系合成"能力。

知识和将这种知识付诸实际的程度。这里还必须明确补充，在本书的研究范围内，这里的合法性和合理性是关涉平台与行动者两个方面的，而西方国家的现代化过程，实际上同前述欧洲"民族国家"的产生和发展过程是相合拍的。当然从不同的角度，可以选取不同的历史事件或因素来说明现代的发轫。①

如果按笔者所说的上述现代化逻辑，那么可以认为经济领域和公共领域上的逻辑是相通的。我们知道，上述欧洲国家的现代化过程实际上并不仅限于经济领域，其已经是公共领域的问题。

(二)活动空间何以显现

在公共领域，现代意义上的治理的含义是很清楚的，它并不是唯一的主体(政府)整治社会并达到所谓"盛世"(用孔飞力的话说，"盛世"是被人们当作"德政"的护符，用来装点官方文件)②的意思(这是中国传统王朝中以某一君主或地方官为主的"治世"之意，在这个意义上有些文章常常又与"治水"、治理环境、治理交通等方面的"治理"概念相混用)，而是通过各种社会行动者围绕公共问题而互动并达到社会更好状态的过程，这一过程当然要以和平的方式来展开。为此，需要相应的活动平台或空间和行动者的行动自由。正如森所指出的那样，自由不仅是发展的首要目的，也是发展的主要手段。自由的这种意义在发展中分别起到"建构性作用"和"工具性作用"，前者是关于实质自由对提升人们生活质量的重要性，实际上发展过程就是扩展人类自由的过程；而工具性自由则有政治自由、经济条件、社会机会、透明性保证、防护性保障，而这些工具性自由能够扩展人民的可行能力，它们也能互相补充，并进而相互强化。③毫无疑问，无论是国家治理还是社会治理，撇开这种自由是不可能达到的。从这个意义上可以说，

---

①　阿伦特认为，有三大事件站在现代的门槛上并决定了它的性质：美洲的发现和接着发生的、对整个地球的开发；宗教改革(这一事件让我们面临了"异化"现象)，通过对教会和修道院财产的褫夺个人财产和积累社会财富的双重过程；望远镜的发明和一种从宇宙角度来看待地球自然的新科学的发展。如她所说，这是发生在现代门槛上并规定其性质的"事件"，是"属于前现代的世界"(参见[美]汉娜·阿伦特著：《人的境况》，王寅丽译，上海人民出版社，2009年，第199~201页)，而不是决定现代化过程的决定性因素或贯穿于现代化的"轴线"，更不是前述欧洲"民族国家"或绝对主义国家向现代国家的转型过程中发生的三大"历史事件"(英国的"光荣革命"、法国大革命、美国的创建)。

②　参见[美]孔飞力著：《叫魂：1768年中国妖术大恐慌》，陈兼、刘昶译，上海三联书店，2016年，第33页。

③　参见[印]阿玛蒂亚·森著：《以自由看待发展》，任赜、于真译，中国人民大学出版社，2002年，第7页、第30~33页。

治理的本质，是真正还权于社会。但在此必须要强调，这里的社会绝不是地方政权，即必须防止重蹈经济改革时曾经出现的地方政府截下下放给企业和市场及社会的权力并从中谋利的现象。实际上，在"以经济建设为中心""发展是硬道理""以 GDP 论英雄""稳定压倒一切"等口号下，一些地方政府及其官员以这种"大帽子"吓唬人，并为自己滥用权力和腐化堕落找寻借口，而且"合法地"挤压环境保护和社会治理等部门的正常工作。

社会不是空洞的，在现代社会，它是由公民构成，而公民即意味着根据法律拥有权利和独立人格的行动者。在这里讨论公民及其权利的意义就在于，正如诺斯等人所指出的那样，公民的所有权利，不管是个人的、经济的、宗教的、民事的还是政治的，都意味着对政治官员行为的限制。如果政治官员们能够随意违反它们，则难以形成这些权利。[1]实际上，言论自由和民主运动自身起源于现代国家所实施的监督，监督领域是为自己的权利而进行斗争的场所。[2]正如在中国经济体制改革的简要考察中所看到的那样，如果行动者没有拥有在相关平台中行动的自由和权利，那么任何精致的平台都将毫无用处，更谈不上相关领域中取得什么成就。我们必须清醒地认识到，自由作为人的一种内在能力，与他开始做人的能力是一致的，正如自由作为一种政治现实，与人际活动的空间一致。[3]由此可以认为，行动者的活动空间即从人的行动自由和权利中才得以显现。阿伦特对"空间"的解释，堪称我们理解"城市国家"和"政治"等问题的一个典范：作为政治领域的城市国家不是地理位置上的城市国家，而是一种从人们的共同言说和行动中产生出来的人类组织，其真正的空间存在于为了这个目的而共同生活的人们之间，无论他们实际上在哪里。行动和言说在参与者当中创造的空间，几乎在任何地点都能找到它的恰当位置。丧失了这个空间意味着丧失了实在性，因为从人性和政治上来说，实在等同于显现。[4]毫无疑问，这种显现只能来自公民的行动。

---

① 参见[美]道格拉斯·C.诺斯、威廉·萨默希尔、巴里·R.韦恩加斯特：《秩序、无序和经济变化：拉美对北美》，布鲁斯·布恩诺·德·梅斯奎塔、希尔顿·L.鲁特著：《繁荣的治理之道》，叶娟丽、王鑫译，中国人民大学出版社，2007年，第26页。

② 参见[英]安东尼·吉登斯著：《现代性的后果》，田禾译，译林出版社，2011年，第140~141页。

③ 参见[美]汉娜·鄂兰著：《极权主义的起源》，林骧华译，时报出版公司，1995年，第651页。

④ 参见[美]汉娜·阿伦特著：《人的境况》，王寅丽译，上海人民出版社，2009年，第155~156页。

（三）完善地方政府问责机制的前提

公民的自由和权利所具有的意义决不仅限于对政府的监督。由公民构成的社会如果没有以自由和权利为基础的权力，其脆弱性是显而易见的，但其也包含着巨大的危险。正如孔飞力在讨论"受困扰社会"的特殊政治时所指出的那样，绝大多数人没有接近政治权力的机会，也就不能以此通过各自的利益相较去竞争社会资源，而有时人们便会到旧的帝制制度之外去寻求这种权力，其结果就是造反和革命。①阿伦特也提出了类似的观点。她说，"在一切伟大的革命中，民众为寻找真正的代表而战斗，暴民却总是叫喊要寻找'强人'或'伟大领袖'。因为暴民憎恨将他们排斥在外的社会，以及他们并未占领代表席位的国会"。这里所说的"暴民"就是"多余的人"。在阿伦特的思想中，"多余的人"具有非常重要的意义。在她那里，暴民是与人民（或民众）相对的概念来使用的，她关于暴民的解释是"代表了各个阶级的多余人物"，而且是上流社会和第三共和国的政治家们在一系列丑闻和大规模骗局中造就了法国暴民。②根据伯恩斯坦对阿伦特相关思想的解读，"根本恶"是与"把人变成多余的人"的现象有关，该现象就是 20 世纪主要政治事件已经造成了数百万人无家可归、没有国籍，而且遭到的是好像他们是彻底多余的人和可以随意处置的人，这就导致多余性——严重侵害人的基本权利的现实。正是基于这种认识出发，阿伦特认为最根本的权利就是"拥有权利的权利"，属于一个保护个人权利的共同体（即人们可以在这个共同体中实现自己的权利）的权利。③阿伦特的这一观点是在探讨极权主义的危险时提出的，而最根本也最惊人的多余性的典型体现，就是死亡集中营。但这在没有拥有以正当"权利"为基础并据此难以对社会发挥影响力的意义上，与孔飞力所说的"特殊政治"具有相通的含义。不为社会所接受的群体不得不或"自然地"在制度以外，在各种非法途径中寻求活路，在异端形式——地方团伙、秘密会社团体、流动匪帮——中寻求社会依附。④实际上，我们从"上访"热、砸坏日

---

① 参见［美］孔飞力著：《叫魂：1768年中国妖术大恐慌》，陈兼、刘昶译，上海三联书店，2016年，第287页。

② 参见［美］汉娜·鄂兰著：《极权主义的起源》，林骧华译，时报出版公司，1995年，第173~175页。

③ 参见［美］理查德·J.伯恩斯坦著：《根本恶》，王钦、朱康译，译林出版社，2015年，第253~255页。

④ 参见［美］孔飞力著：《中华帝国晚期的叛乱及其敌人：1796—1864年的军事化与社会结构》，谢亮生译，中国社会科学出版社，1990年，第53页。

本商标的轿车(2012年)等事件,以及近些年"灰黑社会势力"的增长中①,也可以看出孔飞力所言"特殊政治"或"暴民"等现象的端倪。毫无疑问,社会的组织化和专业化的发展,是遏止"特殊政治"发展的重要屏障,也是限制其活动空间的重要条件。如果我们再考虑在当今中国社会诚信和公德等方面的实际状况,社会自组织化的价值多么宝贵是无需多言的。就本质而言,社会的自组织化是社会治理的关键,而社会的自组织化以公民的自由和权利为前提。在缺乏这一关键和前提下,要通过某一政权的主导下达到社会治理的目的,是不可能的,世界上也没有这种先例,更不用说国家治理现代化。在这里,我们有必要记住鲍曼的如下观点:没有个体成员的自律,就没有社会的自律。唯有其成员被赋予了选择的权利与资源,而且不会将此权利让渡于他人,社会才是自律的,是自我选择与自我治理的。②

公民的自由和权利还有一个非常重要的价值在于,唯有在此基础上,才可以在公共领域中通过理性讨论来解决现实中所面临的种种问题,而且这也将促使公民承担起公共领域中的责任。正如森所说,进行选择的自由使我们能决定应该做什么,随之而来的是我们对于自己的行为的责任,因为这种行为是我们自主选择的。③根据法律所赋予的自由和权利来实现组织化和专业化的公民,围绕实实在在的公共问题进行充分的理性讨论,而不是简单的上级指示(往往是大家都知道的"大道理",只是经由上级而具备了权威性)或"长官意志"当作解决问题的"万能钥匙",那么不仅有助于真正解决现实问题,而且在这一过程中社会也将得到治理是毫无疑问的。这里所说的理性讨论是指,关注对方的观点,并围绕问题据理(包括"公理"在内的各种知识及相关领域的逻辑推理过程)主张和反驳的互动过程来尽可能达到某种共识的过程。只有通过理性讨论,才能在多元的价值观竞争中使得一个共同体的认识逐渐接近"真相"。正如吕森在讨论历史文化认同等问题时精辟地指出的那样,从简单地承认差异中迈出关键性的一步,把不同的视角带入到论证性的关联中,让这一关联开拓出全面的视角,

---

① 陈磊(最高人民法院副研究员)曾在苏北某市做过调研,根据他的描述,该市检察机关近年来立案查处的村官涉黑案件至少有五起,接收的举报数十起。参见陈磊:《中国农村政权组织涉黑化倾向及其遏制》,《政法论坛》,2014年第2期。

② 参见[英]齐格蒙·鲍曼著:《寻找政治》,洪涛等译,上海人民出版社,2006年,第128页。

③ 参见[印]阿玛蒂亚·森著:《正义的理念》,王磊、李航译,中国人民大学出版社,2013年,第16页。

避免单一性的出现。真相使人们有能力以一个特定的历史视角表达自己的认同，并接受一个或多个他者表达他们认同的不同的视角。理想的情况是，这一认可使得人们设计和形成一个全面的、不同认同都参与其中的、所有人都能接受的视角。①在这个意义上，动辄以某种政治口号（即"大帽子"）压人、不许对方据理反驳、根据某种权威人物及领导人的"语录"来恐吓对方等，都不是理性讨论。

自由还与宽容相连而具有更加深远的意义。不宽容的社会意味着某种"权威"人士或机构以自己的标准随意干预别人的行动领域，即不宽容的社会意味着与其程度相应地影响其范围内的人们的行动及其领域运行，因此相关领域的自由度比较低（与宽容的社会相比较）。因此，如果真正希望某一共同体繁荣昌盛，就必须保障尽可能的宽容，这也是政府的责任。正如怀特海所指出的那样，宽容的责任便是对于有待将来了解的无穷无尽的新颖事物的丰富性，以及对于超出我们洞察力的既成事实的复杂性，表现出一定程度的尊重。②任何机构和任何人，都要对自己不怎么了解的领域要始终保持最起码的谦虚态度，更要对自己尚未面对的世界（包括死后的世界与我们后代的世界在内）持有敬畏之心。孔子所说的"未能事人，焉能事鬼""未知生，焉知死"（《论语·先进》），虽不能否认其重视人和现实的认识倾向，但也不能由此断言孔子否定了鬼神之事或死的道理。或至少可以说，孔子对"事鬼"和"死"是采取保留态度的，如"敬鬼神而远之"（《论语·雍也》）。如果对孔子的前两句话只做硬性的解读，即只强调前者，那么难以否认，这至少阻碍了多样化的发展和其他可能性的拓展。从思维定式或认识论的角度上讲，也许中国没有发展出真正意义上的宗教的原因即在于此，而且也可以把它看作是虽有伟大的"四大发明"却没有发展出近代科学的主要原因。

以上是从本书的主旨出发，而且是较为"功利"的角度讨论公民的自由和权利。但无论从正当性的角度还是"终极功利"的意义上，阿伦特的如下观点给我们提供不可动摇的支撑：尽管人终有一死，却不是为死而生，而是为着开端启新而生的。这种开端启新来自人的言说和行动能力，从而打断或扭转先前行动所发动的事件链条。这种能力是人所独有的能力，而每一个人是独一无二的，在其

---

① 参见［德］约恩·吕森著：《历史思考的新途径》，上海人民出版社，2005年，第134页。

② 参见［英］艾尔弗雷德·诺思·怀特海著：《观念的历险》，洪伟译，上海译文出版社，2013年，第51页。

独一无二性中开始了他在尘世上的生活。①如果在这一深刻的洞见(实际上是由阿伦特"发现"并告知人们的,众人当皆知却不为人所知的事实)上画蛇添足的话,那么加一句,即这种言说和行动能力来自人的自由和权利。而其正当性而言,有什么资格的人能够剥夺独一无二的人及其一生(在没有侵害他人自由和权利及公益的前提下)所具有和必需的自由和权利呢?如果有这种资格的人,那么他不惜牺牲这一自由和权利来追求的是什么呢?

无论经济发展多么重要,其只是国家治理的一个部分和指标之一,绝不是全部。尽管国民生产总值(或者个人收入)的增长或工业化的进步是实现目的的重要手段,但它们的价值必须取决于它们对相关人生活和自由产生什么影响,这是发展理念的核心,即我们必须确立如下关键性认识:政治自由和民主权利是发展的"构成部分",而且我们的自由和选择也是实际生活的一部分,因此我们有理由珍视决定生活道路的自由,认识到这种自由的重要性,将拓宽我们关注和义务的范围。②自由不是为了达到更高政治目的的工具,它本身就是最高的政治目的,自由之需要是为了对公民社会和私人生活最高目标的追求提供保证。③既然政治自由和公民自由是人类自由的组成部分,对它们的剥夺本身就是有害的。④国家治理最终要体现在人作为人的尊严和生活质量上,而上述行动者的自由和权利本身又是其主要部分和保障。我们必须牢记,公众是变革的能动的参与者,不是指令或资助配给的被动的、顺从的接受者。⑤问责机制根本上是保障这些内容的监控装置,这也是一个共同体必须不断完善这一装置的理由所

---

① 参见[美]汉娜·阿伦特著:《人的境况》,张琳译,上海人民出版社,2009年,导言第9~10页、第192页、第191页、第249~250页。阿伦特所说的人的独一无二性就是来自人的"有死性",这有别于其他动物,因为动物只是作为它们类成员而存在,而不是作为个体。人的"有死性"是每个人从生到死独一无二的生活史,这种个人生命,打断生物生命循环运动的直线运动,使自己与所有其他事物区别开来。参见[美]汉娜·阿伦特著:《过去与未来之间》,王寅丽、张立立译,译林出版社,2011年,第38页。

② 参见[印]阿玛蒂亚·森著:《正义的理念》,王磊、李航译,中国人民大学出版社,2013年,第211页、第218页、第322~323页。

③ 参见[英]约翰·阿克顿著:《自由史论》,胡传胜等译,译林出版社,2012年,第27页。

④ 参见[印]阿玛蒂亚·森著:《以自由看待发展》,任赜、于真译,中国人民大学出版社,2002年,第276页。

⑤ 参见[印]阿玛蒂亚·森著:《以自由看待发展》,任赜、于真译,中国人民大学出版社,2002年,第12页。另外,森在讨论选择问题时指出,认识到他人也感受到自我施加的约束(相应地,他偏好涵盖了全面结果,而不是终极结果)能够彻底改变博弈的性质。见《理性与自由》,中国人民大学出版社,2006年,第31页。

在。由于以往问责制的低效或无效，必须重新搭建新的问责机制，而这种问责机制是以公民的自由和权利为前提，这两者实际上互为条件并在此基础上促使共同体的更加完善。

试问，有什么理由为此而不做坚定不移的努力呢？又有什么比这更有价值而宁可舍弃这一目标呢？

第八章

结语:认命还是突破

如果我们对西方国家的发展进程(尤其是自欧洲中世纪结束到 19 世纪末为止)有更深入的了解,就会明白责任政府和问责制并不是简单地限于个别官员的法律或道德等方面的责任问题。政府责任和问责制问题,实际上贯穿破除欧洲中世纪的教会压迫和迷信并在此基础上如何构建现代国家的全过程。这就是西方学者们把西方现代化看作历时五百年的原因。①通过 16 世纪初的宗教改革,发现了日常生活的现代意义,日常生活是善良生活的真正核心,而这种常常以世俗化的形式出现的对日常生活的肯定,已经成为现代文明的最有影响力的观念之一。②正因为如此,启蒙运动时期的学者们在探索与国家政府相关的问题时,几乎毫无例外地以人性、人的尊严、自由权利等观点为基础。可以肯定地说,西方国家的建设就是以有关人性和人权等观念为基础,迫使国家政府对社会负起责任的制度(广义上的)建设过程,或者说,就是构建为保障人们的日常生活而界定政府责任并完善相关责任追究制度的过程。

艾森斯塔德的如下观点说明原来的制度框架还在以某种方式得以延续。他说,"中华人民共和国'再现'了古代帝国的某些传统特征,其途径是通过以下两者的结合:一方面是政治领域的神圣化,帝国被视为中央之国,是实现其强烈的

---

① 法默尔指出,现代性是指有关人类主体和人类理性之力量和本质的各种假设和独特核心,是这些东西构成了西方近五百年主导的心灵模式,也意味着对传统的权力和状况的反抗。在现代性中,理性的运用被认为能产生不受限制的人类进步,其中的一个主旋律就是理性化,而公共行政学是现代性的一个范式典范。参见[美]戴维·约翰·法默尔著:《公共行政的语言——官僚制、现代性和后现代性》,吴琼译,中国人民大学出版社,2005年,第5页、第50页、第62~63页。

② 参见[加]查尔斯·泰勒著:《自我的根源:现代认同的形式》,韩震等译,译林出版社,2012年,第23页。

现世的超越图景的领域;一方面是文人官僚统治阶级的产生,这一阶级宣传一种社会宇宙论图景,并且将边缘进入区别于文化中心的政治中心的权力最小化"①。艾森斯塔德的这一观点是在"反思现代性"时与其他文明的比较中提出的。"传统"的真正力量在于,在它终结之时,即当人们甚至不再反抗它之时,才充分地展现它的强制力量。②如果我们很自然地接受以上传统特征,那么我们也感受不到其优劣,更谈不上要改变它。但根据上述考察,我们已经认识到现有问责机制的弊端及与此相关的体制特征。因此,这里要思考的问题是,如果由于中国的文明特征而没有发生制度领域的突破,那么艾森斯塔德所说的中国制度框架"注定"就成为中国的命运吗? 或者说,至少在中国的文明特征没有发生变化之前,中国的制度框架就没有向其他方向发生变化的可能性? 更直白地说,至少在基本制度框架的意义上,现在面临的问题是:认命还是突破?

艾森斯塔德的上述观点很像"文化决定论"(当然,这不一定是他的立场)。但我们知道,文化在解释现实情况时会很有说服力,却不能说明未来发生变化的可能性与发展方向。至少在哲学的角度上看,由于人类行动的无限性,以及人是为开端启新而生,而人所具有的言说和行动能力能够打断或扭转先前行动所发动的事件链条③,因此在共同体或公共领域的问题上可以肯定地说,在过去与当下之间及在当下与未来之间并不存在必然的因果关系或"命运"之类的东西。

①　[以]S.N.艾森斯塔德著:《反思现代性》,旷新年、王爱松译,生活·读书·新知三联书店,2006年,第282页。李侃如也表达了类似的意思,他说:中国仍然要受到先前制度遗产的影响,包括管理、政治、文化和经济的遗产,这些遗产影响着新措施的出台,也塑造着他们将面临的挑战。在中国漫长的历史上,周期性政治动荡折射出中国政治的固有缺陷,最突出的有两点:中国领导人善于组织复杂的政府官僚机构,却未能缜密地制定出政治程序与制度,以避免权力斗争扰乱整个体制;而中国公众一直没有得到机会,去发展政治参与渠道。[美]李侃如著:《治理中国:从革命到改革》,胡国成、赵梅译,中国社会科学出版社,中文版序言、前言。

②　参见[美]汉娜·阿伦特著:《过去与未来之间》,王寅丽、张立立译,译林出版社,2011年,第22页。

③　参见前引阿伦特的观点。还有阿伦特在另一本书中指出,行动在自身中或凭自身来说完全是徒劳的,它在身后留不下一件最终产品。如果说它能造成任何后果的话,那么就是这些行动组成了从原则上说无穷无尽的事件链条,其最后可能的结果就是行动者事先完全无法知晓,也完全无法控制的。[美]汉娜·阿伦特著:《过去与未来之间》,王寅丽、张立立译,译林出版社,2011年,第55~56页。阿伦特的这种认识当然是从(古)希腊人(语)的"词源"而来,但更是一种人与人的互动和复杂环境中认识的行动的含义。即便政治恐怖在相对较长的时期以强力来使人的行为有可预见性,但不可能一劳永逸地改变人类事务的本质,其就是它自身的未来是不确定的(同上书,第57页)。

如果不是这样,就根本无法说明人类社会的发展。还有,虽然我们知道历史制度主义所说的"路径依赖"对历史发展轨迹的说明,由此制度连续性问题得到较好的说明,但历史制度主义的"死结"也在于难以明快地说明制度变化。因为历史制度主义的分析框架是以结构起始时制定的制度和政策选择的持久影响力为假设,因此其更适于解释模式的持久存在而不是模式的变迁。①而在经验世界中我们看到的是,虽然享有共同的文化却采纳不同制度框架的国家,在坚持了各自的制度框架几十年之后所表现的迥然有别的现实状态。

在上引艾森斯塔德的观点中,作为中国两千年来连续性的核心因素,就是"政治领域的神圣化"和"中心"与"边缘"的关系问题,这在现实中表现为近乎神圣化的"官本位"和对社会或"边缘"参与"中心"的限制。

我们通常认为的"神圣化"的反义词是"世俗化",其来源于政治分离于宗教。阿伦特道出了世俗化的真谛:世俗化的真相是宗教从公共生活中的消失,所有的宗教裁决从政治中的移除,其关键不是要否认上帝的存在,而是要在世俗领域内发现一种独立的、内在的,即使上帝也不能变更的意义,由世俗化而发生的事情就是政治问题重新获得了对于人的存在而言严肃的、决定性的关系。②众所周知,在中国的传统文化里并不存在真正意义上的宗教,却有"神坛"并神圣化其占据者的政治文化传统,而官阶上从上而下的"贵贱"排序(即"官本位",此乃支撑这一"神坛"的支柱)并将最终的"贱民"实际上排除在政治这一神圣领域之外(即杜绝"边缘"参与"中心"的可能性),这才是中国传统政治的实质。

按着笔者的前述逻辑,祛除政治神圣化的途径或"场所"就是实现"日常生活的政治",由此可以在基层实现政治的"世俗化"或获得这种"场所"。如果我们鼓起勇气来正视当下"喷出"的各种问题及其根源,那么必须认真反思过去的各种"传统"并分辨其利弊,而且要将革除传统弊端的锋芒直指其实质。我们当然不能指望一蹴而就地改革传统政治的实质,但针对其实质的基层改革,肯定能够推动其进程。"认命"不仅是怯懦的表现,其最致命的坏处就是永远都不可能改变"命运"。

---

① 参见[美]B.盖伊·彼得斯著:《政治科学中的制度理论:"新制度主义"》(第二版),王向民、段宏伟译,上海人民出版社,2011年,第75页。当然,学者们对这一问题也进行了有益的探索,如"均衡断裂""决策关键点""政策学习"等。见该书的第75~78页。

② 参见[美]汉娜·阿伦特著:《过去与未来之间》,王寅丽、张立立译,译林出版社,2011年,第66~67页。

既然我们已经知道与现实相比更好的状态在何方，那么"认命"传统不是我们的选项。我们要做的，就是充分动员人类已经积累的宝贵知识，调整心态，"突破"传统制度框架的宿命般的"命运"。以县政为体制"节点"并在其下的"基层自治"与"百姓自理"，至少在这一范围内实现真正的问责机制，这或许会成为改变这一"命运"流向的突破口。阿伦特深刻地指出，没有自由，政治生活本身就是无意义的，政治的存在理由是自由，它的经验场所是行动。①为了解决当下基层政府中存在的问题，需要建构和推行与以往不同的问责机制，而为此必须充分保障至少在基层范围内的公民的自由和权利，而"日常生活的政治"就以此能够获得其实在性。

① 参见[美]汉娜·阿伦特著：《过去与未来之间》，王寅丽、张立立译，译林出版社，2011年，第139页。

主要参考文献

1.［以］S.N.艾森斯塔德著：《大革命与现代文明》，刘圣中译，上海人民出版社，2012年。

2.［以］S.N.艾森斯塔德著：《反思现代性》，旷新年、王爱松译，生活·读书·新知三联书店，2006年。

3.［印］阿玛蒂亚·森著：《理性与自由》，李风华译，中国人民大学出版社，2006年。

4.［印］阿玛蒂亚·森著：《以自由看待发展》，任赜、于真译，中国人民大学出版社，2002年。

5.［印］阿玛蒂亚·森著：《正义的理念》，王磊、李航译，中国人民大学出版社，2013年。

6.［法］埃哈尔·费埃德伯格著：《权力与规则——组织行动的动力》，张月等译，上海人民出版社，2005年。

7.［英］艾尔弗雷德·诺思·怀特海著：《观念的历险》，洪伟译，上海译文出版社，2013年。

8.［英］安东尼·吉登斯著：《民族——国家与暴力》，生活·读书·新知三联书店，1998年。

9.［英］安东尼·吉登斯著：《现代性的后果》，田禾译，译林出版社，2011年。

10.［英］安东尼·唐斯著：《官僚制内部》，郭小聪等译，中国人民大学出版社，2006年。

11.［美］彼得·埃文斯、迪特里希·鲁斯迈耶、西达·斯考克波著：《找回国家》，方力维等译，生活·读书·新知三联书店，2009年。

12.［美］彼得·伯格、托马斯·卢克曼著：《现实的社会构建》，汪涌译，北京大学出版社，2009年。

13.[美]布雷恩·Z.塔玛纳哈著:《论法治——历史、政治和理论》,李桂林译,武汉大学出版社,2010年。

14.[美]布鲁斯·布鲁诺·梅斯奎塔、希尔顿·L.鲁特著:《繁荣的治理之道》,叶娟丽、王鑫译,中国人民大学出版社,2007年。

15.[美]道格拉斯·诺斯著:《理解经济变迁过程》,钟正生、邢华等译,中国人民大学出版社,2008年。

16.[美]杜赞奇著:《从民族国家拯救历史:民族主义话语与中国现代史研究》,王宪明等译,江苏人民出版社,2009年。

17.[美]杜赞奇著:《文化、权力与国家:1900—1942年的华北农村》,王福明译,江苏人民出版社,2010年。

18.[美]弗朗西斯·福山著:《政治秩序的起源:从前人类的时代到法国大革命》,毛俊杰译,广西师范大学出版社,2014年。

19.[美]弗朗西斯·福山著:《政治秩序与政治衰败:从工业革命到民主全球化》,毛俊杰译,广西师范大学出版社,2015年。

20.[美]汉密尔顿、杰伊、麦迪逊著:《联邦党人文集》,程逢如、在汉、舒逊译,商务印书馆,1982年。

21.[美]汉娜·阿伦特著:《论革命》,陈周旺译,译林出版社,2011年

22.[美]汉娜·阿伦特著:《人的境况》,王寅丽译,上海人民出版社,2009年。

23.[美]汉娜·阿伦特著:《责任与判断》,陈联营译,上海人民出版社,2011年。

24.[美]汉娜·阿伦特著:《过去与未来之间》,王寅丽、张立立译,译林出版社,2011年。

25.[美]汉娜·鄂兰著:《极权主义的起源》,林骧华译,时报出版,1995年。

26.[美]吉尔本特·罗兹曼主编:《中国的现代化》,国家社会科学基金"比较现代化"课题组译,江苏人民出版社,2003年。

27.[美]孔飞力著:《中国现代国家的起源》,陈兼、陈之宏译,生活·读书·新知三联书店,2013年。

28.[美]孔飞力著:《中华帝国晚期的叛乱及其敌人:1796—1864年的军事化与社会结构》,谢亮生译,中国社会科学出版社,1990年。

29.[美]李侃如著:《治理中国:从革命到改革》,胡国成、赵梅译,中国社会科学出版社,2010年。

30.[美]林布隆著:《政策制定过程》,朱国斌译,华夏出版社,1988年。

31.[美]罗伯特·阿克塞尔罗德著:《合作的复杂性:基于参与者竞争与合作的模型》,梁捷等译,上海人民出版社,2008年。

32.[英]洛克著:《政府论》(下篇),瞿菊农、叶启芳译,商务印书馆,1986年。

33.《马克思恩格斯全集》(第42卷),人民出版社,1979年。

34.[德]马克斯·韦伯著:《经济与社会》(上卷),杭聪译,商务印书馆,1998年。

35.[德]马克斯·韦伯著:《儒教与道教》,洪天富译,江苏人民出版社,2003年。

36.[美]曼瑟尔·奥尔森著:《集体行动的逻辑》,陈郁等译,上海三联书店、上海人民出版社,2004年。

37.[德]尼克拉斯·卢曼著:《信任》,瞿铁鹏译,上海人民出版社,2005年。

38.[英]齐格蒙·鲍曼著:《现代性与大屠杀》,杨渝东、史建华译,译林出版社,2011年。

39.[美]乔治·弗雷德里克森著:《公共行政的精神》,张成福等译,中国人民大学出版社,2003年。

40.[美]特里·L.库珀著:《行政伦理学:实现行政责任的途径》,张秀琴译,中国人民大学出版社,2001年。

41.[美]托马斯·谢林著:《承诺的策略》,王永钦、薛峰译,上海人民出版社,2009年。

42.[美]王国斌著:《转变的中国:历史变迁与欧洲经验的局限》,李伯重、连玲玲译,江苏人民出版社,1998年。

43.王亚南著:《中国官僚政治研究》,商务印书馆,2010年。

44.[英]以赛亚·伯林著:《自由论》,胡传胜译,译林出版社,2011年。

45.[德]于尔根·哈贝马斯著:《现代性的哲学话语》,曹卫东译,译林出版社,2011年。

46.[美]余英时著:《中国思想传统的现代诠释》,江苏人民出版社,2006年。

47.[德]约恩·吕森著:《历史思考的新途径》,綦甲福、来炯译,上海人民出版社,2005年。

48.[英]约翰·B.汤普森著:《意识形态与现代文化》,高銛译,译林出版社,2012年。

49.[美]约翰·R.塞尔著:《社会实在的建构》,李步楼译,上海人民出版社,2008年。

50.[美]詹姆斯·G.马奇、约翰·奥尔森著:《重新发现制度:政治的组织基础》，张伟译，生活·读书·新知三联书店，2011年。

51.[美]詹姆斯·Q.威尔逊著：《官僚机构：政府机构的作为及其原因》，孙艳等译，生活·读书·新知三联书店，2006年。

52.[美]詹姆斯·R.汤森、布莱特利·沃马克著：《中国政治》，顾速、董方译，江苏人民出版社，2010年。

53.[英]詹姆斯·格里芬著：《论人权》，徐向、刘明译，意林出版社，2015年。

54.[美]珍妮特·V.登哈特、罗伯特·B.登哈特著：《新公共服务：服务，而不是掌舵》，方兴、丁煌译，中国人民大学出版社，2010年。

55.周庆智著：《县政治理：权威、资源、秩序》，中国社会科学出版社，2014年。

后　记

本书是教育部人文社会科学研究一般项目《地方政府责任与问责制研究：组织和政策过程视角》（13YJA810005）的最终研究成果。

本书各章的负责情况如下：

第一章、第二章、第三章、第七章、第八章由金东日（南开大学周恩来政府管理学院教授）撰写；

第四章由张蕊（曲阜师范大学政治与公共管理学院讲师）撰写；

第五章由李松林（河南工程学院人文社会科学学院副教授）撰写；

第六章由朱光喜（桂林理工大学人文社会科学学院副教授）撰写。

在资料搜集和参考文献的编排等工作中，我的博士生王群光和马龙军给予了不少帮助，天津人民出版社的编辑们付出了辛勤的劳动。在此对以上人员表示衷心的感谢！

金东日于南开大学新校区研究室

2017年12月

中国政府与政治研究系列书目

《当代中国政府过程(第三版)》 朱光磊 著

《当代中国政府间纵向关系研究》 张志红 著

《以社会制约权力——民主的一种解析视角》 郭道久 著

《当代中国县政改革研究》 暴景升 著

《中国复合型社团研究——以中国共青团的职能变迁为个案》 吕福春 著

《当代中国政府"条块关系"研究》 周振超 著

《中国城市管理综合执法体制研究》 杨书文 著

《中国服务型政府:公共服务的内涵和机制研究》 孙 涛 著

《授权体制:改革开放时期政府间纵向关系研究》 薛立强 著

《中国"小组机制"研究》 周 望 著

《现代化进程中的阶层分化与政治整合》 吴晓林 著

《中国行政区划改革研究——政府发展模式转型与研究范式转换》 赵聚军 著

《中国咨询机构的政府决策咨询功能研究》 张颖春 著

《转型期地方政府的角色定位与行为调适研究》 鲁 敏 著

《中国"政策试点"研究》 周 望 著

《中国"省直管县"体制改革研究》 王雪丽 著

《当代中国组织网络及其控制问题》 李勇军 著

《当代中国中央与地方关系的"竞争性集权"模式》 黄相怀 著

《公共物品财政供给的制度基础》 翟桂萍 苏杨珍 蒋 瑛 著

《中国公务员规模问题研究》 李利平 著

《中国基层社会治理机制创新研究》　　　　　　　　　　　史云贵 著

《中国政府绩效评估方法理论与实践》　　　　　　　　　　陈　新 著

《中国政府项目的运作逻辑——一个组织学分析》　　　　史普原 著

《"强国家—强社会":我国社会组织发展的政治分析》　　郭道久 著

《问责制研究:以中国地方政府为中心》 金东日　张　蕊　李松林　朱光喜 著